화폐는 역사의 경로를 결정하는
가장 중요한 역할을 맡는다.
칼 마르크스

문맹은 생활을 불편하게 하지만
금융문맹은 생존을 불가능하게 한다.
앨런 그린스펀

금융은 돈이 마침내 사라질 때까지
이 사람 저 사람 손으로 돌리는 예술이다.
로버트 사노프

혁명가는 죽일 수 있어도 혁명은 죽일 수 없다.

프레드 햄프턴

부를 재편하는
금융 대혁명

부를 재편하는 금융 대혁명

펴낸날 2022년 7월 7일 1판 1쇄

지은이_마리온 라부, 니콜라스 데프렌스
옮긴이_강성호
펴낸이_김영선
책임교정_정아영
교정교열_이교숙, 남은영, 이라야
경영지원_최은정
디자인_바이텍스트
마케팅_신용천

펴낸곳 (주)다빈치하우스-미디어숲
주소 경기도 고양시 일산서구 고양대로632번길 60, 207호
전화 (02) 323-7234
팩스 (02) 323-0253
홈페이지 www.mfbook.co.kr
이메일 dhhard@naver.com (원고투고)
출판등록번호 제 2-2767호

값 22,000원
ISBN 979-11-5874-154-9 (03320)

하버드대학 최고의 디지털 금융 강의

부를 재편하는 금융 대혁명

마리온 라부 · 니콜라스 데프렌스 지음 | 강성호 옮김

경험하지 못했던 새로운 금융혁명이 온나

THE FINANCIAL REVOLUTION
RESHAPING WEALTH

미디어숲

우리의 삶을 바꾸는 금융혁명

현재 금융산업에서는 심상치 않은 기술 혁신이 일어나고 있다. 오늘날 금융 혁신의 영향력은 금융 서비스에만 국한되지 않는다. 금융 혁신은 우리 사회와 경제질서까지 대대적으로 재편하고 있다. 이 중 가장 대중화된 금융 혁신 사례는 '암호화폐'와 '로보어드바이저Robo-advisor'다. 비트코인과 같은 암호화폐는 중앙은행이 아니더라도 신뢰할 수 있는 화폐가 발행될 수 있다는 것을 보여주었다. 또한 미리 프로그램된 알고리즘으로 자산관리를 해 주는 로보어드바이저는 고액 자산가들의 특권이었던 맞춤형 자산관리 서비스를 대중화하고 있다. 이처럼 금융 혁신은 이미 우리 곁에서 급속도로 진행되고 있지만, 아직 어떠한 혁신이 어떤 영향을 미치는지에 대한 연구는 본격적으로 이루어지지 않았다.

이 책은 금융 혁신이 금융포용, 소득 불평등, 경제 성장, 투자 등에 어떠한 영향을 미치는지를 분석한다. 지금 일어나는 변화는 혁명에 가깝다. 정부와 기술기업의 변화는 현재와 같은 권력 구도를 완전히 바꾸어 놓을 것이다. 국가 간의 권력 구도를 새롭게 배분하고, 여전히 소수만 누리고 있는 금융 서비스를 대중화하는 금융포용을 펼칠 것이다. 핀테크^{Fintech}가 주도하는 금융 혁신은 단지 금융 분야에만 국한된 것이 아니다. 전 세계 모든 사람의 삶을 바꾸어 놓을 정도로 혁명적인 것이다.

금융^{Finance}과 기술^{Tech}의 합성어인 핀테크라는 용어는 실무에서 다양한 의미로 쓰인다. 그러나 이 책에서는 다음과 같이 정의한다.

· 핀테크 : 전통 금융 서비스와 경쟁하기 위해 21세기에 등장한
  혁신적인 금융 기술

모바일 뱅킹, P2P 대출, 비트코인과 같은 암호화폐, 자산관리 앱과 같이 전통적 금융회사에 맞서 새롭게 등장한 금융기법이 핀테크의 대표적 사례다. 핀테크가 지향하는 목표는 '금융 서비스의 대중화'이다. 오늘날의 핀테크 혁명은 고객들이 금융전문가의 도움 없이 자금을 이체하고, 창업 자금을 조달하고, 개인의 자금 사정을 관리할 수 있게 한다. 핀테크는 금융 이외의 사회복지 분야에서도 활용된다. 은행 지점을 찾아보기 힘든 농촌 지역에서는 핀테크가 은행을 대체하며, 핀테크 기술을 활용해 사회복지 자금을 이체할 수도 있다(예를 들어 지역상품권과 같은 소비장려정책이 '제로페이'라는 핀테크 기술을 통해 국민에게 전달되는 것이다-옮긴이). 오늘날

핀테크 기술은 금융 서비스를 모든 사람이 누릴 수 있는 것으로, 즉 금융을 '민주화'하고 있다.

전통적 금융산업은 어떻게 흘러왔나

20세기 후반은 규제가 완화되고 금융 혁신이 본격화되는 '대완화Great moderation'의 시기였다. 1980년대 이후 금융 규제는 서서히 완화되었고, IT 기술의 발달에 따라 새로운 금융기법이 탄생했다. 그 과정에서 금융회사도 급속도로 성장할 수 있었다. 대형 금융회사는 중소형 금융회사를 인수했고, 글로벌 금융회사는 대형 금융회사를 인수합병하며 덩치를 키웠다. 은행 부문에서 인수합병 규모는 1998~99년 최고치에 달한 후 사그러들었으나, 2007년에 다시 최고치(4,500억 달러 규모)를 기록했다. 이 과정에서 은행들은 사업 영역을 확장했다. 은행 고유의 업무인 예금과 대출에서 벗어나, 자산관리 또는 보험 판매와 같은 비은행 서비스까지 진출한 것이다. 그리고 은행은 '규모의 경제' 효과에 힘입어 다음과 같은 금융회사의 대형화 트렌드를 가속화했다.

첫째, 자금조달의 '상호보증Mutualization'이다. 자금조달의 상호

보증은 금융회사가 자금을 보다 저렴하게 조달하는 효과를 낳았다. 자금조달의 상호보증을 통해 대형 은행은 예금을 더 쉽게 유치하고 대출할 수 있었으며, 보험사는 보험 판매수익을 자체 자산관리자에게 재투자할 수 있게 되었다.

둘째, 은행 서비스의 전국화이다. 은행 서비스는 특정 지역에만 국한되지 않는다. 고객들은 하나의 은행계좌만 열어도 모든 금융 서비스(대출, 계좌, 자금이체, 보험 등)를 누릴 수 있게 되었다. 이에 따라 선진국의 금융산업은 대부분 과점시장화되었다. 3~7개의 은행 또는 보험사가 금융산업을 장악했다. 소수의 은행이 전국적인 지점과 네트워크를 갖는 형태로 금융산업이 발전한 것이다.

셋째는 데이터의 관리다. 금융산업에서 가장 중요한 밸류체인(가치사슬) 중 하나는 데이터 관리와 분석이다. 그러나 점차 데이터가 방대해지고 복잡해지자 데이터 분석비용을 감당할 수 있는 대기업들이 경쟁에서 유리해졌다. 데이터가 금융산업의 핵심이 되어 가는 경영환경 속에서 데이터 저장, 처리 및 분석 등의 기능을 자체적으로 수행할 수 있는 대형 금융회사들의 경쟁 우위가 나타난 것이다.

이러한 3가지 요인으로 인해 금융회사는 대형화될 수밖에 없었고 세계 경제에서 엄청난 비중을 차지하게 되었다. 오늘날 전체 GDP에서 금융산업이 차지하는 비중은 1980년대 이후 거의 2배가 되었다. 미국을 기준으로 1980년대까지만 해도 4% 미만이었지만, 2008년 글로벌 금융위기 직전 8%로 증가한 것이다. 금융회사들이 너무 커지자 이들을 망하게 내버려 두기도 힘들어졌다. 한마디로, '대마불사Too big to fail'가 되어 버린 것이다.

그러나 2008년 금융위기 이후 금융회사들의 대형화 추세에도 제동이 걸리게 된다. 2010년 이후 금융산업의 인수합병 규모는 연평균 약 1억 달러였는데, 이전에 비하면 4분의 1에 불과한 수준이다. 또한 2008년 글로벌 금융위기는 금융 서비스의 수요·공급 상황을 크게 바꾸어 놓았다. 각국 정부는 금융산업을 강하게 규제하기 시작했으며, 이에 따라 대형 금융회사의 영업규모나 영업범위는 크게 줄어들었다. 그리고 그 타격은 가장 먼저 저신용자에게 돌아갔다. 은행들의 영업이 위축되자, 신용점수가 낮은 사람들과 영세기업은 만성적인 금융 부족을 겪게 된 것이다. 기존의 균형이 무너지고, 공급이 부족한 새로운 시장이 열렸다.

핀테크는 이러한 상황에 등장한 새로운 금융기술이다. 핀테크는 새로운 디지털 기술을 토대로 만성적인 공급 부족을 겪고 있는 금융산업에 뛰어들었다. 온라인으로 판매되는 대출과 보험은 오프라인 지점과 치열하게 경쟁 중이다. 간편결제는 자금 이체가 얼마나 손쉽고 간단한지를 보여 준다. P2P 금융은 예금자와 대출자를 직접 연결하고, 암호화폐는 은행이나 중개 기관 없이도 환전과 송금이 가능하다는 것을 증명했다. 블록체인과 데이터 관리 기술은 금융·회사들의 백오피스(후방 지원 업무) 기능을 크게 바꾸어 나가고 있다.

미래 경제에 미칠 핀테크의 파급력

먼저 이 책은 핀테크와 경제 불평등 간의 관계를 분석하는 책이 아니다. 물론 많은 사람은 기술과 금융의 발전, 세계화가 불평등을 심화시킨 원인이라고 주장하지만 이 책은 핀테크가 우리 사회에 어떤 영향을 미칠지를 분석하는 데 더 중점을 둔다. 예컨대 이러한 파괴적 혁신 기술이 어떻게 선진국의 불평등을 확대하고, 개도국의 빈곤을 감소시키는지를 보여 준다. 일부 국가는 새로운 기술을 통해 발전할 수도 있으며, 일부 국가는 글로벌 경쟁에서 뒤처질 것이다. 이는 핀테크가 새로운 경쟁 질서를 만들고 있기 때문이다. 어쩌면 핀테크를 통해 개도국의 기회가 점차 확대됨에 따라 선진국은 지금과 같은 지위를 누리지 못하는 상황이 벌어질지도 모른다.

이 책에는 핀테크의 잠재력에 대한 다양한 연구결과가 수록되어 있다. 이 책이 세계 각국의 정책입안자들과 기업가들에게 유용하게 활용되기를 바란다. 일반적으로 불평등을 치유하는 정책 수단은 재정이었지만, 이 책은 새로운 수단으로 핀테크를 제시한다. 새롭게 등장한 금융기술이 어떻게 불평등을 치유할 수 있는지를 심층적으로 분석하는 것이다. 이 책을 통해 핀테크 혁명이 우리 사회와 경제에 어떻게 기여할 수 있는지를 이해하는 계기가 되기를 바란다.

이 책은 주로 선진국과 개도국을 대조하며 이야기를 풀어나간다. 먼저 선진국의 핀테크는 전통적인 금융구조를 개선할 것이다. 자금 이체를 더욱 편리하게 하고, 퇴직연금 관리, 자산관리, 사회복지서비스 제공과 같은 영역에서 주된 역할을 할 것이다. 반면, 개도국에서는 금융 서비스를 대중화시키는 데 활용될 것으로 예상된다. 이미 유사한 변화가 일어난 바 있다. 바로 이동통신의 보급이다. 일부 국가에서는 이동통신망의 확충에 따라 더 많은 사람이 스마트폰 통신 서비스를 누리고 있다.

1장에서는 밀레니얼 세대가 마주한 경제 환경을 개관한다. 저성장, 공공부채 누적, 고령화로 인한 연금부채, 고용 없는 성장 등이다. 이러한 거시경제 문제들은 핀테크라는 차세대 금융 서비스를 낳았다.

2~4장에서는 핀테크가 어떻게 세상을 바꾸어 놓는지를 설명한다. 첫째, 은행이 새로운 경쟁자와 경쟁하는 방식. 둘째, 핀테크가 소비자와 자산관리에 미치는 영향. 셋째, 정부가 기술 발전에 어떻게 대응해야 하는지와 같은 문제다.

5~7장에서는 개도국이 극복해야 할 문제를 다룬다. 또한 핀테크가 다른 인프라와 함께 어떻게 발전하는지를 설명한다. 정부가 어떠한 인프라를 구축해야 하는지에 대해서도 다룬다.

8~9장에서는 지급결제 시스템 및 디지털 통화에 대해 살펴본다.

코로나19가 앞당긴 핀테크 전환

이 책의 원고는 2020년 초에 마무리되었다. 맺음말을 쓸 즈음 우리는 하버드대학 캠퍼스가 아닌 집에서 온라인 강의를 진행했다. 당시로서는 코로나19가 세상을 어떻게 변화시킬지 알 수 없었다. 그러나 분명한 것은 세계가 코로나 이전과 이후로 나뉠 것이라는 점이었다.

핀테크와 관련한 변화도 있었다. 물건을 사고 돈을 지불하는 방식에서 큰 변화가 관찰되었다. 세계 각국의 정부는 지폐나 코인과 같은 현금이 코로나19를 전파하는 매개가 될 수도 있다고 봤다. 국가 간의 자본 거래나 무역 거래를 통해 달러화와 같은 현금이 바이러스의 전파 경로가 될지도 모르는 일이다. 따라서 미국 연방준비제도이사회(이하 미 연준)는 바이러스 확산을 막기 위해 아시아 지역에서 미국으로 유입되는 달러 화폐를 검역하기도 했다. 많은 사람이 현금을 통해 바이러스가 확산될 수도 있다는 걱정을 하며 비대면 결제를 더 선호하게 되었다. 심지어 기술 변화에 더딘 노인들조차 핀테크에 기반한 결제 방식을 사용한다.

코로나19는 결제 방식을 디지털화하는 촉매제가 될 것이다. 아시아, 특히 중국에서 코로나19와 같은 팬데믹 사태는 젊은층을 중심으로 결제 방식을 완전히 변화시킬 것이다. 이미 중국의 전자결제 시스템은 선진화되어 있다.

코로나19로 인해 고령층에도 신용카드와 인터넷 전자상거래 사용이 활성화될 것이다. 처음만 어려울 뿐이지, 한 번 경험하면 그 이후에는 새로운 질서로 굳어질 가능성이 크다.

누구도 미래를 예측할 수 없지만, 지금과 같은 비상상황은 변화를 촉진할 것이다. 2008년 글로벌 금융위기가 그러했다. 글로벌 금융위기를 극복하는 과정에서 새로운 기업이 탄생했다. 마찬가지로 코로나19 사태도 혁신적 기술의 등장을 자극하는 촉매제가 될 것이다. 아직 단언할 수는 없지만, 오늘날 사회·경제적 환경을 고려하면 핀테크 기술의 영향력은 계속될 것으로 보인다.

저자 마리온 라부, 니콜라스 데프렌느

모두를 위한 새로운 금융의 탄생

이 책을 번역하는 6개월 동안에도 전 세계에는 많은 우여곡절
이 있었다. 1억 원을 바라보며 ’억트코인’이라 불리던 비트코인에
대한 투자 열기는 사그라들었고, 세계적인 주목을 받던 스테이블
코인 ‘테라’는 휴지조각이 되어버렸다. 페이스북의 가상화폐 ‘디
엠 프로젝트’는 세계 각국의 반대에 부딪혀 더 이상 진전되지 못
하고 있다. 그러나 여전히 한편으로는 새로운 금융질서를 향한 움
직임이 지속되고 있다. 중국은 베이징 동계 올림픽이라는 국제무
대에 디지털 위안화CBDC를 성공적으로 데뷔시켰으며, 개도국에
서는 은행에 도전하는 간편결제, 외국환 송금앱, 자산관리앱들이
계속해서 등장하고 있다.

대한민국 국민들은 비트코인과 핀테크 기술에 세계 각국이 왜
그토록 열광하는지 이해하지 못한다. 대한민국은 일본과 더불
어 ‘금융접근성’이 세계에서 가장 좋은 국가이기 때문이다. 누구
나 은행계좌를 가지고, 언제든 은행지점을 방문할 수 있다. 그래
서 우리나라를 비롯한 선진국에서의 가상화폐는 실용적 목적보다
는 투기자산의 일종으로 자리매김하고 있다. 그러나 대다수가 처

한 금융환경은 그렇지 않다. 세계 인구의 1/3은 은행을 이용하지 못하고 있으며, 개도국 국민들의 1/5은 저축 대신 '계모임'을 이용한다. 디지털화의 최첨단을 달리고 있는 오늘날에도 여전히 다수는 택배로 돈을 송금하고, 보험이 없어 가족 전체가 빈곤층으로 전락하고 있다.

이 책은 이러한 맥락에서 출발한다. 금융 소외자들에게 은행을 대신할 수 있는 '핀테크' 기술이 보급된다면, 전 세계는 혁명적 변화를 겪을 것이고 빈부격차도 크게 완화시킬 수 있다. 이 책의 원제가 바로 "금융의 민주화Democratizing Finance"인 이유다.

이 책은 핀테크와 금융 혁신을 처음 공부하는 사람들을 위한 훌륭한 입문서다. 핀테크가 등장한 배경부터, 핀테크 기술의 활용사례, 금융포용과 경제성장의 문제, 그리고 금융 혁신의 최첨단이라 할 수 있는 '가상화폐'에 대한 세계의 규제 동향을 알기 쉽게 다루기 때문이다. 전문용어는 최대한 풀어썼고, 독자들의 눈높이에 맞추어 친숙한 사례들을 곁들였다. 아무쪼록 많은 독자가 책을 통해 금융 혁신과 핀테크에 대한 이해를 넓히기를 바란다.

옮긴이 강성호

차례

9장 모든 것을 변화시키는 디지털 화폐

밀레니얼 세대는 이전 세대와는 완전히 다른
경제적 환경 속에서 사회로 진출하고 있다.
그 결과, 밀레니얼 세대가 금융제도의 혜택을 받을 가능성은 매우 낮다.
이들은 대출을 받기도 어려우며, 소득도 불안정해 저축할 수 있는 여력도 매우 낮다.
이들도 금융위기의 여파로 금융의 도움을 받기 어려워진
'서브프라임 세대Subprime generation'가 된 것이다.

금융위기의 직격탄을 맞은 MZ세대

글로벌 금융위기 이후 저성장과 저금리는 오랫동안 이어져왔다.
중산층의 임금 수준은 지난 10년 동안 정체되었다.
1장에서는 저성장, 저생산과 함께 대출과 저축이 감소하고 집값은 치솟은
현재의 거시경제 상황을 살펴볼 것이다.
소득이 불안정해지자 새로운 금융 서비스가 등장했다.
대형 핀테크 기업들은 주로 글로벌 금융위기 이후 등장했는데,
이는 결코 우연이 아니다.

위기에 처한
서브프라임 세대

　　　　　　2차 세계대전 이후 꽤 오랜 시간동안 미국과 유럽 중산층의 살림살이는 갈수록 나아졌다. 선진국 국민들은 이러한 추세가 영원하리라 믿었고, 자녀 세대들은 자신보다 더 부유해질 것이라 기대했다. 이는 이들이 살아온 시기가 인류 역사상 유례없는 경제 성장의 시기였기 때문이었다. 특히 전후 베이비붐 세대는 그 부모 세대보다 더 많은 소득과 더 큰 사회적 혜택을 얻었다. 그러나 오늘날 대부분 선진국의 상황은 그들의 믿음을 비웃고 있다. 불평등은 심화되고 있으며, 일자리는 사라져 가고, 이에 따른 소득 격차는 더욱 벌어지고 있다. [그림 1-1]에서와 같이 지난 10년 동안 선진국 중산층의 소득은 정체되거나 감소하였다. 글로벌 금융위기의 여파와 현재의 정치적 상황을 고려하면 이러한 추세는 한동안 지속될 것으로 보인다.

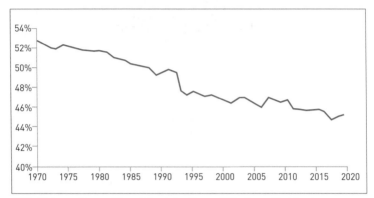

[그림 1-1] 중산층 60% 가구가 가져가는 소득 비중

출처: US Census Bureau, "Current Population Survey 2020: Annual Social and Economic(ASEC) Supplement," https://www.census.gov/data/tables/time-series/demo/income-poverty/historical-income-households.html.

글로벌 경기침체가 이어지면서 경제는 성장동력을 잃어갔다. 2008년 이후 실업률은 급격히 증가되고, 사람들의 실질 구매력은 크게 떨어졌으며, 중산층이 국민소득에서 차지하는 비중은 감소했다.

글로벌 컨설팅회사 맥킨지McKinsey의 25개 선진국에서 수집한 가구 조사 자료에 따르면 1993년부터 2005년까지 98% 가구의 소득이 증가한 반면, 2005년과 2014년 사이에는 선진국 가계의 3분의 1만 소득이 증가했다. 나머지 3분의 2는 소득이 정체되거나 감소했다. 안타깝게도 소득 감소는 주로 중간 또는 하위 계층에서 집중적으로 일어났다. 2005년 이후 소득이 크게 오른 경우는 전 세계적으로 상위 1%에 속하는 사람들이었다. (물론, 국가별로 차이는 존재한다. 2005년과 2014년 사이 프랑스의 37%, 미국의 19%, 이탈리아의 3%의 가계소득이 증가했고 스웨덴은 80% 가구의 소득이 증가했다.)

경제구조도 불평등을 심화했다. 불평등을 심화하는 대표적인 경제구조적 요인을 살펴보면 다음과 같다.

첫째, 국가 간 무역과 금융장벽이 낮아졌다. 기업의 입장에서는 임금이 저렴한 해외에 공장을 짓고 외국인 근로자를 고용하는 것이 유리할 때도 있다. 그리고 이는 외국인 노동자들에 대한 수요를 높이는 결과를 가져왔다. 수출입과 해외 투자가 자유롭다면 기업가 입장에서는 굳이 국내 노동자에게 의존할 필요가 없어지는 것이다.

둘째, 저숙련 노동자의 수요 감소다. 이제 단순한 인간의 노동은 기계가 대체하고 있다. 이러한 자동화로 인해 지난 10년간 노동시장에서는 양극화가 일어나고 있다. 그 결과로 저숙련 노동자의 임금은 하락하는 반면, 고숙련 노동자의 임금은 상승하고 있다.

셋째, 선진국의 인구구조의 변화이다. 평균수명은 늘어났고, 출산율은 낮아지자 고령층의 비율이 증가했다. 이는 경제에 종사할 수 있는 생산가능인구를 감소시켜 경제의 활력을 떨어뜨린다. 동시에 의료, 복지, 연금 관련 정부 지출은 증가하게 된다. 그러나 정부는 이러한 지출에 대한 여력을 가지고 있지 않다. 정부든 가계든 이미 너무 많은 부채를 안고 있기 때문이다.[1] 유럽을 비롯한 일부 선진국들은 이러한 인구구조 변화에 선제적으로 대응하고 있다. 예컨대, 노동자들이 납입해야 하는 연금 기여금을 인상하거나, 일시불로 받는 퇴직금 수준을 높여 퇴직금 수령을 장려하는 방식이다.

스웨덴이 대표적인 예다. 스웨덴은 저출산, 고령화라는 인구구조의 변화에도 불구하고 성공적으로 구조조정을 한 국가로 언급된다. 앞서 언급한 바와 같이 2005년과 2014년 사이, 스웨덴 가계의 80%는 소득이 증가했다. 이는 스웨덴 정부의 노력 덕분이다. 스웨덴 정부는 적극적인 감세 정책을 펼쳤는데 이는 더 많은 사람이 일하고, 투자하는 분위기를 만들기 위해서였다. 이러한 조치는 연금제도가 보다 유연하게 작동할 수 있는 제도적 기반이 되기도 했다.

어떤 나라가 고령화된다는 것은 다음 3가지를 의미한다.

첫째, 정부의 세금수입(예-근로소득세)이 감소한다. 둘째, 국민연금과 노령연금 같은 공공연금 지출이 증가한다. 셋째, 건강보험료 같은 의료복지 서비스의 지출이 증가한다.

이러한 요인들은 밀레니얼 세대인 2030세대가 앞으로 양질의 복지혜택을 누리기 어려워진다는 것을 뜻한다. 밀레니얼 세대는 공적 연금에 자신의 노후를 맡길 수 없는 시대를 맞게 될 것이다. 국민연금에 가입하는 것보다 각자가 알아서 노후 대비 자금을 모아야 하는 것이다. 물론 이마저도 쉽지 않다. 오늘날의 밀레니얼 세대는 일자리를 구하기도 어려울 뿐만 아니라, 졸업과 동시에 학자금 대출을 떠안고 사회로 나오기 때문이다.

이제 부동산은 끝났다

2000년대 초 닷컴버블 이후 미 연준은 장기간 저금리 기조를 유지했다. 이는 과도한 유동성을 창출하게 된다. 그리고 그 유동성 중 일부는 중국과 같은 수출주도형 국가의 외환 보유액이 되었으며, 또 다른 일부는 미국의 자산 시장으로 흘러들었다. 그 결과 수많은 자산 가격이 상승했다. 즉, 어떤 자산에 투자해도 웬만하면 수익을 거둘 수 있었던 것이다.

하버드대학의 제임스 스톡James Stock, 프린스턴대학의 마크 왓슨 Mark Watson, 미 연준 전 의장인 벤 버냉키Ben Bernanke와 같은 주요 경제학자들은 이 시기를 '대완화의 시기'라고 불렀다.

많은 사람이 부동산 투자에 눈을 돌리기 시작한 것도 바로 이 시기이다. 당시 유행하던 금융상품 중 하나가 바로 주택담보대출 Mortgage(이하 주담대)이었다. 대다수 금융회사와 신용평가회사는 주담대의 위험성을 과소평가했다. 그동안 주택가격이 지속적으로 상승했기 때문이다. 금융회사들은 주담대를 기초 상품으로 하여 증권을 발행하기도 했고, 여기에 최고 등급을 부여했다. 예일대학 교수이자 노벨 경제학상 수상자인 로버트 쉴러Robert Shiller는 2005년 출판한 『비이성적 과열』(알에이치코리아, 2014)에서 미국 대도시의 주택 시장 호황은 한 국가의 경제상태를 표현하는 지표인 펀더멘털과 무관한 전례 없는 수준이라 주장했다. 그런데도 2000년대 초부터 부동산 두지는 지속해서 증가했다.

쉴러는 자신의 저서를 통해 이례적인 집값 폭등의 위험성을 경고했다. 당시 미국의 일부 지역에서는 주택가격이 소득의 약 9배에 달했다. 이러한 주택가격의 비정상적인 급등은 저금리 기조와 손쉬운 대출의 영향으로 더욱 가속화되었다. 당시 미국에서는 누구나 저금리로 대출을 받을 수 있었다. 이후 주택가격이 상승하면, 상승한 주택가격만큼 또다시 대출을 받기도 했다. 상승한 주택가격만큼 담보가치가 증가했으니, 대출 계약을 갱신해 더 많은 대출을 받은 것이다. 사람들은 주택가격 상승으로 발생한 추가 대출액으로 또다시 주택을 구입했다.

이처럼 저금리와 손쉬운 대출이 집값 상승의 주범이었다. 세계 주요국의 주택가격과 소득 간의 배수Price-Income Ratio, PIR는 상승세를 보이고 있다. 홍콩의 PIR 지수는 2010년 말 11.4에서 2020년 말 20.7로 증가하며, 홍콩을 세계에서 가장 주택 가격이 높은 도시로 만들었다. 홍콩 이외에도 밴쿠버(13.0), 시드니(11.8), 오클랜드(10.0)에서도 2010년 이후 PIR은 상승하고 있다.[2]

그러나 글로벌 금융위기 이후 은행의 태도는 돌변하기 시작했다. 대출 조건은 까다로워졌고 동일한 주택으로 받을 수 있는 대출한도는 줄어들었다. 이제 은행은 대출자들이 다른 채무가 없는지에 대해서도 매우 꼼꼼히 살펴보고 있다.

2008년 이후부터는 대출에 대해 훨씬 더 많은 규제들이 쏟아져 나오고 있다. 게다가 밀레니얼 세대들은 학자금 대출까지 부담하고 있어, 여러모로 은행으로부터 대출을 받기 어려운 환경이 되었다.

결과적으로 주택을 구입하는 주된 연령층도 올라갔다. 미국 부동산중개인협회National Association of Realtors에 따르면 2012~17년 사이 미국 주택 소유자의 연령은 42세에서 45세로 증가했다. 영국에서도 생애 최초 주택 구입자의 연령은 높아지고 있다. 대출 조건이 까다로워졌기 때문이다. 오늘날 주택 구매자는 자기자본이 평균 7만 달러 이상은 있어야 집을 살 수 있다. 이는 20년 전보다 훨씬 큰 비용이다. 이제 결혼 이전에 대출을 끼고 주택을 구입하는 것은 어려워졌으며, 결혼 이후 맞벌이 부부가 생애 최초로 주택을 구입하는 것이 일반화되고 있다.

주택 시장에는 더욱 심각한 문제가 도사리고 있다. 주택가격의 상승 요인이 점차 사라지고 있다는 것이다. 주택가격은 크게 도시화의 정도, 경제 성장률, 금리 수준에 영향을 받는다. 그러나 이 요인들이 모두 주택가격 상승에 부정적으로 돌아섰다.

첫째, 도시화는 이제 선진국에서 대부분 완료되었다. 인구 증가율도 주택가격 상승을 꺾을 만큼 크게 둔화했다. 둘째, 세계 경제는 저성장이 고착화되었고, 앞으로도 획기적인 개선의 여지는 보이지 않는다. 셋째, 저금리 기조도 오래가지 않을 것이다. 오늘날 많은 선진국이 제로에 가까운 초저금리를 유지하고 있지만, 언젠가는 상승세로 반전될 것이다.

매우 예외적인 지역을 제외하면 주택 시장은 과거와 달리 초활황세를 보이지는 않을 것이다. 수요 측면에서도 그렇다. 금리 인상과 대출 규제로 주택 구매 수요는 줄어들 것이다. 이는 청년층이 주택을 구입하거나 주택으로 돈을 벌 가능성은 점차 사라져 간다는 것을 뜻한다.

일자리가 사라지고 있다

기술 혁신은 노동시장과 사람들의 생활 방식에 일대 혁명을 일으키고 있다. 선진국의 노동시장은 저숙련 일자리를 인공지능과 로봇이 대체하며 노동시장에 커다란 변화를 만들어내고 있다.

글로벌 금융위기 이후 새로운 일자리가 많이 생겨났지만 이 일자리의 99% 이상은 대졸 이상의 고학력자의 몫이다. 실제 미국에서는 1,160만 개의 일자리가 새롭게 만들어졌는데, 그중 1,150만 개의 일자리가 대졸자 이상의 고학력자 몫이었다. 구체적으로 살펴보면, 석·박사 이상의 학위 보유자들은 380만 개의 일자리를 얻었고, 학사 학위 보유자들은 460만 개의 일자리를 얻었다. 전문대 학위 보유자들은 310만 개의 일자리를 얻었다. 그러나 고졸 이하의 학력자들을 위한 일자리는 고작 8만 개가 창출되었다. 이는 자동화와 같은 기술 혁신 때문이다. 아울러 외국인 노동자들이 국내의 일자리를 차지하기 때문이기도 하다. 이 2가지 요인에 따라 저학력 노동자들의 임금 수준은 제자리에 머물거나 감소세를 보이는 반면, 고숙련 노동자들의 임금은 상승세를 보이고 있다. 이러한 트렌드는 앞으로 오랜 기간 지속될 전망이다.

미국 노동통계국은 자동화가 노동자를 얼마나 쉽게 대체할지를 분석했다. 이 조사에 따르면 자동화는 고졸 미만의 노동자가 하는 업무의 55%를 대체할 수 있다. 그리고 고졸 노동자가 하는 업무의 52%를 대체할 것이다. 한편 대졸 이상 노동자의 업무는 자동화가 22%밖에 대체하지 못한다.

저학력 노동자는 고등 교육을 받기도 어렵다. 대학 학자금이 부담스러울 정도로 올랐기 때문이다. 1997~98년 미국의 평균 연간 등록금은 사립대학의 경우 16,233달러, 주립대학의 경우 타주 학생은 8,840달러, 주민 학생은 3,168달러 수준이었다. 하지만 2017~18년은 무섭도록 가파르게 상승해 등록금은 각각 41,727달러, 26,010달러, 10,691달러까지 치솟았다. 사립대학의 평균 등록금은 157%, 주립대학의 경우 194%, 주내에 거주하는 학생의 경우 237% 증가한 것이다. 값비싼 학자금은 대학교육을 받고 싶은 사람들에게 부담이 될 수밖에 없으며, 많은 대학생을 학자금 대출에 의존하게 만든다.

직장이 없는 시대, 긱 이코노미

노동자의 인식 변화와 직업의 유연성이 높아짐에 따라 전 세계적으로 프리랜서 노동자가 증가하고 있다. 이로 인해 고객과 서비스 기여자, 노동자와 소비자 간의 경계도 흐릿해졌다. '네트워크 경제Network economy'라는 새로운 경제구조가 생겨난 것이다.

고숙련 근로자 중심의 일자리 창출과 함께 유연한 방식의 고용 계약이 증가하자 노동시장은 근본적인 변화를 맞고 있다. 고용주들은 정규직보다 단기 계약을 더욱 선호하게 되었고, 그 결과, 프리랜서 근로자의 수는 지난 10년 동안 폭발적으로 증가했다. 미국의 경우, 프리랜서 노동자가 전체 노동인구의 20%에서 약 34%에 이른다. 앞으로 그 비중은 더욱 증가할 것이다. 사람들은 우버Uber, 업워크Upwork 같은 온라인 일자리 플랫폼을 활용하여 독립적이고 단기적인 계약을 선호할 것이다. 이러한 추세는 미국, 유럽 뿐만 아니라 세계 곳곳에서 관찰되는 트렌드다.

플랫폼 노동이 확산하는 배경은 다음과 같다. 첫째, 일자리 공급 측면에서 P2P^{peer to peer} 경제는 다양한 기술을 요구하는 새로운 일자리를 만들어냈지만, 정부는 이를 뒷받침하지 못했다.

둘째, 일자리 수요 측면에서 구직 경쟁이 치열해지자 많은 노동자가 열세의 위치에 놓이게 됐다. 이들은 더 나은 일자리를 구할 때까지 당장 눈앞의 허드렛일이나 아르바이트를 할 가능성이 커졌다. 이러한 추세는 사람들이 장기적인 경력 개발에 투자하는 것을 막는다. 그리고 불안정한 단기 계약 중심의 일자리를 더욱 많이 만들어내는 결과를 낳았다.

플랫폼에서 일하는 배달노동자와 같이 정규직이 아닌 독립사업자로서 노동에 종사하는 경제체제를 '긱 이코노미^{Gig-economy}'라고 부른다. '임시직'의 긱^{Gig}과 경제를 뜻하는 이코노미^{Economy}의 합성어이다. 긱 이코노미에서는 사업주와 근로자가 각각 독립적인 관계로 프리랜서 계약을 체결한다. 따라서 긱 이코노미의 노동자들은 실업수당이나 건강보험, 연금 가입, 출산휴가와 같은 근로자로서의 혜택을 누리기 어렵다. 이러한 계약 형태는 고용주에게 유리하기 때문에 노동자들이 정당한 혜택을 누리지 못하는 현상이 뉴노멀이 될 가능성이 크다. 그 결과, 노동자들은 노동법의 보호를 받지 못하고, 경제적 불안정은 커질 것이다.

기술 혁신에 따른 일자리의 이동

오늘날 기술이 일자리를 빼앗아 갈지도 모른다는 불안감은 아주 오래전부터 존재했다. 역사적으로 볼 때 신기술의 도입은 늘 공포와 분노를 불러일으켰다. 1589년 엘리자베스 1세 여왕은 스타킹을 만드는 틀이 뜨개질 종사자들의 소득에 부정적인 영향을 미칠 것을 우려해, 한동안 스타킹 틀 발명가에게 특허를 부여하지 않았다. 19세기 초 영국과 프랑스의 섬유 노동자들은 증기기관으로 움직이는 압착기의 등장에 반감을 갖기도 했다. '러다이트Luddite'는 새로운 기술을 두려워하는 사람을 뜻하는데, 이 용어는 1811년 영국 노팅엄과 1831년 프랑스 리옹의 카누츠Canuts에서 발발한 신기술 반대 시위에서 유래한 것이다. 러다이트들Luddites은 산업혁명으로 직물 기계가 자신들의 일자리를 빼앗는다며 설치를 반대했다.

경제학자 리카도David Ricardo, 마르크스Karl Marx, 케인스John Maynard Keynes도 기술이 일자리를 위협한다는 주장을 펼쳤다. 19세기 초, 리카도는 기계가 노동을 대체할 것을 우려했다. 1850년대에 마르크스는 자동화가 급진전해 노동의 형태가 변화한 세상을 가정하기도 했다. 1930년 케인스는 기술 발전에 따라 일자리가 사라지는 현상을 설명하기 위해 '기술적 실업'이라는 용어를 만들어냈다. 케인스는 이 기술적 실업을 극복하기 위해서는 정부가 '적극적 고용 정책'을 펼쳐야 한다고도 주장한 바 있다.

일자리가 사라지는 현상에 대한 출판물도 쉽게 찾아볼 수 있다. 1976년 앨버스James S. Albus는 『대중자본주의Peoples' Capitalism: Economics of the Robot Revolution』라는 책을 출판했고, 1995년 제레미 리프킨Jeremy Rifkin은 『노동의 종말』(민음사, 2005)에서 일자리의 소멸을 다루었다.

기술 변화로 인해 인구의 대규모 이동도 발생했다. 예컨대, 1차 산업혁명 이후 농업 분야의 일자리가 줄어들자, 많은 사람이 농촌에서 도시로, 삶의 터전을 옮겼다. 농업은 1850년 기준 전체 고용의 58%를 차지했으나, 오늘날은 2.5%에 불과하다. 기계가 일자리를 대체하는 정도는 산업에 따라 달랐다. 광공업이나 가사도우미 분야는 농업과 마찬가지로 단순 노동력이 필요한 산업이다. 그러나 이 분야는 기계화의 영향을 상대적으로 덜 받았다.

기술 혁신으로 노동자들이 완전히 새로운 분야로 이동하기도 했다. 제조업 대신 서비스업 종사자의 증가가 대표적인 사례다. 1960년 이후 제조업 일자리는 미국 고용의 27%를 차지했지만, 지금은 9%에 불과하다. 제조업의 경우 기계로 대체하기가 쉬웠기 때문이다. 반면, 경제가 고도화되고 서비스업 수요가 늘어나자 서비스 부문의 일자리가 늘어났다.

역사적으로 볼 때 신기술 도입이 마냥 부정적인 것만은 아니었다. 긍정적인 영향도 많았는데 그 인과관계는 다음과 같다.

1. 자동화는 생산성을 높임

2. 노동자에 대한 임금 또는 주주들의 배당소득 증가

3. 경제 전반의 구매력 증가에 따른 소비 증대

4. 일련의 과정에 의한 생산성 향상은 더 많은 일자리 창출

위의 도식은 '기술 혁신 → 일자리 창출'과 같이 한 방향으로만 작동하는 것이 아니다. 새로운 일자리가 소득과 구매력을 자극하여 생산성을 높일 때도 있다. 이는 양방향 인과관계를 갖는 순환이다.

신기술 도입이 생산성을 향상하고 양질의 일자리를 창출한다는 점에서는 경제 전체의 생산성에도 긍정적이다. 그러나 산업 차원에서는 기계화 및 자동화가 일자리를 파괴하는 상황을 만들기도 했다[그림 1-2].

메사추세츠공과대학 교수 에쓰모글루Daron Acemoglu와 보스턴대학 교수 레스트레포Pascual Restrepo의 2017년 분석에 따르면, 미국에서 산업용 로봇이 1대 배치될 때마다 6명의 일자리가 사라진다.

[그림 1-2] 국가별 소득 규모에 따른 자동화의 영향

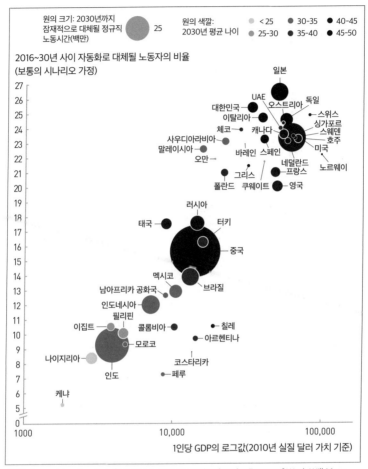

출처: James Manyika et al., "Jobs Lost, Jobs Gained: What the Future of Work Will Mean for Jobs, Skills, and Wages," McKinsey Global Institute report, November 28, 2017, Exhibit E2. Copyright © 2021 McKinsey & Company. All rights reserved. Reprinted by permission.

기술 혁신의 승자와 패자

기술 혁신과 관련해 미래의 일자리를 상상해 보자. 미래의 일자리는 어떤 모습일까? 무엇이 미래의 일자리를 창출할 것인가? 이는 어려운 질문이다. 경험에 비추어 보면 기술 혁신이 만들어내는 새로운 생태계를 예측하기는 대단히 어렵다. 그러나 어떠한 직업이 사라질지를 예측하는 것은 상대적으로 쉬운 작업이다.

프랑스의 컴퓨터 과학자인 프랑수아 게르넬François Gernelle은 1973년 세계 최초의 소형 컴퓨터인 미크럴엔Micral N을 개발했다. 이 발명으로 컴퓨터는 3차 산업혁명의 핵심 지위를 차지한다. 컴퓨터는 경제활동을 위한 단순한 도구가 아니라, 정보를 생산하고 가공하는 모든 작업을 총괄했다.

컴퓨터의 발명 이후 미국의 생산성은 연간 1~1.5% 속도로 증가했다. 1995~2000년에는 대략 2.9%를 기록했다. 미국 연방준비제도이사회 의장이었던 그린스펀Alan Greenspan을 비롯한 많은 경제학자 역시 최근 수십 년간 생산성 증가의 가장 중요한 요인으로 컴퓨터를 지목한다.

맥킨지 글로벌연구소는 2017년 발행된 『잃어버린 일자리: 자동화 시대의 인력 전환』에서 1970년 이후 미국에서 컴퓨터가 만들어낸 일자리는 1,580만 개라고 추산했다. 이는 2015년 노동인구의 10%에 해당하는 수치다. 컴퓨터의 등장으로 인해 미국에서는 350만 개의 일자리가 사라졌으나, 동시에 1,930만 개의 일자리가 창출되었다.

개인용 컴퓨터는 우선 단순 문서편집 작업이나 단순 타이핑 작업을 하는 일자리의 수요를 줄였다. 컴퓨터 보급으로 타자기 제조업은 곧바로 사양산업이 되었고, 비서 업무와 장부 기입 업무도 사라졌다. 미국에서 타이피스트와 비서라는 이름의 일자리는 1990~2015년 사이에 140만 개나 자취를 감췄다.

그러나 동시에 개인용 컴퓨터는 수백만 개의 일자리를 창출했다. 제조업 및 반도체 관련 일자리는 새롭게 창출된 일자리의 각각 1%, 3%를 차지한다. 컴퓨터와 밀접한 연관이 있는 산업(콜센터, 전자상거래)에서도 많은 일자리가 창출되었다. 컴퓨터 과학자, IT 시스템 관리자, 앱 개발자 등과 같이 기존에는 없던 새로운 직업이 탄생한 것이다. 오늘날 IBM, 마이크로소프트MS, 오라클Oracle 등의 컴퓨터 및 소프트웨어 기업들은 미국에서만 300만 명의 직원을 고용하고 있다.

IT 기술은 전문가들이 문제를 논의하고 해결하는 방식도 바꾸었다. 컴퓨터와 소프트웨어 제조업에 종사하는 사람들은 문제를 해결하기 위한 커뮤니티와 생태계를 가지고 있다. 이전의 시대에는 상상하기 어려웠지만, 이제는 온라인 소통, 비대면 회의 등을 지원하는 소프트웨어로 인해 시공간의 구애를 받지 않고 의견을 교환한다. 그리고 이 기술은 메타버스, 가상현실, 게임, 전자상거래 등과 같은 새로운 사업모델의 초석이 되고 있다.

지금 일어나는 기술 혁명은 단순 저숙련 노동력을 대체하는 데 그치지 않는다. 기술 혁명은 고소득 전문직 일자리까지 위협하고 있다. 예컨대, 1980년대 후반 방사선의학과 전문의가 CT(컴퓨터 단층촬영)나 PET(양전자 단층촬영) 검사를 수행하고 검토할 수 있는 사진은 20~50장 정도였다. 이 작업은 단순 반복적이었기 때문에 한 명의 전문의가 오랫동안 집중력을 유지하기 어려웠다. 그러나 지금은 AI 기술 발달로 방사선의학과 전문의들은 최대 1,000개의 이미지를 검수한다. AI 기술이 중요도나 특징에 따라 이미지를 분류해 의사들의 검수 작업 효율화를 높인 것이다.

이 사례는 시사하는 바가 크다. 기술 혁명이 반드시 인간의 일자리를 빼앗아가는 결과만 보여 주지 않는다는 것이다. 인간과 기계 중 무엇을 선택할 것인가 하는 양자택일의 문제가 아니기 때문이다.

미래에 인간과 기계는 공존할 가능성이 크다. 여전히 인간과 기계가 지닌 각각의 고유한 강점이 있기 때문이다. 따라서 앞으로 많은 일자리는 인간과 기계가 협업하는 방식으로 존재할 것이다. 물론 일부 일자리는 기계에 의해 완전히 대체되어 역사의 뒤안길로 사라지기도 할 것이다.

그렇다면 과연 어떤 종류의 일자리가 자취를 감출 것인가? 이에 대한 답을 하기 위해 인간의 일자리를 아래와 같이 3가지 유형으로 나눠 보았다. 일자리가 얼마나 빠르게 기계로 대체될 것인가는 그 일자리가 다음 중 어떤 범주에 속하느냐에 따라 달라질 것이다.

첫 번째 범주는 단순반복 작업이다. 이 일은 가장 먼저 자동화될 것이다. 비행기나 기차의 탑승권을 인쇄하거나, 단순 세금계산서를 발행하는 것과 같은 업무다. 이들은 미리 정해 놓은 규칙만 따르면 되는 작업이다. 즉, 사전에 정해진 논리와 알고리즘만 따르면 되는 '연역적 작업'들은 컴퓨터나 기계로 대체될 가능성이 매우 크다.

두 번째 범주는 '귀납적 작업'이다. 이 작업들은 다양한 사례를 분석해 확률적인 예측을 하는 작업이다. 콜센터는 확률적 분석과 데이터 수집을 기계로 대체하고 있는 대표적인 분야다. 음성인식 서비스를 통해 고객들의 요구사항을 분석하고, 그 요청사항에 대한 가장 그럴싸한 답변을 확률적으로 제공하는 등 기계가 상담원을 빠른 속도로 대체해 가고 있다.

세 번째 영역은 '판단과 창의'의 영역이다. 이 영역에서는 기계가 인간을 대체하기가 거의 어렵다. 주로 인간만이 이해하는 규칙 Code principle을 사용하기 때문이다. 반드시 아주 고차원적인 업무만이 판단과 창의를 요하는 것은 아니다. 가구를 아파트 3층으로 옮기는 것과 같이 아주 단순한 업무지만 인간 고유의 상황 판단, 공간 판단력이 필요한 작업이 대표적인 사례다. 또한 유명 정치인이 대중을 설득하기 위해 연설문을 작성하는 것도 고도의 언어 능력이 필요한 분야의 업무다. 최근 프로그래밍 기술이 발전하고, 머신러닝 기술이 빠른 속도로 발전하기는 하지만, 그래도 이 범주에 속하는 일자리는 기계로 대체되기까지 오랜 기간이 걸릴 것이다.

앞으로 자동화 기술은 저숙련 노동자와 고숙련 노동자를 가리지 않고 모두를 위협할 것이다. 이 위협에 가장 먼저 노출될 국가는 바로 기술 혁신을 선도하는 선진국들이다. 하지만 같은 직종일지라도 역할에 따라 기계로 대체되는 속도는 다르다. 똑같은 비서라 하더라도 회의 스케줄을 조율하고, 여행 티켓을 예약하고, 임직원의 사적 작업을 대신 처리해 주는 개인비서는 AI로 대체되기 어렵다. 향후 고령화에 따라 노인들의 건강돌봄 서비스, 사회복지 서비스가 증가할 것이지만, 역시 로봇이 이를 대체하기는 어렵다. 로봇은 사람과 교감할 수 있는 정서적 능력이 없기 때문이다. 따라서 인간의 감정을 교류하거나, 다른 사람과의 상호작용이 중요한 일자리(심리학자 또는 가정의)는 적어도 가까운 장래에 AI로 대체되지 않을 것이다. 그리고 크리에이터와 같이 최근 새롭게 등장한 일자리도 사람과의 상호작용이 필요한 경우가 많다.[3]

자동화 기술로 주로 중간소득의 일자리가 사라지는 반면, 저임금 일자리(보육원, 간호조무사, 소매 판매원)와 고소득 일자리(소프트웨어 엔지니어)는 유지되거나 확대될 가능성이 크다. 이는 일자리 감소로 인한 소득 양극화와 불평등 심화 문제라는 부작용을 일으킬 것이다.

개도국에서는 정반대의 현상이 일어날 수 있다. 서비스 부문이 확대되고, 건설산업이 활성화되면서 중산층 노동자를 위한 일자리가 더 많이 생겨날 것이다. 중산층이 성장한다는 것은 중산층과 관련된 일자리가 더 많이 창출되고, 교육 수요도 증가해 중등교육을 받는 노동자의 비율이 증가함을 말한다.

같은 직업이더라도 기술 혁신의 주체가 선진국이냐, 개도국이냐에 따라 그 운명이 달라진다. 선진국에서는 사라질 수도 있는 일자리가 개도국에서는 새롭게 생겨날 수도 있다. 경제적·지리적 위지에 따라 일자리의 창출과 소멸이 달리 나타나는 것이다. 선진국에 존재하던 오래된 일자리는 개도국으로 이전될 것이며, 선진국은 고부가가치 일자리들이 생겨날 것이다. 이에 따라 선진국에서는 전문 기술 교육이나 전문 학위와 같은 고등교육에 대한 수요가 커질 개연성도 있다.

평생 배워야 하는 사람들

코로나 팬데믹으로 재택근무가 일상화되자 많은 사무직 노동자는 또 다른 압박을 받기 시작했다. 직장 내에서가 아닌 원거리의 존재조차 알 수 없는 노동자에게 자리를 빼앗길 가능성이 높아진 것이다. 현재 전 세계 인구의 20%인 약 15억 명이 영어를 사용한다. 앞으로 영어 사용 인구는 더욱 증가할 것이며, 이에 따라 현 사무직 노동자들은 영향을 받을 수밖에 없다. 원격근무 기술이 발달하자 기업들은 해외에서 더 많은 노동자를 고용할 수 있게 되었다. 세계의 유수 대학이 운영하는 교환학생 프로그램과 계절학기 프로그램도 지난 30년 동안 증가세다. 런던 정경대학은 여름 계절학기 수업으로 이수 가능한 캠퍼스를 베이징(북경대학)과 남아프리카의 케이프타운(케이프타운대학)으로 확장했다. 하버드대학은 프랑스, 이탈리아, 중국, 일본, 한국, 세네갈, 아르헨티나에서 여름 계절학기를 운영하고 있다. 굳이 대학생이 아니더라도 누구나 온라인 강좌를 수강할 수 있다. 하버드 익스텐션 스쿨Harvard Extension School, 에드엑스EdX, 코세라Coursera 및 무크MOOC, Massive Open Online Courses 플랫폼을 통해 일반인도 교육을 이수할 수 있다. 원한다면 언제 어디서나 교육받을 수 있는 환경이 조성된 것이다.

앞으로 빅데이터 기업들은 대기업의 의사결정 방식을 간소화하고, 고학력자들을 위한 일자리를 다양화하고, 경영학 석사MBA, 의학, 회계학, 법학 등 전문 자격증을 가진 사람들의 일자리를 빼앗아 갈 것이다.

이에 따라 노동자들은 다른 분야로의 이직에 대한 유연성을 갖추어야 하며, 언제든 새로운 직업교육을 받을 수 있게 준비되어야 한다. 또한 새로운 기술을 습득하는 것에 대해서도 거부감이 없어야 한다. 우리가 하는 일들은 지금보다 훨씬 밀접한 상호작용이 필요하고, 창의적이며, 고도의 추론 능력을 요구할 것이기 때문이다. 반면, 식사를 준비하거나 단순 반복적인 데이터 처리 업무와 같이 일상적이고 예측 가능한 일자리는 점차 감소할 것이다.

이처럼 자동화 기술이 대세를 이루는 시대에 일자리를 잃지 않기 위해 우리는 학력을 높일 수밖에 없다. 앞으로 어떤 직업이 탄생할지, 어떤 직업이 사라질지를 구체적으로 예측할 수는 없지만, 미래에는 고숙련 노동자와 유연성이 높은 노동자가 필요할 것이기 때문이다. 특히 선진국을 중심으로 고학력 교육에 대한 수요는 계속 증가할 것이다.

아직 금융위기는
끝나지 않았다

　　지금까지 살펴본 바와 같이, 밀레니얼 세대는 이전 세대와는 완전히 다른 경제적 환경 속에서 사회로 진출하고 있다. 그 결과, 밀레니얼 세대가 금융제도의 혜택을 받을 가능성은 매우 낮다. 이들은 대출을 받기도 어려우며, 소득도 불안정해 저축할 수 있는 여력도 매우 낮다. 이들도 금융위기의 여파로 금융의 도움을 받기 어려워진 '서브프라임 세대Subprime generation'가 된 것이다.

　　글로벌 금융위기 이후 은행 규제가 강화됨에 따라 은행의 건전성은 훨씬 강화되었다. 그러나 동시에 저신용자에게 더 많은 금융 서비스를 제공하는 '금융포용' 기능은 약해질 수밖에 없었다. 심지어 선진국에서도 상당수 사람이 금융 서비스를 받지 못하고 있다. 선진국의 수백만 명은 여전히 은행 계좌를 소지하지 못하고 있다. 2015년에는 전체 가구의 7% 정도가 예금이나 적금에 가입하지 못했다. 미국을 기준으로 약 1,560만 명의 성인과 760만 명의 어린이가 은행을 이용하지 못했다는 의미다.

그렇다면 이들에게는 왜 은행 계좌가 없는 것일까? 이들이 은행 계좌를 개설하지 못한 이유를 중요도 순으로 나열하면 다음과 같다.

1. 은행 계좌의 불필요성
2. 가족 계좌의 공동 사용
3. 고액의 은행 수수료
4. 금융회사, ATM(현금자동인출기) 사용의 불편함
5. 계좌를 위한 필수 서류 미비
6. 금융회사에 대한 신뢰 부족
7. 기타 종교적 이유

마스터카드MasterCard사에 따르면 2016년 유럽연합의 1억 3,900만 명의 성인이 금융 서비스에 접근하지 못하고 있다. 이는 전체 인구의 약 19%에 해당하는 엄청난 비중이다. 금융 소외 계층의 35%는 18~34세로서, 주로 청년층의 금융 서비스 소외가 두드러진다. 직업을 기준으로 나누어 보면 33%는 정규직에 종사하고, 12%는 퇴직한 사람이며, 9%는 학생이다. 더욱 놀라운 점은 금융 서비스에 접근하지 못했던 87%의 사람들은 이주자나 이민자가 아니라 그 나라에서 평생 살아온 네이티브 거주자들이라는 것이다. 세계은행의 글로벌 핀덱스 지수Global Findex에 따르면 은행 계좌가 없는 사람들의 비중이 가장 높은 국가는 루마니아(39%)이며, 불가리아(37%), 슬로바키아(23%), 헝가리(28%), 폴란드(22%) 순이다.

여전히 많은 나라는 금융위기로 어려움을 겪고 있다. 이는 단지 글로벌 금융 위기의 여파가 지속되고 있음을 뜻하는 것이 아니다. 금융 소외계층에 만연한 새로운 유형의 금융 위기인 것이다. 믿을 수 없을 만큼 많은 인구가 금융권의 혜택을 받지 못하는 것은 단순한 위태로움이 아니다. 가장 원초적이며 근본적인 위험이다. 더욱 놀라운 것은 금융 소외층들이 아직 접해 보지도 못한 금융은 이들이 다가설 틈도 없이 이미 새로운 변화를 모색하고 있다는 것이다.

2장

디지털 금융 시대, 은행의 운명

이 장은 디지털 뱅킹이 전통적인 은행을 어떻게 대체해 가는지를
살펴볼 것이다. 또한 마이크로크레딧(소액 대출), 크라우드 금융,
P2P 대출, 크라우드 펀딩과 같이 새롭게 등장한 금융 혁신의 사례도
알아본다. 아울러 금융산업도 우버와 같이 변하는 현상(우버화)에 대해
깊이 있게 분석해 볼 것이다. 그리고 금융 혁신이 거래비용과
리스크 관리에 어떠한 영향을 미쳤는지, 또한 핀테크가 여러 산업에
어떠한 영향을 미치는지도 살펴볼 것이다.

네 번에 걸친
산업혁명

오늘날의 디지털 시대를 열기까지 서구
사회는 세 번의 산업혁명을 거쳤다. 지금부터는 간략하게 세 번의
대변혁이 어떻게 이루어졌는지 살펴보자. 산업혁명의 역사는 현
재 진행 중인 핀테크 혁신이 어떻게 전개될 것인지를 내다볼 수
있는 중요한 초석이 된다.

1차 산업혁명은 18세기 유럽에서 일어났다. 풍부하고 값싼 석
탄과 제도적 환경이 결합되어 기계화의 진보를 이루는 조건이 되
었다. 이러한 조건은 금융 개혁과 함께 리즈Leeds의 마셜 밀Marshall
Mill과 같은 큰 공장과 기업, 그리고 현재 상용화되고 있는 주식시
장의 출현으로 이어졌다.

2차 산업혁명은 19세기 말부터 20세기 초까지 미국에서 일어
났다. 미국은 내연엔진, 전기, 선신을 발명하고, 자동화된 조립라

인을 통해 대량생산 시대를 열었다. 포드Ford, 굿이어Goodyear, 엑슨
모빌ExxonMobil, 에디슨인터내셔널Edison International 등 세계적인 글
로벌 기업이 이 시기에 세워졌다.

미국의 철도망도 사회 변화를 이끄는 데 한몫했다. 철도는 소비
자 주도의 경제를 낳았으며 농촌에서 도시로의 인구 대이동을 불
러일으켜 대도시를 탄생시켰다. 이로 인해 대도시의 고객들은 유
행을 이끄는 주역이 되었다. 철도망은 나라를 해안에서 해안으로
연결하고 사람과 화물의 운송을 더 쉽고 저렴하게 만들었을 뿐만
아니라, 농업 시스템을 재정비하는 결과를 낳았다. 그 결과 농부
들은 다른 일을 찾아야 했다.

철도산업의 폭발적 성장은 새로운 기회를 만들기도 했다. 새로
운 고부가가치 일자리가 생겨났고, 철도 관련 산업이 성장했다.
예컨대, 금속공학은 철도와 열차 제조 수요를 만족시키기 위해 한
창 유행을 타던 분야였다. 광공업도 기하급수적으로 성장했다. 이
로 인해 수천 킬로미터에 달하는 철로를 관리하는 인력이 필요했
고, 철도 역사에는 승무원과 역무원, 철도회사 사무실에서도 직원
을 뽑으려는 노동 수요가 가파르게 증가했다.

이후 일어난 3차 산업혁명은 20세기 중반에 시작되었다. 바로
자동화와 전산화였다. 이 시기에는 자본시장이 급격히 발전했으
며, 인간의 창의성과 무형의 아이디어를 보호하는 지식재산권이
라는 개념이 1960년대 세계지적재산권기구에 의해 정립된다. 이

러한 제도적 인프라를 기반으로 IBM, 마이크로소프트, 애플, 구글과 같은 글로벌 IT 기업들이 설립된다.

4차 산업혁명은 디지털 혁명

이제 4차 산업혁명의 시대가 도래했다. 4차 산업의 혁신을 이끄는 가장 큰 도구는 인터넷이다. 인터넷은 30년 만에 전화, 라디오, 텔레비전, 인쇄 매체, 우편 시스템 등 과거의 통신 기술을 완전히 대체했고 소통 방식의 변혁을 만들었다. 오늘날 사람들은 블로그, SNS, 유튜브 등 완전히 새로운 방식으로 사람들과 소통한다. 기업들은 과거처럼 오프라인 매장에만 집착할 필요가 없어졌다. 소상공인, 중소기업 등이 참여하는 온라인 쇼핑 시장이 급속도로 성장했기 때문이다. 전자상거래를 통하면 지리적 제약도 없으며, 글로벌 시장으로 바로 진입할 수 있다. 이것이 바로 4차 산업혁명의 핵심이다.

4차 산업혁명은 구글, 아마존, 페이스북, 애플, 알리바바와 같은 거대한 혁신 기업들을 탄생시켰다. 이 기업들은 이미 전 세계적으로 잘 알려진 터라 별도로 언급할 필요가 없을 정도다. CB인사이트에 따르면 2021년 7월 기준, 설립연도 10년 이하이고 기업 가치가 1조 원 이상인 스타트업을 가리키는 '유니콘' 기업의 수가 약 700개 이상으로 증가했다

오늘날의 디지털 혁명은 모두 인공지능이 이끌고 있다고 해도
과언이 아니다. 디지털 혁명은 금융업에까지 영향을 미치고 있다.
새로운 디지털 기술로 전통적인 금융을 대체하는 것을 '핀테크'라
부르는데, 이 기술은 기업과 정부, 개인이 업무를 처리하는 방식
을 완전히 바꾸어 놓고 있다.

금융계의 이단아, 핀테크

        세계 경제에서 핀테크의 영향력이 본격화된 것은 2007~8년에 일어난 글로벌 금융위기부터다. 글로벌 금융위기는 은행과 금융산업의 기반을 뒤흔드는 대혼란의 시대를 만들었다. 대형 금융회사들과 보험회사의 기업 가치는 금융위기 직후 급락해, 여러 금융회사가 파산하거나 합병되었다. 전 세계적으로 은행 건전성을 강화하는 새로운 규제가 도입되었고, 은행 역시 변화된 규제 환경에 맞추어 금융 서비스를 바꾸어 나가야만 했다.

  금융의 위기는 어느 때고 세계의 시장을 흔들었지만 이번만큼은 달랐다. 21세기초의 금융위기는 은행을 규제하는 방식뿐만 아니라, 은행 조직과 은행의 운영 방식 등 금융산업에 관한 전통적 방식을 모조리 바꾸어 버렸다.

기존 금융 시스템에 서서히 균열이 생기자 일부 투자자들은 새로운 금융 서비스에 관심을 기울이기 시작했는데 이렇게 태어난 것이 바로 '핀테크'이다.

핀테크 산업은 서서히 부상해 스트라이프Stripe(온라인 결제), 소파이SoFi(대출 플랫폼), 알리페이Alipay(중국의 온라인 결제) 등과 같은 기업이 주목을 받기 시작했다. 핀테크는 그동안 금융산업이 진출하지 못했던 미지의 영역을 새롭게 개척하는 파격적인 금융이었다.

글로벌 금융위기가 미친 여파

글로벌 금융위기 이전인 2000년대 초반은 초호황기였다. 골드만삭스, 메릴린치, 모건스탠리, 리먼브라더스, 베어스턴스 등 5대 투자은행의 시가총액은 상상을 초월할 정도로 증가했다. 당시 투자은행이 손쉽게 수익을 올렸던 소위 '돈이 되는' 업무는 주택담보대출을 '증권화'하는 것이었다. 이른바 '모기지론'이다. 이들은 신용도가 다른 주택담보대출을 모은 뒤, 이를 증권으로 포장하고 다시 등급을 나눠 투자자들에게 매각했다. 대형 보험사들도 이러한 영업 방식에 동참했다. 서로 다른 자산을 하나의 자산으로 묶으면 위험이 분산된다는 믿음을 바탕으로 이러한 영업행위가 이루어졌다. 그러나 여기엔 크나큰 함정이 있었다. 모든 주택담보대출이 한번에 부실자산이 될 수도 있다는 점이다. 지금 시점에서

돌이켜 보면 이해하기 어렵지만, 당시에는 모든 주택담보대출이 부실채권이 될 수도 있다고 의심하던 사람은 아무도 없었다. 그러나 주택 경기가 꺾이면서 믿기 어려운 일이 발생했다. 주택담보대출을 기초로 발행했던 증권이 휴지조각이 된 것이다.

주택경기가 하락하자 주택을 담보로 잡고 있던 많은 모기지론들은 급속도로 부실화되었다. 당시 대다수 은행은 모기지론을 기초 자산으로 발행한 증권을 보유했기 때문에 이는 금융시장을 처참하게 붕괴시켰다. 2008년 5개의 초대형 투자은행 중 2개인 베어스턴스Bear Stearns와 리먼브라더스Lehman Brothers가 파산했고, 미국의 최대 보험회사인 AIGAmerican International Group도 파산한다. 베어스턴스Bear Stearns가 파산한 주말에 뱅크오브아메리카Bank of America는 메릴린치Merrill Lynch를 인수했다. 불과 한 달 만에 골드만삭스와 모건스탠리는 투자은행에서 상업은행으로 변모했다. 결국, 2008년 11월까지 초대형 투자은행 5곳이 모두 사라졌다.

글로벌 금융위기의 근본적인 원인은 주택가격이 하락세로 돌아설 경우 대출금을 갚기 어려운 사람들에게까지 주택담보대출을 제공했다는 것이다. 2000년대 초반까지는 아무런 문제가 없었다. 주택가격이 꾸준히 올랐기 때문이다. 그래서 은행들도 대출 심사 기준을 대폭 낮췄다. 소득증명서 제출을 면제하기도 했고, 주택가격 전액을 대출해 주기도 했다. 심지어는 소득이 없고No income, 직업이 없고No jobs, 자산이 없더라도No assets 대출을 해 주는 '닌자대출NINJA'이 유행할 정도였다.

은행들은 주택담보대출 자산이 많아지자 이를 기초로 증권을 만들어 외부로 팔아치웠다. 이를 금융에서는 '유동화'라고 한다. 유동화된 증권에 대한 수요마저 넘쳐났다. 국채를 담보로 잡는 시장인 환매조건부 채권시장Repo에서도 유동화 증권이 거래될 정도였다. 정부도 은행들이 저소득, 저신용자들에게 주택담보대출을 제공할 것을 정책적으로 장려했다. 그러나 당시 유통되던 유동화 증권들은 알고 보면 매우 부실하고 위험한 자산이었다.

돌이켜 보면 2008년 금융위기의 주된 요인은 투자위험의 과소평가, 환매조건부시장에서의 채무삭감(헤어컷)증가, 거래 상대방의 위험 증가였다. 위와 같은 위험 요인이 감지되자마자 아래와 같은 4가지 메커니즘을 통해 위기는 급속도로 번져 나갔다.

첫 번째 메커니즘은 '유동성 연쇄작용Liquidity spiral'이다. 은행은 자신들이 보유한 자산이 부실화되자 곧바로 대출을 막아 버렸고, 이는 부동산, 주식 등 자산 가격을 하락시키는 연쇄작용을 일으켰다.

두 번째, 은행들은 위험 대비를 위해 대출 대신 준비금을 늘렸고, 자본시장에 대한 대출을 축소시켰다.

세 번째, 투자자들이 엄청난 양의 자본을 빠르게 회수하면서 리먼브라더스와 베어스턴스는 대규모 예금인출사태인 '뱅크런Bank run'에 직면했다. 그 결과, 전체 금융 시스템에 대한 사람들의 신뢰는 무너졌으며 금융시장은 경색된다.

네 번째, 거래 상대방이 채무를 갚지 못할 수도 있다는 불신(거래 상대방 위험)이 팽배해졌으며 이는 금융시장에 패닉을 불러왔다.

금융시장에 만연한 두려움은 서브프라임 모기지 채권을 발행할 당시에는 상상도 하지 못했던 결과였다. 금융회사들은 어떤 금융회사가 부실한 서브프라임 증권을 많이 가졌는지 알지 못해 두려움에 떨었으며, 이에 따라 시장은 급속도로 냉각되었다.

결국 정부는 '대마불사'로 여겨지던 금융회사에 구제금융을 제공한다. 금융 지원을 통해 금융 시스템의 붕괴를 막고, 금융 소비자들을 보호하기 위한 조치였다. 미국 정부는 금융회사의 우선주나 부실자산을 매입해 주는 구제 프로그램을 시행하고, 2008년 비상경제안정법을 제정해 은행이 지니고 있던 부실자산을 떠안았다. 이처럼 미 연준은 가능한 한 모든 수단을 동원했다. 심지어 외국계 은행들도 구제금융의 도움을 받았다. 미 연준은 과거와 같은 보수적인 정책 대신, 유례없는 개입주의로 빠르게 전환했다. 따라서 미 연준이 떠안게 된 금융자산은 엄청나게 불어났으며, 현재 미 연준의 대차대조표상의 자산 규모는 금융위기 이전 대비 500% 증가한 4조 5000억 달러다.

정부는 재정을 확대하기도 했다. 시장 수요 창출을 위해 정부 지출 금액을 늘렸고, 동시에 위기 재발을 막기 위한 조치도 취했다. 2010년, 미국 의회는 '도드-프랭크 금융개혁법Dodd-Frank Wall

Street Reform and Consumer Protection Act'을 제정했다. 이 법안은 금융 시스템 위기를 막기 위해 '금융안정 감독위원회'에 은행을 해산할 수 있는 권한을 가졌다. 또한 도드-프랭크 금융개혁법에는 은행의 투자를 제한하는 '볼커룰Volcker rule'도 포함되어 있다. 이러한 정책적 조치들은 금융산업의 지형을 바꾸어 놓았고, 금융산업은 금융위기 이전만큼의 권력은 누릴 수 없게 되었다.

금융을 뒤흔들 4가지 핵심 기술

글로벌 금융위기로 금융회사들이 위축되자, 많은 핀테크 기업은 금융시장에 진출할 기회를 엿보기 시작했다. 이로 인해 지난 10년 동안 전 세계적으로 핀테크 회사에 대한 투자는 크게 증가하게 되었다[그림 2-1]. 세계적으로 핀테크 투자가 집중된 나라는 중국과 미국이다.

아시아권에서의 핀테크 투자는 주로 중국에 집중되었는데, 중국은 새로운 기술 도입에 무척 발 빠른 모습이라 AI 기술에서도 앞서나갔다.⁴ 중국에서 핀테크 기업이 급성장할 수 있었던 것은 전통적인 금융회사의 역량이 저조했기 때문이다. 특히, 주택가격의 폭등으로 인해 새로운 투자 대상을 발굴할 필요가 있었지만, 중국의 경우 해외 투자도 쉽지 않은 환경이었다.⁵

흥미로운 점은 지금까지 중국 전체 핀테크 투자 금액의 절반 이상이 특정기업에만 투자하는 단일 거래라는 것이다. 이는 앤트파

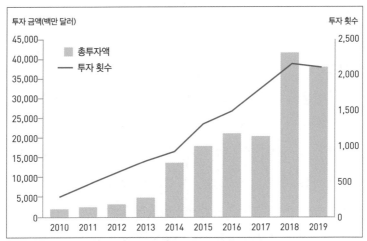

[그림 2-1] 핀테크 기업에 대한 글로벌 투자 규모

투자 금액(백만 달러)

투자 횟수

■ 총투자액
― 투자 횟수

출처: CBInsights, "The State of Fintech Q2 2020 Report: Investors and Sector Trends to Watch," 2020, Business Wire, "Global Venture Capital Investment in Fintech Industry Set Record in 2017, Driven by Surge in India, US and UK, Accenture Analysis Finds," February 28, 2018

이낸셜Ant Financial(중국의 핀테크 회사로 알리바바 계열사)이 45억 달러를 조달하기 위한 거래Round였다. 이러한 대규모 자금 투자로 중국은 핀테크 산업에서 중심 위치를 지키고 있다. 대부분 국가에서 투자 금액은 감소세이나, 중국에서만큼은 2016년에 2배로 증가했다.

　핀테크는 어떤 기술력으로 전통적인 금융시장을 앞서나갈 수 있었던 것일까?

　핀테크가 강조하는 4가지 핵심 기술은 바로 인공 지능AI, 사이

버 보안Cybersecurity, 블록체인Blockchain, 그리고 인슈어테크Insurtech
이다.

인공지능

금융전문가가 하던 일은 이제 컴퓨터 알고리즘이 대체할 것이
다. 컴퓨터 알고리즘은 더 저렴한 비용으로, 더 우수한 품질의,
더 다양한 금융상품을 개발하기도 한다. 머신러닝과 빅데이터를
활용한 새로운 핀테크 기업이 등장하고 있고, 고빈도 거래High-
frequency trading나 로보어드바이저를 활용한 고객 서비스 등도 인공
지능을 활용한 새로운 금융 서비스로 주목받고 있다.

사이버 보안

인공지능이 발전함에 따라 사이버 보안이 중요해졌다. 2016년
방글라데시 중앙은행에서는 스위프트SWIFT 네트워크를 통해 돈
을 탈취하는 사건이 발생했는데, 이 사건은 사이버 보안의 중요성
을 알리는 계기가 됐다. 이때 탈취된 금액은 8,100만 달러로 사
상 최대의 은행 탈취 사건이었다. 금융회사들은 이러한 사이버 위
협에 대한 두려움을 느낄 수밖에 없었다. 2017년 기준, 사이버 보
안 분야의 스타트업 중 1억 달러 이상 규모의 투자를 받은 사례는
10건이며, 총 552건의 거래를 통해 77억 달러가 사이버 보안 분
야에 투자되었다.[6]

블록체인

블록체인 기술은 중앙 관리자 없이 분산되어 있는 컴퓨터 네트워크에서 금융(또는 기타 여러 가지) 거래를 기록하는 디지털 장부 기술이다. 블록체인의 구체적 기능에 대해서는 다음 장에서 더 다룰 것이기에 여기서는 블록체인에 대한 전문가들의 전망이 엇갈린다는 점만 짚어 두겠다.

2016년, 금융회사들은 금융의 미래를 변혁시킬 수 있는 블록체인 기술에 열광했지만, 점차 사람들은 이 기술을 냉정하게 평가하고 있다. 다만, 여전히 대부분 대형 금융회사 그룹들은 블록체인이 금융산업을 바꿀 잠재력이 있다고 믿고 있다. 일부 국가의 중앙은행들은 블록체인 기술에 기반한 디지털 통화 발행을 시도하고 있다. HSBC, 도이치뱅크Deutsche Bank, 라보뱅크Rabobank, 소시에떼제네랄Société Générale을 포함한 여러 은행은 금융 거래를 위한 블록체인 기술을 공동 개발하기로 합의하기도 했다.

인슈어테크

인슈어테크란 보험Insurance과 기술Technology의 합성어로, 말 그대로 디지털 기술과 보험사의 활동을 결합하는 새로운 서비스다. 인슈어테크 기업들은 B2C와 같은 소비자 부문(개인, 회사, 전문가)뿐만 아니라, B2B와 같은 기업 부문(보험사, 보험사 은행, 사회보장그룹)에 서비스를 제공한다. 보험사는 디지털 기술을 활용하여 보험 서비스의 혁신을 주도하고 있다. 인슈어테크 기술이 만드는 새로운 보험 서비스는 보험계약을 둘러싼 모든 이해관계자, 즉 보험가입자, 중개업체, 보험사, 재보험사 등의 영업 방식과 보험계약 방식을 완전히 바꾸어 놓을 것으로 보인다. 지금까지 보험산업의 디지털 혁신 속도는 다른 금융산업에 비해 빠르지 못했다. 그러나 영국의 소슈어So-sure, 게바라Guevara 및 브롤리Brolly, 독일의 프렌드슈어런스Friendsurance, 미국의 레모네이드Lemonade와 같은 인슈어테크 스타트업들은 혁신적 사업모델을 앞세워 등장했다. 그 밖의 다른 인슈어테크 회사들은 보험상품의 효율성을 높이거나 비용을 낮추는 데 중점을 두고 있어 지속적으로 더 많은 투자가 이루어질 것이다. 인슈어테크 스타트업들이 보험시장에서 새로운 수요를 발굴하고, 디지털 시대에 맞는 새로운 솔루션을 지속적으로 발굴하기 때문이다.

앞서 말했듯이, 이러한 기술 분야에서 중국은 주도적인 역할을 하고 있다. 다음은 중국이 핀테크 분야에 미치는 영향력에 대해 살펴보겠다.

세계 최대 중국 테크기업의 명암

전 세계 유니콘 기업의 80% 이상은 미국과 중국에 있다. 2019년 말 중국은 미국을 제치고 세계 최대의 유니콘 허브가 되었고, 이제는 핀테크 분야의 실리콘밸리가 되었다고 해도 과언이 아니다. 첨단 테크기업인 샤오미Xiaomi, 바이두Baidu, 디디추싱Didi

Chuxing, 메이퇀Meituan, 토우탸오Toutiao의 본사는 모두 베이징에 있다. 중국 최대 전자상거래 업체 알리바바는 항저우에 본사를 두고 있고, 선전에는 AI에 막대한 투자를 하고 있는 다국적 대기업 텐센트Tencent가 있다. 텐센트는 창립된 지 얼마 되지 않았지만, 이미 GEGeneral Electric보다 높은 시가총액을 자랑한다. 바이두 또한 GMGeneral Motors보다 큰 규모의 기업이다. 가장 규모가 큰 유니콘 기업은 시가총액이 약 2천억 달러로 평가받는 앤트파이낸셜과 루닷컴Lu.com이다.

많은 사람이 중국의 급격한 경제 성장은 기술 혁신에 기반을 두고 있다고 설명한다. 그러나 기술 혁신의 관점으로만 중국의 금융 혁신을 설명하기에는 부족한 면이 있다. 오히려 기술보다 더욱 중요한 것은 중국이 지닌 독특한 문화적 요인이다. 여기서 문화적 요인이란 새로운 기술을 신속하게 채택할 수 있는 능력, 대규모 중앙집중식 플랫폼, 상대적으로 느슨한 개인정보 보호 법규 등이다.

중국은 정부로부터 엄격한 자본 통제를 받는 국가다. 그리고 중국의 엄격한 자본 통제 정책은 기업들이 잉여자본을 해외 투자에 쓰지 못하게 막았으며, 결과적으로 자국의 기업에 투자하도록 유도했다.

신기술을 빠르게 채택하는 능력은 글로벌 AI 선두주자로서 중국의 입지를 확고하게 만든 일등 공신이다. 이는 수백만 명의 인도인이 유선전화 사용을 건너뛰고 스마트폰을 사용하게 된 것과 마찬가지다. 중국 고객들은 낡은 금융기술을 버리고 즉시 새로운 기술을 사용하는 단계로 들어섰다. 예를 들어, 이들은 신용카드를 사용하는 단계를 건너뛰었다. 현금에서 바로 전자결제 플랫폼 사용으로 넘어간 것이다. 이는 미국 등 다른 선진국과는 완전히 다른 모습이다. 신용카드 결제 비중이 높은 미국에서 애플페이Apple pay는 아직 완전한 표준으로 자리 잡지 못했다. 그러나 중국의 텐센트는 매달 6억 건 이상의 간편결제 거래를 처리할 정도로 비대해져 버렸다.

중국의 중앙집중화된 플랫폼도 자국의 경쟁 우위를 만드는 요인이다. 중국 기업들이 보유한 데이터와 중앙집권화된 플랫폼은 중국 테크기업들이 새로운 애플리케이션을 개발하는 데 많은 기초 자원이 되고 있다.

텐센트는 최단 기간에 최고의 성공을 거둔 기업으로 주목을 받았는데 이 기업이 이토록 짧은 시간에 성공을 거두었던 것 역시 중앙집권화된 플랫폼과 데이터 덕분이었다. 텐센트는 현재 소셜미디어, 상거래, 모바일 게임, 인터넷 서비스, 결제 시스템, 스마트폰 및 멀티플레이어 온라인 게임 등 다양한 서비스를 제공하고 있는데, 이 모든 서비스는 단기간에 세계 최대 규모로 성장했다.

텐센트는 텐센트QQ^{Tencent QQ}와 세계 최대 포털 사이트인 QQ.com을 운영하고 있다. 이러한 초대형 플랫폼은 텐센트가 모바일 기기에서도 많은 사용자층을 쉽게 확보할 수 있게 하는 교두

보 역할을 했다. 한편, 텐센트는 7억 명 이상의 활성 사용자를 보유한 음악 서비스 앱Tencent Music Entertainment도 소유하고 있는데, 이 서비스는 세계에서 가장 높은 수익성을 창출하는 음악 서비스다.

중국인들의 낮은 개인정보 의식도 중국 기업의 성장에 유리하게 작용한다. 중국인들은 개인정보 보호에 대해 다른 선진국만큼이나 예민하지 않다. 서구에서는 개인정보 보호를 개인의 권리로 간주하고 있어, 기업들이 고객 정보를 수집하기 위해서는 다양한 제한이 따를 수밖에 없다. 그러나 중국에서 프라이버시를 지키는 행위는 의심스러운 범죄 혐의를 숨기려고 하거나 무언가 석연치 않은 행동으로 치부된다. 정직하고 잘못이 없는 사람이라면 모든 것을 떳떳하게 공개할 수 있어야 한다는 문화가 있는 것이다. 그래서 중국 국민은 자신의 개인정보를 보호할 권리를 쉽게 포기한다. 인도가 '정보에 대한 권리'를 채택하고, 유럽연합이 '잊혀질 권리'를 규정화한 반면, 중국은 테크기업들이 다양한 목적을 위해 개인정보의 자유로운 수집을 허용하고 있다. 예컨대, 알리바바가 고객들의 데이터를 수집해 '세서미 신용평가 시스템Sesame Credit'을 만들 수 있었던 것도 개인정보 보호에 관대한 중국의 특성 때문이었다.

물론, 중국에서도 핀테크 기업의 성장을 가로막는 요인이 존재한다. 바로 제한된 투자 기회다. 금융산업이 발달하지 않아 다양한 투자 기회를 제공하지 못하는 것은 중국의 인공지능 및 관련 신기술의 성장 모멘텀을 둔화시키는 요인이다. 또한, 중국의 인플레이션율은 예금 수익률보다 높다. 따라서 중국 국민은 은행의 예금에 관심을 둘 이유가 없다. 게다가 소비자 물가변동도 심해 은행에 장기적으로 돈을 예치하는 것은 더욱 어렵다.

주식 투자도 좋은 선택이 아니다. 경제 성장률이 증권 수익률을 초과하기 때문이다. 2015년에 발생했던 중국의 증시 대폭락 사건도 과감한 투자를 막는 요인이었다. 여전히 중국인들은 당시 과도한 레버리지로 인한 주식시장 붕괴가 얼마나 충격적이었는지를 기억하고 있다.

중국 기업들은 자유로운 해외 투자도 금지되어 있다. 중국 정부가 자국 기업의 자본을 통제하고 있기 때문이다. 또한, 미국 정부도 인공지능, 머신러닝 등 첨단 기술과 관련한 산업에 대해서는 중국의 투자를 전략적으로 막고 있다. 실제로 미국 정부는 최근 국가 안보를 위협할 수 있다는 이유로 알리바바의 머니그램 MoneyGram 인수를 허용하지 않았다.

중국이 주도하는 핀테크 기술과 인공지능 분야의 발전은 새로운 기회인 동시에 도전 과제가 될 것이다. 서구의 관점에서 중국의 부상은 경제 협력의 기회를 만들어내는 기회 요인이 되기도 하겠지만, 동시에 중국과의 경쟁 심화라는 새로운 갈등 요인으로 비화될 가능성도 있다.

은행,
디지털로 변신하다

핀테크 혁신으로 현재 금융계는 지각변동이 예상되고 있다. 앞으로 은행은 어떤 형태로 달라지게 될까? 핀테크 혁명으로 은행이라는 존재 자체가 사라지는 것은 아닐까? 하지만 현재로서는 은행이나 보험사가 없는 세상을 상상하기는 힘들다. 그러나 금융회사들도 디지털 시대에 맞게 변화해 나갈 수밖에 없는 운명에 처해 있다. '플랫폼' 혁신이 어떻게 은행을 재편하고 모바일 금융 서비스를 확대시킬지 살펴보자.

은행의 절반은 사라질 것이다.

온라인 뱅킹은 보안과 신뢰가 생명이다. 비대면 거래를 할 때 해킹이나 거래 거절, 금융 사기 등의 위험이 완전히 제거되어야 온라인 거래가 가능해진다. 온라인을 통한 지급 결제에 대한 소비자의 신뢰가 없었다면 전자상거래 산업은 오늘날만큼 커지지 못했을 것이다.

전자상거래 산업의 초기에는 책이 주된 거래 대상이었다. 책은 품질이 표준화되어 있으며, 가격도 소액이었기 때문이다. 그러나 곧 온라인 거래는 다양한 제품으로 범위를 넓혀 갔다. 사람들은 인터넷에서 호텔과 비행기표를 예약하기 시작했다. 이제는 주택 공유나 차량 호출까지 스마트폰이 처리하고 있다. 온라인, 모바일 기기의 사기나 해킹의 위협이 크지 않다는 걸 잘 알고 있기 때문이다.

온라인 뱅킹은 이미 오래전에 시도되었다. 씨티뱅크Citibank, 체이스Chase, 케미컬Chemical, 매뉴팩처러 하노버Manufacturer Hanover는 이미 1980년대에 프랑스의 미니텔Minitel이라는 '비디오텍스트Videotext(비디오를 통한 통신기술)'를 통해 홈뱅킹을 구현했다. 대중화에는 실패했지만 1990년대 후반, 대형 은행들은 이런 시도를 통해 인터넷이 비즈니스의 미래에 중요한 역할을 할 것이라 예측하는 계기를 얻게 되었다.

2000년까지 금융회사들이 통폐합되면서 대형화되었고, 이후 은행들의 80%가 온라인 뱅킹을 제공하기 시작했다. 온라인 뱅킹은 이때부터 보험이나 펀드를 판매해 기존 고객을 유지하는 데에 많은 도움을 주었고 은행 경영진들은 자연스레 온라인 뱅킹의 잠재력에 확신을 갖게 되었다.

그러나 1990년대까지는 온라인 거래에 대한 소비자의 불신과 거부감이 존재했다. 그 결과 온라인 뱅킹의 성장세는 더딜 수밖에 없었다. 뱅크오브아메리카가 온라인 고객을 200만 명까지 확보하는 데에 10년이 더 걸렸다. 다행히 아마존이나 이베이^{eBay}와 같은 전자상거래 플랫폼에서의 거래가 증가함에 따라 온라인 뱅킹 규모도 함께 커졌다. 2000년대 초, 많은 기업은 ING다이렉트(네덜란드), 퍼스트다이렉트(영국), PC파이낸셜(캐나다), 이스타트레이드뱅크(미국) 등 지점이 없는 인터넷 전문 은행을 설립하기 시작했다.

그러나 새로운 위협도 등장했다. 바로 해커들이다. 해커들은 은행을 표적으로 삼았다. 이중 기승을 부리던 것은 소비자의 돈을 사취하기 위해 개발된 대표적 기술인 '피싱^{Phishing}'이다. 이는 해커들이 금융 소비자들을 유인하기 위해 가짜 거래나 사기성 거래를 만드는 방법이다. 또 다른 방법은 '파밍^{Pharming}'이다. 파밍이란 소비자들이 자신의 신용카드 비밀번호와 같은 민감한 정보를 공유하도록 가짜 웹 사이트를 만드는 방법이다. 그 외에도 해커들은 은행 거래용 서명 소프트웨어를 조작해 은행 고객들의 자금을 빼돌리는 방법을 사용하기도 했다. 이는 온라인상에 나타난 트로이 목마의 일종으로 금융 고객들의 의지와는 다르게 지불 대상을 조작하거나, 지불 금액을 조작하는 기술이다.

은행도 당연히 효과적인 대응책을 신속하게 개발했다. 은행들은 디지털 인증서 기술을 보강했으며, SMS 결제 확인 서비스를 제공했고, OTP와 같은 보안 도구를 발전시켜 나갔다. 은행들이 신속히 금융 보안을 강화하자 고객들은 인터넷 뱅킹, 전자결제 서비스를 안심하고 사용할 수 있게 되었다.

온라인 뱅킹의 대대적인 혁명은 2007년 애플이 아이폰iPhone을 출시하면서 시작되었다. 아이폰이 보급되자 PC에 기반한 온라인 뱅킹이 스마트폰으로 옮겨간 것이다. 2009년까지 미국에서는 5,400만 가정이 폰뱅킹을 사용했다. 2010년 금융 서비스 기술회사인 피서브Fiserv가 실시한 소비자들의 지불 습관에 대한 조사에 따르면 고객들은 결제할 때 모바일 장치를 더 많이 사용한다. 송금 또한 디지털 지갑을 통해 더 많이 처리하고 있다. 오늘날 모바일 뱅킹은 매우 보편화되었다. 모든 은행은 버튼 몇 번만 누르면 쉽게 다운받을 수 있는 모바일 은행 앱을 제공하고 있다.

뱅크레이트Bankrate의 2016년 연구에 따르면 사람들은 점차 은행을 방문하고 있지 않다. 특히, 예금, 인출, 송금과 같은 기본적인 은행 서비스를 위해 은행을 찾는 수요는 크게 줄어들고 있다. 오늘날 은행 지점은 모바일 앱을 통해 해결되지 않는 복잡한 금융 문제를 해결하기 위해 남아 있는 것에 불과하며, 고객들의 일상적인 거래는 모바일 앱이나 온라인 프로그램을 통해 해결되고 있다 [그림 2-2].

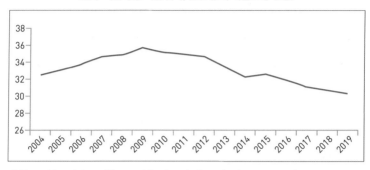

[그림 2-2] 미국의 은행 지점 수
(인구 백만 명당 지점 숫자, 연간 규모, 계절 조정 없음)

출처: World Bank, https://data.worldbank.org/indicator/FB.CBK.BRCH.P5?locations=XC.

위의 그림을 통해 우리는 은행업계에 무언가 심상치 않은 일이 일어나고 있음을 직감할 수 있다.

2017년 영국에 본사를 둔 금융 기업 바클레이즈Barclays의 전 CEO인 앤서니 젠킨스Anthony Jenkins는 은행이 "우버 모먼트Uber Moment에 직면해 있다."라고 주장했다. 새로운 기술을 지닌 경쟁 업체들이 등장함에 따라 은행업도 비즈니스를 광범위하게 자동화해야 한다는 뜻이다. 앤서니는 은행의 지점 수가 곧 50%까지 줄어들 것이라고 경고했다. 현재까지 북유럽은 온라인 뱅킹 산업이 가장 발전한 지역으로 이곳의 은행은 이미 50%가량 지점을 철폐했다. 앞으로는 서유럽과 미국이 북유럽의 선례를 뒤따를 것으로 보이며, 향후 10년 이내에 기존 지점의 30~50%가 문을 닫을 것이다.

오늘날 은행은 단순히 물리적인 지점을 통폐합해 오프라인 거래를 온라인으로 전환하는 과정을 겪고 있는 것이 아니다. 은행의 본질을 바꾸어 놓을 만한 근본적인 기술 변화를 경험하고 있는 것이다. 이러한 기술 혁신은 소비자들이 직접 대면하는 금융 서비스뿐만 아니라 은행의 내부 경영 프로세스에도 큰 영향을 미칠 것이다.[7]

빅데이터는 모든 것을 알고 있다

빅데이터를 폭넓게 해석하면, 다량의 데이터 세트 안에서 상관관계와 패턴을 식별하고 유의미한 결론을 도출하는 프로세스를 말한다. 은행은 가장 데이터 집약적인 산업이다. 과거에도 빅데이터를 기반으로 다양한 사업을 전개했다. 개별 자산의 리스크를 평가하고, 개별화된 금융 서비스를 제공하기 위해 여러 데이터를 사용했다. 거래 알고리즘, 고객 서비스 및 콜센터와 같은 프론트 오피스 운영에 빅데이터 솔루션이 적용된 것이다. 그러나 고객들의 소비 패턴이나 결제 패턴과 관련한 빅데이터는 아직 미개척의 영역으로 남아 있다. JP모건은 신용카드 결제 데이터를 분석하는 기관을 설립했는데, 이는 사람들의 소비 패턴 데이터를 분석하여 미국 경제에 대한 인사이트를 얻기 위한 목적이다. 소비 패턴이나 결제 패턴 데이터에 우위를 갖는 금융회사는 향후 금융시장 경쟁에서 상당한 파워를 가질 것이다.

알고리즘이 인간을 대체한다

인공지능은 복잡한 환경 속에서 인간의 능력을 그대로 구현할 수 있는 능력을 지니고 있다. 환경을 파악하고, 이에 대응한 결정을 내리고, 문제를 해결하기 위해 대화를 나누는 행위와 같은 능력이다. 이 능력에서 가장 중요한 것은 바로 알고리즘과 빅데이터이다. 알고리즘은 빅데이터를 바탕으로 성장하고, 컴퓨터는 이 알고리즘을 통해 학습하거나 의사결정을 하고 예측을 한다.

이미 알고리즘은 우리의 생활 속 깊숙이 들어와 있다. 증권시장에서 일어나는 대부분의 투자는 사람Wolves of Wall Street이 아닌, 컴퓨터가 하고 있다. 컴퓨터가 하는 대표적 거래 유형인 알고리즘 거래 및 고빈도 거래HFT가 시장 전체 거래에서 차지하는 비중이 90% 이상이라는 추정치도 있다. 심지어 알고리즘은 사기의 정황이 있는 거래 패턴을 모니터링하기도 한다. 앞으로는 알고리즘에 바탕을 둔 인공지능의 혁신이 고객과의 접점 업무, 시장 일선에 있는 투자 업무Front-office뿐만 아니라 리스크 관리와 같은 미들오피스Middle-office 업무에도 적용될 날이 올 것이다.

은행의 성장동력은 사물인터넷

은행업계는 성장 기회를 찾아 사물인터넷IoT에 눈을 돌리고 있다. 사물인터넷을 개략적으로 설명하면 우리 일상의 물건이 인터넷에 연결되고, 그 물건에 부착된 센서가 거대한 네트워크를 구성하는 것을 의미한다. 사물인터넷으로 인해 전기차들은 서로 통신할 수 있으며, 일상적인 생활용품도 우리의 건강을 점검하는 도구로 활용될 것이다. 이미 여러 모바일 장치는 헬스 및 피트니스 기능을 내장하고 있다. 스마트폰 기기와 스마트워치를 통해 심박수, 체온, 혈압, 심전도ECG, 혈중산소농도, 호흡 등 우리의 건강 정보를 확인할 수 있다.

비록 초기 단계지만 온라인 뱅킹 역시 사물인터넷과 결합될 가능성이 높다. 지문과 안면인식 기술을 활용하여 모든 신원 확인이 이루어질 수 있으며, 현금이나 신용카드 없이도 쉽게 거래가 이루어질 날이 곧 도래하는 것이다. 눈을 한 번 깜빡이는 것으로 식사비를 결제할 수도 있으며, 지문으로 교통비를 지불할 수도 있다. 자동차 부품을 교체해야 할 필요가 있을 때 자동차가 스스로 부품을 주문할 수도 있으며, 가전제품도 알아서 필요 부품을 주문하는 시대가 머지않은 것이다.

점점 중요해지는 클라우드 컴퓨팅과 블록체인

클라우드 컴퓨팅 기술의 발전도 주목할 만하다. 클라우드는 IT 리소스Resources를 중앙으로 집결시키고, 필요에 따라 재배포한다. 클라우드 컴퓨팅 기술은 동일한 작업을 하기 위해 많은 컴퓨터가 필요하지 않다는 것을 뜻한다. 오늘날 은행들은 클라우드를 통해 컴퓨터 없이도 중앙집중식 최신 IT 장비를 보유할 수 있게 되었다. 클라우드의 또 다른 장점은 항상 새로운 소프트웨어를 사용할 수 있다는 것이다. 클라우드 컴퓨팅은 금융회사의 데이터 보안과 개인정보 보호 비용을 크게 절감시킬 수도 있다. 그리고 여기에는 블록체인 기술도 결합될 것이다.

블록체인은 비트코인과 같은 디지털 통화를 구현하는 데서 출발했다. 하지만 금융 분야에서 블록체인은 단순한 디지털 통화 이상의 의미가 있다. 은행업에서 블록체인은 암호화폐는 물론이고, 신디케이트 대출(국내외 정부와 공공기관, 민간 기업에 여러 은행이 공동으로 자금을 대출해주는 것-옮긴이), 금융 사기 정보 공유, 마스터 데이터 관리, 자산관리, 증권 발행의 영역에서 활용될 것이다. 블록체인은 이 장의 뒷부분에서 더욱 구체적으로 논의해 보고자 한다.

지금부터는 기술이 금융의 통합과 금융권에서 소외된 사람들의 문제를 어떻게 해결할 수 있는지 살펴보자.

개발도상국이 핀테크에 더 빨리 적응한 이유

선진국의 금융산업은 비교적 안정적으로 관리되고 있으며, 빠르게 성장하고 있다. 이에 반해 개도국에서는 은행이나 보험과 같은 금융 서비스가 널리 보급되지 않아, 소외된 계층이 무척이나 많다. 이는 바꿔 말해, 변화와 혁신의 가능성이 무한하다는 뜻이다.

최근 몇 년간 개도국의 금융 서비스 산업은 선진국이 경험했던 단계를 뛰어넘었다. 전통적인 제도권 금융회사에 의존하지 않고 곧바로 핀테크 단계로 나아간 것이다. 이들의 혁신을 이끄는 대표적인 도구는 다름 아닌 휴대전화다. 휴대전화는 빈곤한 개도국 사람들을 가난에서 벗어나게 하는 대표적인 도구였다. 방글라데시의 이크발 콰디어Iqbal Quadir는 1997년 '그라민폰Grameenphone'을 설립해 대중에게 통신 서비스를 보급하고, 새로운 일자리를 만들어 냈다.

'그라민폰'의 대표적인 사업은 가난한 여성에게 소액 대출을 제공하는 것이다. 그 자금을 바탕으로 여성들은 중소기업이 1인 기업을 운영할 수 있도록 돕는다. 더 나아가 그라민폰에서 지원을 받은 기업들이 조금씩 성장하자 이크발은 저가 휴대전화를 판매하기 시작했다. 저가 휴대전화를 보급한 목적은 단순했다. 영세기업인들이 생산한 제품을 판매할 수요처를 찾고, 모바일 은행 앱에 접근할 수 있도록 지원하기 위해서였다. 게다가 그라민폰은 각 마을마다 '텔레폰 레이디Telephone lady'라 불리는 여성들을 고용하고 소정의 월급을 지불했다. 텔레폰 레이디의 역할은 멀리 떨어진 가족과 통화하고 싶어 하는 주민들에게 자신의 휴대전화를 빌려주는 것이었다. 텔레폰 레이디들은 휴대전화 대여 서비스로 수입을 얻었으며, 마을 사람들도 전화가 보급되자 통신 서비스 혜택을 받게 되었다. 그라민폰 덕분에 2004년까지 약 11만 5천 명의 텔레폰 레이디들이 5만 2천 개 마을의 8천만 명 주민에게 전화 통신 서비스를 제공했다.

무선통신 기술은 아프리카, 아시아 사람들의 삶을 완전히 바꾸어 놓았다. 개도국에서도 휴대전화는 더 이상 사치품이 아닌 생활 필수품이 된 지 오래다. 심지어 가장 가난한 가정에서도 무선 광대역으로 통신 서비스를 누릴 수 있게 된 것이다. 개도국들이 아예 전화라는 기기가 없던 상태에서 스마트폰 시대로 도약한 것처럼, 개도국은 전통적인 은행을 뛰어넘어 바로 차세대 디지털 금융 서비스로 이동할 것으로 보인다[그림 2-3].

개도국에서 스마트폰의 보급률이 높아지자 스마트폰을 통한 핀테크가 은행 대신 금융 서비스를 제공하게 되었다. 이처럼 개도국에 금융 인프라가 부족하다는 것은 오히려 새로운 차세대 금융 시스템을 정착시키기에 더욱 유리한 환경임을 뜻한다. 은행, 보험과 같은 구식 금융 시스템에 안주하려는 관성이 없기 때문에, 새로운

[그림 2-3] 15세 이상 인구 중 은행 계좌를 가진 사람들의 비율

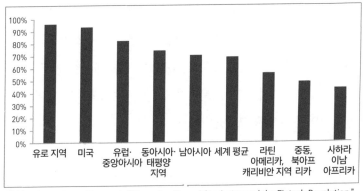

출처: Asli Demirguc-Kuntet al., "Measuring Financial Inclusion and the Fintech Revolution," World Bank, Global Findex Database.

금융 시스템의 안착과 시작이 훨씬 수월한 것이다.

아이러니한 사실은 선진국보다 아프리카가 새로운 간편결제 기술에서는 선두 국가라는 것이다. 2007년 영국의 이동통신업체 보더폰Vodafone은 케냐에서 스마트폰으로 송금할 수 있는 앱인 '엠페사M-Pesa'를 출시했다. 엠페사는 본래 자금 이체, 대출 및 소액 대출 용도로 개발되었지만, 케냐의 부정부패를 줄이는 효과를 가져왔다고도 평가된다. 케냐인들이 현금 대신 간편결제 앱을 사용하기 시작하자 탈세가 근절되었기 때문이다.

인도네시아의 '우버'인 모빌리티 앱 '고젝Go-Jek'도 최근 디지털 지갑을 출시했다. 금융 서비스로 사업을 확장한 것이다. 다른 슈퍼 플랫폼과 마찬가지로 고젝은 다양한 서비스를 제공하고 있다. 스마트폰 데이터 판매 서비스부터 공과금 지불, 처방받은 약을 재구매하는 서비스 등이다. 반면, 경쟁업체들은 차량 공유 및 음식 배달 서비스에만 머물러 있을 뿐이다. 고젝은 오토바이 택시라는 저가 공유 서비스를 통해 사용자들을 확보했다. 이 회사의 성장은 앞으로가 더욱 기대된다. 2억 6,400만의 인도네시아 인구 중 약 96%가 신용카드가 없기 때문이다. 이들은 고젝의 대대적인 성공을 이끌어갈 잠재된 고객들이다.

씨티그룹Citigroup이 2017년에 발간한 '디지털 혁명 재검토: 핀테크 벤처캐피털 투자가 우리에게 알려 주는 산업 변화' 보고서에는 중국의 P2P 대출 산업을 중점적으로 조명하고 있다. 보고서가 발표되는 시점에 중국의 P2P 대출 시장은 미국보다 약 4배, 영국보다 10배 이상 컸다. 중국의 P2P 시장이 커지자 중국인민은행은 자국의 P2P 시장을 규제하기 시작했다. 반드시 등록을 거쳐야 하고, 최소한의 자본을 갖추라고 규정하며, 보고를 의무화한 것이다.

인도 역시 새로운 핀테크 솔루션이 등장할 가능성이 높은 국가다. 인구가 많고 은행 이용률이 매우 낮기 때문이다. 반면, 휴대전화 보급률은 높고 정부는 생체 인식에 기반한 인증 시스템Biometric ID을 구현한 배경이 있다. 또한 2016년 11월, 인도의 모디 총리는 500루피(7달러) 및 1,000루피(14달러) 단위의 은행권 사용을 금지하는 화폐개혁을 단행했다. 부정부패를 차단하고, 위조지폐 통용을 막기 위한 조치였다. 이 긴급조치로 인도의 전자결제기업인 페이티엠Paytm(알리바바가 지원하는 회사)은 큰 기회를 얻었다. 화폐개혁으로 많은 인도인이 모바일 지갑(간편결제)으로 갈아탔기 때문이다. 페이티엠과 앤트파이낸셜이 인도의 전자결제 시장을 선점하기 시작한 것이다.

세계에서 가장 잘나가는 핀테크인 '앤트파이낸셜'은 간편결제뿐만 아니라, 대출 및 자산관리도 제공하고 있다. 더 많은 사람이 간편결제 서비스에 가입하고, 현금을 예치해 두자 남는 자산을 관리해 주는 부가 서비스를 출시한 것이다. 이처럼 간편결제가 점점 커지고, 점차 다양한 금융 서비스를 제공하는 것이 오늘날 핀테크의 보편적인 모습이다. 그러자 사람들은 의문을 갖기 시작했다.

'과연 은행이 앞으로도 지금과 같은 모습으로 존재하게 될까?'

새로운
금융 비즈니스의 등장

1963년 '일자리와 가유를 위한 워싱턴 행진'에서 미국의 시민운동가 마틴 루터 킹Martin Luther King은 유명한 연설을 했다. 바로 "나에게는 꿈이 있습니다Have a Dream"로 알려진 연설이다. 물론 꿈이 항상 이루어지는 것은 아니다. 그러나 만약 당신의 꿈에 누군가 자금을 지원한다면, 그 꿈이 이루어질 가능성은 매우 커진다. 크라우드 펀딩Crowd funding은 이러한 꿈(프로젝트)에 자금을 지원하는 하나의 방법으로 주목을 받고 있다.

크라우드 펀딩: 당신의 꿈을 실현하기 위한 자금 지원

크라우드 펀딩을 간단히 설넝하면 이렇다. 내가 하고 싶은 사업의 계획을 인터넷 사이트에 자세히 설명한 후 그 계획에 관심 있는 다수의 개인 투자자로부터 자금을 협찬받는 방법이다. 이는 최근 들어 등장한 새로운 금융기법이며, 여러 국가에서 폭발적인 성장을 보이고 있다.

크라우드 펀딩은 2005년 영국 온라인 대부업의 일종인 '조팍 닷컴$^{Zopac.com}$'에서 시작되었다. 이후 미국에서도 인디고고^{Indiegogo} 및 킥스타터^{Kickstarter} 같은 유사 사이트가 등장했다. 크라우드 펀딩 사이트들은 수익을 창출하기 위한 '투자'만 표방하는 것은 아니다. 일부 크라우드 펀딩 사이트는 의미 있는 사회운동, 예술창작 같은 프로젝트에 자금을 '기부'하는 방식으로 운영되기도 한다.

이 분야의 선두주자인 '킥스타터'는 2009년에 설립되었다. 킥스타터의 주된 업무는 아직 아이디어 단계에 불과한 프로젝트에 자금을 지원하는 것이었다. 자금을 지원하는 사람들은 킥스타터를 통한 투자를 진정한 의미의 투자라고 생각하지 않는다. 오히려 이들이 생각하는 투자란 투자 대상 기업으로부터 일종의 보상^{Reward}을 받는 '지원'에 가깝다. 물론, 투자자들에게 돌아오는 보상의 형태는 다양하다. 단순한 감사편지일 수도 있으며, 기념 티셔츠, 작가와의 저녁 식사, 또는 프로젝트를 통해 생산한 첫 번째 제품을 선물로 증정하기도 한다. 투자자가 얼마나 많은 금액을 제공하느냐에 따라 다양한 보상 방법이 존재할 수 있다.

킥스타터의 사업모델은 간단하다. 프로젝트 담당자는 모집 금액의 목표치를 설정하고, 모집 마감일 및 자금 지원에 대한 보상 방법을 공지한다. 만약 마감일 전에 모집 금액이 목표치에 도달하면 사전에 공지된 보상이 아마존 페이먼트Amazon payments를 통해 투자자들에게 전달되는 것이다. 물론 모집된 자금이 설정한 목표에 도달하지 못한다면 투자는 무산된다. 투자자들이 투자금을 지원할 의무도 없어지는 것이다. 즉, 킥스타터의 자금 모집 방식은 목표치를 초과달성했는지 여부에 따라 '투자하거나 투자하지 않거나'가 결정되는 방식이다. 킥스타터는 이렇게 중개한 거래에서 수수료를 받고 있다. 투자금(기부금)의 5%를 수수료로 받고 있으며, 아마존도 3~5%를 부과하고 있다.

킥스타터가 어떻게 생겨났는지를 설명하는 재미있는 일화가 있다. 2000년대 초반, 뮤지션이었던 페리 첸Perry Chen은 재즈 페스티벌 공연에 필요한 2명의 DJ를 초대할 수가 없었다. 돈이 없었기 때문이다. 페리 첸은 답답한 마음이 들었고 누군가도 자신처럼 비용이 부족해 공연을 할 수 없을지도 모른다는 생각이 들었다. 그래서 그는 펀딩 플랫폼 사이트에 이런 아이디어를 내놓았다.

"공연 티켓을 구매할 관객들이 충분한가요? 만약, 당신의 공연 티켓을 구매할 사람들이 00명을 넘는다면 공연을 지원하겠습니다. 그러나 그렇지 않다면, 이 제안은 없던 걸로 하겠습니다."

킥스타터가 오늘날까지 핵심 사업모델로 삼고 있는 개념이 탄생하는 순간이었다.

10년 후, 얀시 스트리클러Yancey Strickler와 찰스 애들러Charles Adler

의 도움으로 킥스타터 사이트가 만들어졌다. 이 사이트는 등장하자마자 대성공을 거두었다. 킥스타터는 유니언 스퀘어 벤처스와 트위터의 창립자인 잭 도시Jack Dorsey와 같은 벤처투자자, 엔젤투자자로부터 1천만 달러를 투자받았다.

킥스타터가 출범한 지 채 2년도 되지 않은 시점에 언론의 극찬이 쏟아졌다. 《뉴욕타임스》는 킥스타터를 "국민을 위한 NEA"라고 칭했다. NEA(뉴 엔터프라이즈 어소시에이츠)는 미국을 대표하는 벤처캐피털 회사 중 하나다. 《타임》지는 킥스타터를 "2010년 최고의 발명품" 중 하나이자 "2011년 최고의 웹 사이트"로 선정했다. 킥스타터가 성공을 거두자 많은 경쟁자가 생겨났다. 고펀드미GoFundMe, 스타트업 회사들을 지원하는 드라이락 벤처스Dryrock Ventures, 그리고 와이콤비네이터Y Combinator 등이다.

킥스타터는 빠르게 성장했다. 2011년 초에는 월 700만 달러 이상의 투자를 유치했는데, 이는 1년 전에 비해 200만 달러가 커진 규모다. 2019년 초까지 킥스타터는 1,620만 명의 후원자로부터 40억 달러 규모의 투자 지원을 약정받았으며, 16만 1천 개 프로젝트에 자금을 성공적으로 지원했다.

킥스타터는 이 책이 소개하는 핀테크 회사 중 기술적인 측면에서는 가장 평범하다. 그러나 많은 사람으로부터 자금을 모집하는 크라우드 펀딩 세계에서 이 기업은 여전히 전설적인 존재로 남아 있다. 2010년대 초반까지는 킥스타터 및 경쟁업체였던 인디고고가 크라우드 펀딩 산업을 이끌었다.

이들이 핀테크 산업에 미친 영향은 지대하다. 수많은 기업가가 이 기업들의 성공 스토리, 기업 철학, 그리고 단순한 사업모델에 큰 영향을 받았다. 이 스타트업은 크라우드 방식의 대출이라는 새로운 플랫폼을 탄생시켰다. 또한 여러 조직의 의사결정 방법에도 영향을 주었다. 다양한 조직이 자사가 추진하는 소규모 프로젝트에 자금을 지원하기 위해 크라우드 펀딩의 방법을 차용하고 있기도 하다.

크라우드 펀딩에서 크라우드 대출로

크라우드 펀딩은 경제를 활성화하는 데 도움이 되는 몇 가지 고유한 장점이 있다. 기존의 금융 시스템에 접근하기 어려웠던 사람들에게는 금융 서비스를 제공하는 도구가 되고, 투자자들에게는 투자 기회를 확대하는 효과가 있을 뿐만 아니라, 자산 포트폴리오의 구성을 다양화한다. 성장 잠재력이 있는 벤처기업에 자금을 지원하기도 하며, 나아가 기술 발전을 촉진하는 것이다. 재능은 있지만 자금이 없는 사람들에게 자금을 지원하여 일자리를 창출하기도 한다.

점점 대중화되어 가는 P2P 대출 플랫폼도 비슷한 기능을 한다. 전통적인 금융 서비스가 닿지 못하는 틈새시장을 공략하기 위해 여러 대출 플랫폼이 출시되었다. '커먼본드CommonBond'는 대학 등록금을 대출하기 위한 플랫폼 시장으로 클릭 몇 번이면 학자금 대출이 승인될 정도로 간단한 방식을 제공한다. 하지만 그리 간단하게 볼 대출 플랫폼은 아니다. 커먼본드는 학생들의 취업 가능성을 높이는 데에도 주력한다. 커먼본드 패밀리CommonBond Family라는 기능을 제공해 대출을 받은 학생들이 다른 사람과 교류하거나 식사할 기회를 준다. 그리고 대학 졸업 후 취업하는 데 조언해 주는 서비스도 제공한다. 또한 학생들이 취업한 기업이 대출금을 갚는 데 조력하도록 하는데, 이는 학생들의 상환 부담을 줄이는 효과가 있으며, 기업에는 우수한 인재를 선발하는 수단이 되고 있다.

'키바Kiva'라는 중소기업 전문 대출 플랫폼도 주목할만하다. 키바는 은행의 대출 서비스를 받기 어려운 소규모 회사에 중점을 둔다. 중소기업 측에서 키바에 대출을 신청하면, 신청 기업의 사업 현황 및 대출과 관련한 세부 사항이 키바 홈페이지에 게시된다. 대출에 참여하고자 희망하는 기관은 대출할 기업을 선택할 수 있다. 만약 약정된 사업 기간이 지나면, 대출을 받은 중소기업은 페이팔PayPal 또는 각 지역의 키바 파트너를 통해 대출금을 상환하는 방식이다.

'렌딩클럽Lending Club'은 개인들이 다른 사람들에게 대출할 수 있도록 중개하는 플랫폼이다. 이 플랫폼은 주로 소비자들의 상품 구입 자금을 지원하는 데에 사용된다. 사람들은 다른 사람들로부터 개인 대출이나 기업 대출을 받을 수 있으며, 기존 대출을 갚는 대환 대출을 받기도 한다. 전통적인 은행이 수행하는 대출 기능을 완전히 구현하고 있는 것이다.

앞서 소개한 커뮤니티 기반의 자금조달 방식은 우리에게 많은 시사점을 준다. 인터넷을 활용하면 기존 금융기관이 닿지 못하는 영역까지 금융 서비스를 제공할 수 있다는 것이다. 그러나 이러한 새로운 플랫폼이 은행을 완전히 대체하려면 더 많은 신뢰와 대중적 기반이 필요하다. 또한, 인공지능 기술이 더욱 발전해 수많은 대출 수요를 걸러낼 수 있어야 하며, 대출자들이 성실히 자금을 상환하고 있는지 등도 관리되어야 한다.

미국 핀테크 업계의 공룡, 스트라이프

'스트라이프Stripe'는 대중에게 널리 알려지지 않은 온라인 유비쿼터스 결제기업이다. 이 분야에서는 오히려 유럽의 경쟁기업인 '에이덴Adyen'이 잘 알려져 있다. 에이덴은 2018년 6월 13일 기업공개IPO를 했기 때문이다. 샌프란시스코에 본사가 있는 스트라이프는 2010년 미국의 인큐베이터인 와이콤비네이터와 아일랜드 출신의 20대 형제인 패트릭 콜리슨과 존 콜리슨의 협력을 통해 시작되었다.

콜리슨 형제는 그 이전에 창업했던 회사를 500만 달러에 매각하고, 스트라이프 창업에 나섰다. 이들은 모든 거래의 기반이 되는 결제문제에 관심을 갖고 있었다. 많은 스타트업이 사업을 영위하면서 어려움을 겪는 분야 중 하나가 바로 결제(지불)였기 때문이다. 스타트업들은 홈페이지를 구축하더라도 결제 시스템을 홈페이지에 구동하는 데에 어려움을 겪을 때가 많았다. 그래서 이들은 인터넷 웹 사이트에 쉽게 장착할 수 있는 새로운 결제 인터페이스를 도입한다. 그 결과, 스트라이프는 실리콘밸리 기업 중 단연 돋보이는 벤처기업이 되었다.

스트라이프의 결제 방식은 너무 간단했기 때문에 스타트업뿐만 아니라 구글, 우버, 스포티파이, 페이스북 등의 대기업들도 스트라이프를 사용하기 시작했다. 스트라이프는 현재 사기 행위 적발, 송금 및 오프라인 결제와 같은 새로운 사업에도 진출하고 있으며 더 나아가 기업들이 세계 각국 제도와 법규에 쉽게 적응하도록 돕는 서비스를 제공하고 있다.

작은 회사였던 스트라이프는 어떻게 구글과 우버, 페이스북의 시선을 끌게 되었을까? 경쟁기업인 페이팔과 비교해 보자. 이 회사의 강점은 매우 간단한 방식으로 각 회사의 홈페이지에 결제장치를 구현할 수 있다는 것이다. 스트라이프의 인터페이스는 경쟁사보다 훨씬 유연하고 정교하게 만들어져 사용하기가 쉬운 편이다. 게다가 경쟁업체 대비 비용이 저렴하다는 것도 강점이다. 스트라이프는 고정 수수료(20센트)와 거래규모에 따라 0~2.9%(계약에 따라 다름) 범위의 변동 수수료를 부과하고 있다.

또한, 스트라이프는 중요한 고객에게는 전담 엔지니어 서비스를 제공한다. 이제 스트라이프는 단순한 결제 솔루션 회사가 아니라, 각 기업이 사업을 확장할 때 반드시 함께 해야 할 전략적 동반자가 되었다. 또한 스트라이프는 데이터 처리 솔루션도 제공하는데, 소비자들의 거래 내역을 정리해 기업들이 마케팅 전략이나 경영관리를 함에 있어 편의성을 높여주고 있다

스트라이프는 전자상거래 생태계의 설계자라 해도 과언이 아니다. 특히 음식 배달 분야의 많은 스타트업은 스트라이프의 서비스 덕분에 성장할 수 있었다. GAFA(구글,아마존,페이스북,애플) 기업과 같이 인터넷 세계의 대기업들도 스트라이프의 애플리케이션을 활용하여 새로운 고객을 확보하고 있다. 스트라이프를 사용하면 우버 택시를 이용하거나, 아마존에서 상품을 구매할 때 신용카드나 은행 계좌가 필요 없어진다. 또한 스트라이프는 전 세계 어디에서나 결제 서비스를 제공할 수 있다. 비트코인 서비스를 비롯해 안드로이드 페이Android pay, 알리페이 등 44가지 해외 통화로 결제가 가능하기 때문이다.

스트라이프는 새로 등장한 신생 핀테크 기업이 전통적인 금융 회사들을 어떻게 변화시키는지를 잘 보여 준다. 이들은 전통적인 은행들의 영업 방식을 바꾸도록 압박한다. 좀 더 저렴한 수수료를 제시하거나, 새로운 방식의 금융 서비스를 내놓도록 압력을 가하는 것이다. 오늘날의 은행은 예금, 대출, 송금이라는 낡은 방식으로만 영업하고 있다. 게다가 유능한 인재들은 보다 잠재력이 있는

회사에서 일하고 싶어 하기 때문에 우수 인재 확보에도 어려움을 겪고 있다. 물론 변화를 시도하는 은행도 있다. 대표적으로, JP모건은 위페이WePay를 인수하여 새로운 모델을 빠르게 채택한 몇 안되는 은행 중 하나다. 그래서 JP모건은 대부분의 핀테크 회사보다 저렴한 수수료로 서비스를 제공하고 있다.

오늘날 세계 각국은 금융 사기와 자금세탁이라는 새로운 문제에 직면하고 있다. 세계 각국에서 금융 범죄가 증가하자 스트라이프는 자사의 이미지와 신뢰도를 유지하는 데 많은 노력을 기울이고 있다. 일반적으로, 정부가 새로운 규제를 추가할 때 소규모 핀테크 회사에 대해서는 규제의 예외를 허용해 줄 때가 많다. 신생 사업을 상대적으로 자유롭게 풀어 주어 혁신을 유도하자는 취지다. 그러나 스트라이프는 이러한 규제에서 예외가 아니었다. 오히려 정부는 글로벌 은행과 어깨를 나란히 하는 스트라이프에 대해 매우 엄격하게 규제를 적용하고 있다.

스트라이프는 사업 확장을 위해 또 다른 도전에 나섰다. 2016년, 싱가포르 사무소를 개설하고 아시아에 막대한 투자를 계획한 것이다. 그러나 이러한 시도가 결코 쉽지는 않아 보인다. 중국 시장은 투명하게 운영되지 않으며, 많은 혁신 기업이 이미 중국 현지 플레이어의 장벽에 막혀 좌절을 경험한 바 있기 때문이다.

은행의 운명은
어떻게 될까?

　　　　　단기적으로 은행과 카드사 같은 금융회
사들은 사라지지 않을 것이다. 여전히 선진국에서 가장 대중적인
결제 수단은 은행 계좌와 신용카드이기 때문이다. 신용카드에 익
숙한 우리의 결제 문화를 바꾸는 데는 오랜 시간이 걸릴 것이다.
게다가 대부분의 신용카드는 은행 계좌와 연결되어 있어서 현재
로서는 은행이 사라질 가능성은 적다. 또한, 금융업은 매우 강한
규제가 적용되는 산업이다. 이로 인해 혁신적인 핀테크 스타트업
이 금융산업의 중심에 진입하기는 매우 어려워 보인다. 따라서 전
통적인 은행은 여전히 금융산업에서 중요한 역할을 할 것이다. 그
렇다고 안심하고 있을 상황은 아니다. 변화가 없다면 왕좌의 자리
는 언제든 빼앗길 수 있기 때문이다.

디지털 전환이 시급한 은행

분명한 점은 은행도 변화가 시급하다는 사실이다. 소비자들의 새로운 니즈를 충족하고, 새로운 서비스를 개발하기 위한 노력이 필요하다. GAFA 기업들은 다량의 고객 데이터를 수집해 이를 바탕으로 고객 맞춤형 마케팅과 같은 새로운 사업모델을 구사하기도 한다. 이러한 환경 속에서 은행이 경쟁력을 유지하기 위해서는 디지털 전환Digital transformation이 절실해 보인다. 만약 독자적인 디지털 전환이 어렵다면 기술 기업과의 더 많은 파트너십이 필요하다. 그렇지 못하다면 은행은 궁극적으로 시장의 뒤로 물러날 수밖에 없다.

장기적으로는 핀테크가 은행을 완전히 대체할 수도 있다. 미국의 '카카오페이'라고 할 수 있는 핀테크 기업 벤모Venmo 사용자는 4천만 명에 달한다. 벤모 사용자들은 2019년 1분기에만 벤모를 통해 210억 달러를 주고받았으며, 이는 많은 사람(특히 밀레니얼 세대)이 금융 업무를 하는 데 핀테크 기업을 완전히 신뢰하고 있다는 것을 보여 준다.

0%에 가까운 초저금리 상황도 간편결제의 성장에 한몫했다. 제로에 가까운 금리를 제공하는 시기에 사람들이 은행에 돈을 넣어 둘 이유는 없다. 핀테크는 보안 문제도 해결했다. 블록체인과 같은 새로운 기술을 통해 보안을 강화하고 마치 은행처럼 기능하고 있는 것이다. 디지털 간편결제 시스템이 보급되면 중국처럼 은행

의 역할이 점차 사라질 것이다. 이런 점을 감안하면, 전통적인 금융기관의 미래가 그리 밝아 보이지는 않는다.

핀테크 기업이 은행을 뛰어넘을 수밖에 없는 이유

앞으로는 금융시장의 전통적인 강자였던 은행과 새로운 도전자인 핀테크 기업 사이의 경쟁이 심화되는 시대가 열릴 것이다. 사실 은행은 수십 년간 오래된 방식의 사업모델을 고수하고 있다. 예금을 받고, 대출을 하고, 송금을 하는 것이 은행업의 전부다. 따라서 금융시장의 틈새를 치고 들어오는 핀테크 회사의 서비스는 기존 금융업계에 혁명을 일으킬 가능성이 크다. 핀테크 기업의 발전 가능성이 매우 높다고 생각하는 이유는 다음과 같다.[8]

첫째, 핀테크는 아직 초기 단계의 산업이다. 이들은 시장에 등장한 지 얼마 되지 않았기 때문에 비교적 규제가 까다롭지 않다. 느슨한 규제는 핀테크 기업을 더욱 민첩하게 만들고, 이들이 혁신 서비스를 쉽게 개발하는 제도적 요인이 되고 있다. 반면, 은행 등 금융기관들은 기업의 규모가 클 뿐만 아니라 복잡한 규제를 받고 있어 혁신하기가 쉽지 않다.

둘째, 핀테크 기업에는 지리적 한계가 없다. 대부분 전통적 은행보다 더 많은 소비자를 확보할 수 있으며, 더 넓은 지역에서 영업할 수 있다는 뜻이다. 이들은 복잡한 금융거래를 단순화시키고, 누구나 금융 서비스에 접근할 수 있도록 만든다. 예를 들어 인공지능을 활용해 자산을 관리해 주는 로보어드바이저는 프라이빗 뱅킹^{PB}과 같은 전문 자산관리 서비스를 누구나 누릴 수 있도록 한다. 투자비용은 크게 줄어들고, 수준 높은 금융 서비스가 대중화되는 것이다.

셋째, 핀테크 기업은 자세한 고객 데이터를 보유하고 있다. 이는 핀테크 기업들이 전통적인 금융기관과는 다른 전략을 구사할 수 있도록 해 주고, 다른 수수료(가격)를 부과할 수 있게 한다. 예컨대 앤트파이낸셜은 '세서미 크레딧'이라는 신용평가회사를 통해 소비자들의 신용도를 평가한다. 세서미 크레딧은 개인의 신상 정보, 금융 기록, 자산 내역뿐만 아니라 친구 관계까지 파악하여 신용 등급을 산정한다. 이렇게 자세한 데이터를 사용하다 보니, 기존 금융기관보다 더 저렴한 대출금리를 제시할 수도 있다. 한편, 어떤 보험회사들은 가입자에게 스마트워치를 제공하기도 한다. 스마트워치를 통해 보험 가입자들의 운동 습관을 모니터링해 건강 상태가 양호한 보험 가입자에게는 보험료 할인 혜택을 제공하기 위해서다.

넷째, 핀테크는 동일한 금융 서비스를 저렴하게 제공한다. 이들 회사의 필수 운영비용도 은행과 같은 대형 금융기관보다 낮을 뿐만 아니라, 신규 고객을 확보하는 데 들어가는 비용도 훨씬 낮다. 어니스트Earnest, 렌딩클럽, 프로스퍼Prosper와 같은 핀테크 회사들은 자기자본을 많이 소유할 필요도 없다. 자기자본으로 대출을 실행하는 것이 아니라, 대출 플랫폼에 모여든 투자자들의 자금으로 대출 서비스를 제공하기 때문이다.

금융상품의 제조와 판매가 분리될 가능성

앞으로 금융산업은 미국의 자동차 산업구조와 유사해질 가능성이 있다. 미국의 자동차 시장은 자동차를 판매하는 딜러와 자동차 제조업체로 분화되었다. 일부 딜러들은 하나의 자동차 브랜드만을 판매하는 전속 딜러이지만, 다른 딜러들은 여러 브랜드의 자동차를 판매하기도 한다. 그런데 점차 여러 브랜드의 자동차를 판매하는 딜러가 많아지자 자동차 판매업자들은 자동차 제조사로부터 점점 독립하게 되었다. 금융도 마찬가지다. 금융상품의 제조와 판매가 분리될 가능성이 있다. 핀테크는 판매를 담당하고, 은행은 금융상품을 제조하고 관리하는 '공장'으로 변모하는 것이다.

또한 간편결제의 등장으로 인해 고객들은 자신의 돈을 다양한 계좌에 예치해 둘 것이다. 은행 예금 계좌에도 자신의 돈을 묻어 두고, 동시에 카카오페이와 같은 간편결제 계정에도 돈을 맡겨 두는 것이다. 물론 이런 상황에서도 여전히 은행은 나름의 강점을 살릴 수 있다. 오랜 역사를 가지고 있으며, 가장 신뢰할 수 있는 기관이라는 명성이 여전히 존재하기 때문이다.

방대한 고객 데이터를 보유한 핀테크 스타트업은 개별화된 맞춤 서비스를 찾는 사람들에게 매력적일 수 있다. 카카오페이나 네이버페이는 우리가 언제 어디에서 무엇을 구매했는지 알고 있다. 우리의 소비 성향과 소비 습관을 파악하고 있는 것이다. 핀테크 기업들은 이러한 데이터를 활용해 고객 개개인별로 특화된 서비스를 제공할 수 있다. 따라서 전통적인 은행들이 계속 고객을 유지하려면, 특단의 대책이 필요해 보인다.

은행들은 자동차 공유, 전자상거래 등 다른 분야의 기업과 제휴하여 다양한 서비스를 제공할 수 있어야 한다. 예컨대 앞으로는 은행의 고유 업무였던 대출을 아웃소싱하는 상황이 올지도 모른다. 은행보다 고객을 더 잘 파악하고 있는 플레이어들(예를 들어 아마존, 알리페이)에게 대출 및 신용평가를 맡기는 것이다. 고객에 대한 더 많은 정보를 가지고 있는 회사들과 제휴하면, 은행들도 더 적은 위험으로 돈을 빌려줄 수 있다. 즉, 핀테크 기업들과 은행은 지금과 같은 전환의 시기에 상호보완적인 기능을 할 수도 있다.

실제로 여러 대형 금융기관들은 IT 회사와 전략적으로 제휴하고 있다. 예를 들어 2018년 2월, 뱅크오브아메리카는 아마존과 합작법인을 설립할 것이라는 발표를 했다. 이 합작법인을 통해 뱅크오브아메리카는 아마존에서 상품을 판매하는 소상공인들에게 맞춤형 대출을 제공하는 것이다.

기술을 활용하는 은행만이 살아남는다

은행과 핀테크 기업의 통합이나 제휴는 두 기업의 문화 차이로 인해 쉽지만은 않을 것이다. 많은 은행도 이러한 문제를 인식하고 있다. 그래서 은행들은 미래 은행업에서 핵심 역량이 되는 영역(빅데이터, 인공지능, 클라우드 스토리지, 자동화, 사물인터넷, 블록체인)에 대해서는 내부 연구소를 설립해 역량을 기르기도 한다. 만약, 자체적 혁신 시도가 성공한다면 이러한 방식의 연구개발이 더욱 확대될 것으로 보인다. 향후 10년 뒤 글로벌 금융시장을 지배하는 은행은 아마도 새로운 기술을 가장 잘 활용하는 은행이지 결코 금융상품을 잘 만들어내는 은행은 아닐 것이다. 미래학자 브렛 킹 Brett King은 다음과 같이 말했다.

"2025년까지 은행은 앤트파이낸셜과 아마존과 같은 기술기업과 경쟁할 것이다. 그러나 만약 그들이 여전히 은행으로서만 경쟁한다면, 눈을 감은 채로 경쟁에 임하는 것과 같다."

일부 국가에서는 '챌린저 뱅크Challenger bank'로 불리는 인터넷 전문 은행이 급성장했다. 그러나 지금으로서는 챌린저 뱅크들이 은행의 존재 자체를 위협할 것이라 단정하기에는 이르다. 좀 더 현실적인 예측은 은행과 핀테크 기업이 협업하는 모습일 것이다.

이러한 관점은 돈 탭스콧과 알렉스 탭스콧이 쓴 『블록체인 혁명』(을유문화사, 2018)의 주장과 유사하다. '블록체인으로 인해 이제 우리가 알고 있는 은행은 사라지는가?' 이는 기존 기업이 어떻게 대응하느냐에 달린 문제다. 블록체인은 새로운 기술 패러다임에 대해 개방적인 사람들에게는 전혀 위협이 되지 않는다. 전통적인 은행도 블록체인 기술을 도입하고 혁신할 수는 있다. 다만, 문제는 '금융 서비스 업계에서 누가 혁명을 주도할 것인가?'이다.

혁신을 주도하는 것은 결코 쉽지 않다. 역사적으로 봐도, 과거의 지도자들은 새로운 패러다임을 받아들이기 위해 엄청난 노력을 기울였지만, 성공하지 못한 예를 쉽게 찾아볼 수 있다. AT&T가 스카이프Skype를 출시하지 못한 이유는 무엇일까? 비자Visa가 페이팔PayPal을 만들지 못한 이유는 무엇일까? CNN도 트위터를 만들 수 있었다. 양자 모두 인상적인 한마디나 짧은 코멘트를 핵심 가치로 삼고 있기 때문이다. 미국의 자동차 제조사인 GM이나 렌터카 업체인 허츠Hertz도 우버를 출시할 수 있었다. 메리어트 호텔 역시 에어비앤비를 만들 수 있었다. 그러나 역사가 말해 주듯이 새로운 서비스를 만들어낸다는 것은 결코 쉬운 일이 아니다.

블록체인 기술은 오늘날 금융 인프라를 짓누르고 있다. 이전의 패러다임 전환과 마찬가지로 블록체인이 승자와 패자를 만들 것이다.

다음 금융위기는
실리콘밸리에서 시작된다

　2007년 글로벌 금융위기는 월스트리트에서 시작되었다. 당시 금융위기의 가장 큰 문제는 일부 은행이 '너무 대형화되어 파산할 수 없다'는 것이었다. 물론 금융위기 이후의 은행은 너욱 진진히게 관리되고 있다. 더 많은 자본을 갖추어야 하며, 금융 규제 당국은 대형 은행이 파산할 경우를 가정한 스트레스 테스트를 실시하고 있다. 글로벌 금융위기의 진앙지였던 금융회사를 적절히 관리하고 있는 것이다.

　그렇다면 새롭게 등장한 핀테크 산업에 내재한 위험은 어떨까? 어쩌면 다음번 금융위기는 실리콘밸리에서 시작될지도 모른다. 핀테크 혁신의 이면에는 시장의 안정을 위협하는 리스크가 내포되어 있으며, 이러한 리스크 요인은 3가지로 요약된다.

1. 핀테크 기업의 취약성

핀테크 기업들은 향후 발생할지도 모르는 부정적 충격에 취약하다. 사업을 다각화하지 않으며, 많은 핀테크 기업이 여전히 적자에 허덕이고 있기 때문이다. 대부분의 핀테크 기업은 성장을 위해 벤처캐피털과 같은 외부 자본에 의존한다. 또한 대부분 지속적인 자본조달에 성공할 가능성이 낮은 것이 사실이다. 여기에서 문제가 발생한다. 만약 핀테크 기업이 파산하면 어떻게 될까? 고객들은 자신들의 자금을 날리지 않을까 걱정할 것이다. 실제 한국에서는 유사한 사건이 일어난 적이 있다. 바로 무제한 20% 할인을 내세우던 '머지포인트'라는 기업이 가맹점을 예고 없이 축소한 사건이었다. 핀테크 기업의 경우, 은행과 같은 예금자 보호 장치가 없기 때문에 고객들은 대규모 환불 소동을 벌일 수밖에 없다.

2. 관리감독의 어려움

핀테크 기업은 관리 감독을 하기가 어렵다. 대부분 복잡한 컴퓨터 알고리즘으로 작동하기 때문에 외부인의 관점에서 얼마나 많은 리스크를 부담하고 있으며, 이 리스크에 얼마나 잘 대비하고 있는지를 명확하게 평가하기 어렵다. 또한 여러 혁신적인 기술은 금융 감독기관의 감독 대상에서 벗어나 있다. 일부 핀테크 기업들이 자금세탁 목적의 거래를 하거나, 소비자들로부터 자금을 사취하기 위한 금융 사기를 시도하더라도, 적발하기가 쉽지 않은 것이 오늘날의 현실이다.

3. 공통의 규범이 없다

전통적인 금융기관들은 다양한 금융 규제를 통해 질서 있게 운영되고 있다. 반면, 핀테크 업계는 담당하는 업무의 범위가 넓을 뿐만 아니라 그 참여자가 너무나 다양하다. 따라서 업계 전반을 아우르는 공통된 가이드나 공통의 지침을 만들어내기란 쉽지 않아 보인다.

앞으로 금융의 미래는 월스트리트에서 실리콘밸리로 이동할 것이다. 아니면 베이징, 항저우, 선전으로 이동할지도 모른다. 핀테크 산업의 성장과 함께 정부와 감독 당국 역시 잠재되어 있는 시스템 리스크를 이해하고, 관리하고, 보완할 수 있도록 정책적 노력을 기울여야 할 것이다.

로보어드바이저의 미래는 매우 유망해 보인다.
이 기술은 보다 대중적인 자산관리 서비스를 사람들에게 제공할 것이다.
그러나 아직 로보어드바이저와 같은 디지털화된 자산관리 솔루션이
우리 사회에 어떠한 영향을 미칠 것인가에 대해서는
많은 연구가 이루어지지 않았다. 과연 로보어드바이저는
금융 서비스를 민주화하고 부의 불평등을 줄이는 데 도움이 될 수 있을까?

3장

자산관리는
로보어드바이저에게

금융산업에서 새롭게 등장한 기술인 로보어드바이저는
금융 투자비용을 줄이고, 보다 전문적인 자산관리를 제공하는
알고리즘이다. 이 장에서는 로보어드바이저와 플랫폼 노동의 증가에 따른
의료보험이나 퇴직연금 문제에 대해서도 살펴볼 것이다. 알고리즘은
인간의 노동력을 빠르게 대체하고 있지만, 항상 인공지능이 일자리를
빼앗는 것은 아니다. 새롭게 등장하는 투자기법과 금융 서비스는
인간과 인공지능 사이의 긴장 관계를 완화할지도 모른다.
이 장에서는 기업가, 벤처투자자 및 전통적인 금융전문가가 개발하고 있는
핀테크 기반의 금융 서비스에 대해 상세히 분석할 것이다.

점점 불안해지는
경제 환경

1980년에서 2000년 사이에 태어난 세대를 우리는 밀레니얼 세대 또는 Y세대라고 부른다(우리나라에서는 MZ세대라 칭한다.-옮긴이). 이들은 '디지털 네이티브'에 포함될 수 있는 최초의 세대다. 인터넷과 프로그램은 밀레니얼 세대의 사고와 행동 양식에 많은 영향을 미쳤다. 이들은 인터넷에 달리는 댓글처럼 즉각적인 반응을 기대한다. 미국의 사회학자 캐슬린 샤푸티스Kathleen Shaputis는 '피터팬 증후군Peter Pan syndrome'이라는 말을 통해 밀레니얼 세대의 특징을 다음과 같이 설명한다.

'성장하기 싫어하고, 약속하기 싫어하고, 어른으로서 책임을 지기 싫어하는 세대'

밀레니얼 세대에게 집을 사거나, 자동차를 사는 것은 그들의 우선순위가 아니다. 자동차를 사지 않아도 우버를 통해 모빌리티 서비스를 이용할 수 있으며, 휴가철 호텔에 투숙하는 것보다 에어비앤비를 선호한다.

밀레니얼 세대가 직장에 대해 가지는 태도나 생각 또한 그 이전 세대와 완전히 다르다. 이들은 일에 전념하기보다는 워라밸(일과 삶의 균형)을 중시하고, 수직적 기업문화보다는 수평적 기업문화를 선호한다. 이들은 3년 이상 같은 자리에 머무는 것을 선호하지 않는다. 인터넷을 통해 특정 직장의 연봉과 기업문화를 비교하고, SNS를 통해 다른 회사의 은밀한 속사정에 대해서도 이미 잘 알고 있다. 이전 세대보다 직장에 대한 다양한 정보를 취득하고 있는 것이다.

1970년대생을 뜻하는 'X세대'는 워라밸을 동경하고 꿈꾸었을 뿐이다. 그러나 Y세대 또는 밀레니얼 세대는 워라밸을 당연하게 생각한다. 이들에게 직장이란 사무실과 같이 공간적으로 고정된 개념이 아니다. 집에서도 심지어는 지구 반대편에서도 충분히 일을 끝낼 수 있다면, 왜 굳이 답답한 사무실에서 일해야 하는지 의문을 갖는다.

플랫폼 노동자는 퇴직연금을 어디서 받아야 할까?

밀레니얼 세대는 취업하기 매우 어려운 환경에 처해 있다. 일자리가 점점 사라지고 있기 때문이다. 이전에는 회사가 사람을 고용했다면, 이제는 디지털 플랫폼(예를 들어 우버)이 사람을 고용하는 'P2P 고용'의 시대로 변화하고 있다. 밀레니얼 세대들의 일자리가 점점 더 단기 알바처럼 변해 간다는 의미다. 이러한 변화는 밀레니얼 세대의 소득 안정성의 불안을 예고하고, 궁극적으로는 저축 여력이 줄어든다는 것을 뜻한다. 밀레니얼 세대들은 은퇴 준비나 건강보험 문제, 노후 대비에 심각한 문제를 겪을 수 있다.

국가마다 차이가 있지만, 일반적으로 회사(고용주)는 노동자의 퇴직연금과 건강보험료의 일부를 납부하고 있다. 그러나 회사에 소속된 노동자들이 사라지고, 대다수가 플랫폼에 의해 고용된 독립사업자라면 더 이상 이들의 퇴직연금과 건강보험료를 지급해 줄 회사는 존재하지 않는다. 만약 플랫폼 노동이 일반화된다면 노후 대비와 건강보험은 심각한 사회문제가 될 것이다. 이러한 문제를 과연 오늘날 정부는 해결할 수 있을까?[9]

만약 점점 많은 사람이 온라인 플랫폼을 통해 '프리랜스 경제Freelance economy'에 참여한다면, 적어도 연금 부담의 측면에서는 온라인 플랫폼을 전통적인 회사(고용주)와 똑같이 취급하는 것이 합리적이다. 예를 들어, 코넬대학교의 해리스 교수(Harris & Kruger, 2015)는 회사에 고용된 직원과 플랫폼 노동자의 상황을 동일하게 만들기 위해 이들이 받는 혜택을 새롭게 디자인해 보자고 제안한 바 있다. 이들은 플랫폼 노동자도 오프라인 회사에 고용된 노동자와 똑같은 자격을 누려야 하며, 똑같이 보호받아야 한다고 주장했다. 예컨대, 플랫폼 노동자도 임금교섭을 위해 노동조합을 만들 수 있어야 하며, 노동자와 시민으로서 권리를 누릴 수 있어야 한다. 또한 사업자로 분류되어 원천징수 등에서 노동자와 다르게 취급받는 점, 소득세의 일부를 고용주가 부담하지 않는 점 등에서도 차별이 해소되어야 한다.

좀 더 구체적으로 예를 들어보자, 우버가 플랫폼 노동자를 미국 퇴직연금인 401(k)이나 그 외의 민간 연금 서비스에 가입시키는 것이다. 이러한 제안에 대해 많은 플랫폼 기업은 반대할 것이다. 그러나 플랫폼 노동자들이 퇴직 이후의 삶을 준비하기 위해서는 반드시 필요한 조치들이다. 만약 연금 서비스가 시행된다면 플랫폼 노동자의 은퇴 시점이 다가올수록, 이들에 대한 정부의 지원이 줄어들기 때문에 아마도 이러한 조치는 플랫폼 노동자와 정부 모두에게 유익한 조치가 되리라 생각한다.

다행인 점은 지난 몇 년간 몇몇 플랫폼 회사가 노동자들의 퇴직연금에 대한 불만을 해결하기 위해 나서고 있다는 것이다. 몇몇 플랫폼 회사는 온라인 투자회사나 자산관리회사와 제휴하고 있다. 플랫폼 노동자에게 자산투자의 기회를 제공하기 위해서다. 예컨대 2015년 말 모빌리티 플랫폼 회사인 리프트Lyft는 투자 전문 회사인 어니스트 달러Honest Dollar와 파트너십을 맺었다. 리프트에 소속된 드라이버들에게 은퇴 준비 목적의 투자 기회를 제공하기 위함이었다. 다만, 리프트가 드라이버들의 퇴직연금 납입을 대납하지는 않았다. 그리고 드라이버들에게 이 상품에 반드시 가입하라고 요구하지도 않았다. 순전히 드라이버들의 자율적 선택에 맡겼다.

2016년 우버는 온라인 투자 및 자산운용사인 '베터먼트Betterment'를 통해 우버의 드라이버들을 위한 은퇴 자금 마련 계획을 세웠다. 이에 따르면 우버에 소속된 드라이버는 우버 앱을 통해 베터먼트 또는 로스Roth에서 운용하는 IRA(개인형 퇴직연금 계좌)를 무료로 개설할 수 있다. 우버 드라이버들은 계정에 돈이 없더라도 IRA 계좌에 가입할 수 있도록 허용했다. 우버의 입장에서는 이는 다소 획기적인 결정이었다. 그동안 우버는 드라이버들을 회사 직원이 아니라, 개인사업자라고 간주해 왔기 때문이다.

교육의 가성비가 떨어진다

밀레니얼 세대는 교육을 받기도 어려운 상황이다. 등록금은 치솟는데, 대학 졸업장이 양질의 일자리를 보장하지 않기 때문이다. 일반적으로 교육제도는 불평등을 줄이는 역할을 하는 것으로 알려져 왔다. 하버드대학의 클로디아 골딘Claudia Goldin과 로렌스 카츠Lawrence F. Katz에 따르면 미국은 20세기에 의무교육제도를 통해 부를 축적하고 소득 불평등을 줄일 수 있었다.

미국은 교육 분야에서 일찍이 앞서간 국가다. 1800년대 중반까지 많은 주州에서 대다수 백인 아동이 무료 초등학교 교육을 받았다. 반면, 영국은 1870년 기준 14세 아동 중 2%만이 학교에 다녔다. 1930년대까지 대부분의 미국 가정에는 고등학교를 다니는 자식들이 있었다. 그러나 영국은 1957년 17세 어린이의 9%만이 학교에 다녔다. 루스벨트 대통령은 대학교육의 대중화를 추진했고, 1970년까지 미국 학생의 절반이 대학에 입학했다.

그러나 1970년대 후반부터 미국의 교육 시스템은 망가지기 시작했다. 당시의 고등학교 졸업률은 75%에 불과했다. 교육 시스템이 무너지면서 소득 불평등도 악화되었다. 그러나 비슷한 시기, 나머지 선진국들은 교육에 막대한 투자를 시작했고, 어떤 국가는 미국을 따라잡거나 능가하기도 했다.

1980년대 이후 미국의 대학 등록금은 크게 인상되었다. 1987년에서 2018년 사이 사립대학의 평균 등록금은 157% 증가했으며, 주 외 주립대학의 경우 194%, 주 내 주립대학의 경우 237% 증가했다.

미국의 학자금 대출시장을 장기간 연구한 저술가, 칸트로비츠의 2014년 분석에 따르면 미국 대학 졸업생들의 학자금 대출 규모는 평균 3만 3천 달러에 달한다. 이는 1994년에 대학을 다닌 학생들에 비해 2배 이상 늘어난 규모다. MBA 과정 등록금까지 포함하면 오늘날 대학교육의 평균 비용은 역사적으로 가장 높다. 대학과 같은 고등교육 과정으로 인해 학생들은 2년 동안 10만

~20만 달러(등록금, 임대료, 도서, 해외여행 포함)의 빚을 지게 된다.

앞서 언급했듯이 일자리의 모습은 과거와 달리 빠른 속도로 변화하고 있다. 시장에서는 구직자들이 새롭고 가치 있는 기술을 지속적으로 습득하기를 바란다. 이 상황에서 취업을 원하는 사람들은 경쟁력을 유지하기 위해 추가적인 교육을 받아야 할 것이다. 그러나 개인들에게 대학이나 대학원 진학은 고민이 될 수밖에 없다. 학위 취득에 엄청난 돈이 들어갈 뿐만 아니라, 학위가 좋은 일자리를 보장해 주는 것도 아니기 때문이다. 게다가 직장의 안정성이 점차 떨어진다는 것을 감안한다면 학위에 도전하는 사람들의 수요는 점점 너 감소할 것이라 생각한다.

밀레니얼 세대는 개미일까, 베짱이일까?

밀레니얼 세대는 고용 안정성이 떨어지는 경제 속에서 살고 있다. 그래서 이들은 미래를 위해 더 많은 소득을 저축해야 한다. 실직이나 질병, 주택이나 자동차 구입, 자녀 교육, 은퇴 이후의 삶 등을 위해 돈을 절약해야 하는 것이다.

저축은 개인적으로도 중요할 뿐만 아니라, 전체 경제 차원에서도 중요하다. 한 사람의 저축은 금융기관을 통해 다른 사람에게는 대출 재원이 된다. 대출은 새로운 사업을 하거나 일자리를 만드는 데 투자되기 때문에 자본 축적, 생산성, 기술 발전 및 경제 성장과 밀접한 연관성이 있다. 따라서 다른 사람들의 투자 활동을 장려하기 위해서는 합리적 수준의 민간 저축이 유지되어야 한다.

사람들의 저축 성향은 각 국가의 제도적·인구통계학적·경제적·사회적 특성에 따라 영향을 받는다. 그럼에도 불구하고 두 개의 고소득 국가 그룹에서 저축하는 사람들을 살펴보면 차이가 있다. 첫째는 호주, 아일랜드, 영국 및 미국과 같은 영어권 국가이며, 둘째는 프랑스, 독일, 룩셈부르크, 스웨덴, 스위스와 같은 유럽 국가다.[10]

먼저, 영미권 국가들은 저축 수준이 낮다. 저축을 하기는커녕 많은 빚을 지고 있다. 위험 기피 성향이 낮기 때문이다. 유럽과 미국의 가계 부채에 대한 2015년 연구에 따르면 미국은 부동산만 있으면 거액의 주택담보대출을 받을 수 있다. 이러한 금융제도는 미국의 가계에 큰 부채 부담을 안기고 있다.[11] 대조적으로 유럽의 국가들은 일반적으로 더 높은 수준의 저축 성향을 지니고 있다.

2018년 18세에서 71세 사이의 1,500명을 대상으로 뱅크오브아메리카에서 실시한 설문조사에 따르면, 저축과 소비에서 밀레니얼 세대와 다른 세대 사이에 구별되는 뚜렷한 특징이 있다.

밀레니얼 세대는 독특한 소비 패턴을 지니고 있다. 자동차나 주택과 같이 내구가치가 큰 자본재적 자산에는 돈을 많이 투자하지 않는다. 다만, 이들은 다양한 경험과 새로운 서비스에는 더 많은 돈을 소비한다. 게다가 밀레니얼 세대는 일과 급여보다 개인적인 재미를 우선시하는 경향이 있다. 따라서 기성세대는 밀레니얼 세대가 일에 무관심하고, 저축에도 큰 관심이 없는 세대라 평가한다. 게다가 밀레니얼 세대 자신들도 저축을 잘하지 않는 세대라고 말하기도 한다.

그러나 이는 밀레니얼 세대의 단면에 불과하다. 밀레니얼 세대는 사실 저축을 선호하는 세대다. 지난 2년 동안 미국 밀레니얼 중 1만 5천 달러 이상을 저축한 비율은 33%에서 48%로 증가했다. 물론 이렇게 저축 비율이 증가한 데는 경제적 요인도 있었다. 2008년 금융위기 이후 경제 회복에 따라 밀레니얼 세대도 저축을 더 많이 할 수 있었다.

밀레니얼 세대가 저축에 관심이 많다는 점을 설명하기 위한 논거도 있다. 우선, 이들은 사회생활을 시작하면서 금융위기를 겪은 세대라 저축의 중요성을 인지하고 있다. 둘째, 이들은 회사에서 기대할 것이 거의 없는 세대다. 이미 이들의 4분의 1 이상은 해고되었다. 셋째, 밀레니얼 세대는 안정적인 일자리를 얻기가 어렵다. 따라서 부모 세대보다 더 많은 저축이 필요하다는 사실을 잘 알고 있다. 넷째, 주택가격이 너무 폭등했기 때문에 이들은 주택을 사기 위해 빚을 낼 필요가 없다. 지금 당장 집을 살 수 없기 때문에 애초부터 저축하는 것이 낫다고 생각한다.

로보어드바이저의
시대

　　　　　　일반적으로 우리나라 젊은이들은 대학
졸업 이후 학자금 대출을 상환하는 데만 수년이 걸린다. 게다가
사회에 진출해서 안정적인 수입을 얻는 것도 점점 어려워지고 있
다. 또한 인공지능과 로봇 기술은(다른 변화 중에서도) 고용 시장을
보다 빠르게 변화시키고 있으며, 이에 따라 직업 안정성은 점차
떨어지고 있다. 주식과 부동산 가격이 급락할 수도 있으며, 심각
한 경기침체를 겪을 수도 있다. 이러한 요인들은 사람들의 저축과
투자 의사결정에 영향을 미치고 있으며, 핀테크 혁명은 이러한 환
경변화를 파고들기 시작했다.

알고리즘이 펀드매니저를 추월하다

베이비붐 세대의 노후를 위한 자산관리의 중요성이 부각되면서 이 세대들은 위험자산인 주식은 매도하고, 안전자산인 저축이나 채권 투자를 선호하기 시작했다. 그래서 인구구조의 변화는 밀레니얼 세대에게 새로운 투자 기회를 제공한다.

당연한 이야기지만, 대다수 사람은 금융에 대해 잘 모른다. 한마디로 자신의 재산을 어떻게 관리하고 어디에 투자해야 하는지를 모르는 것이다. 그래서 차선책으로 금융전문가를 찾는다. 전문투자자에게 돈을 맡기는 것이 그나마 합리적이라고 생각하는 것이다.

그러나 밀레니얼 세대는 다르다. 전문가에게 돈을 맡기기보다는 핀테크 및 디지털 솔루션에 의존한다. 또는 기성세대가 이용하지 않는 금융상품을 활용하기도 한다. 밀레니얼 세대는 자산관리자를 이용하지 않고도 효율적으로 또는 안전하게 투자방법을 선택할 수 있다. 이들이 이용하는 대표적인 투자방법은 상장지수펀드다.

상장지수펀드ETF란 증권시장의 종합지수, 채권시장 지수, 또는 여러 자산이 담긴 포트폴리오에 따라 수익률이 변동되는 증권이다. 이 펀드는 개별 주식이 아니라 시장 전체의 수익률을 추종한다. ETF에 투자하면 소규모의 자본금으로도 미국 전체 주식시장에 투자하는 효과를 낼 수도 있다. 또는 해외의 혁신 기업이나 특정 산업에 대한 투자도 가능하다. 최초의 ETF는 1993년에 출시되었지만, 지금은 ETF 투자 자산 규모가 전 세계적으로 약 7조 7,400억 달러에 달할 만큼 급성장했다.

ETF와 반대되는 투자 수단은 액티브 펀드Active funds다. 액티브 펀드는 펀드매니저가 적극적으로 자산을 사고파는 펀드를 말한다. 액티브 펀드는 지난 수십 년간 경쟁자들에 비해 우수한 성과를 냈다. 과거 액티브 펀드의 주된 경쟁자들은 우량주에 투자하는 개인 투자자들이나 보수적 투자 전략을 구사하는 뮤추얼펀드였기 때문이다. 1960년과 1980년간 액티브 펀드는 시장 수익률보다는 2~3%가량 높은 수익률을 거두었고, 1980년과 2000년 사이에는 액티브 펀드의 전성기라 일컬을 정도로 최고의 수익률을 자랑했다.

그런데 과연 액티브 펀드의 실제 수익률은 다른 투자 수단을 압도했을까? 반드시 그렇다고 말할 수는 없다. 만약, 값비싼 액티브 펀드의 수수료와 관리비용을 뺀다면, 순수익률은 주식시장 전체의 수익률과 크게 다르지 않았다.

심지어 2000년과 2010년 사이에는 액티브 펀드들이 시장 수익률을 하회했다. 펀드 운영비용과 수수료까지 빼면 종합주가지수보다 수익률이 낮은 측에 속했다. 이때까지만 해도 많은 투자자는 액티브 펀드와 펀드매니저들이 우수한 성과를 내 왔다는 경험에서 벗어나지 못했다.

그러나 2010년대에 들어서는 펀드매니저들의 열세가 확연해졌다. 2010년부터 현재까지 많은 액티브 펀드가 시장지수(벤치마크)보다 낮은 수익률을 기록했다. 2012년부터 2017년 사이에 실시된 연구에 따르면 대형 자산운용사의 84.23%, 중형 자산운용사의 85.06%, 소형 자산운용사의 91.17%가 벤치마크보다 낮은 수익률을 기록했다. 이들이 상대적으로 낮은 수익률을 기록한 데는 여러 이유가 있다. 펀드 간의 경쟁이 심화되었고, 투자 정보와 투자 기술이 대중화되었기 때문이다.

이러한 액티브 펀드와 펀드매니저들의 부진 속에서 서서히 ETF가 각광받기 시작했다. 펀드 평가회사 모닝스타Morningstar에 따르면 액티브 펀드의 수익률이 저조해지자 사람들은 ETF라는 새로운 투자기법에 관심을 보이기 시작했다. ETF 펀드의 성장세는 놀라울 정도로 빠르다. 이 글을 쓰는 시점을 기준으로, ETF는 2007년 이후 액티브 펀드보다 4배 빠르게 성장했다.

ETF의 강점 중 하나는 낮은 수수료다. 펀드매니저가 없기 때문이다. 수수료가 낮기 때문에 연금 자산관리와 같은 장기투자의 영역에서는 자산운용사를 대체할 수도 있을 것이다. 게다가 ETF는 앞으로도 지속적으로 발전할 가능성이 크다. 예컨대, 인공지능 기술을 접목하여 주식에 대한 정보를 분석하는 기능이 추가될 수도 있다. 또한 시장의 흐름을 스스로 판단하고 적극적인 투자 의사결정을 내릴 수도 있다. 뉴스와 소문, 기업의 재무 정보, 회계 정보 등을 인공지능이 수집해 투자 의사결정을 스스로 내리는 것이다.

그러나 ETF가 만능은 아니다. 여전히 개인 투자자들이 스스로 결정해야 하는 문제도 있다. 투자 시점이나 자금 수요에 대한 문제다. 자신의 자금 수요 스케줄에 알맞은 투자 전략과 투자 시점을 찾는 문제, 그리고 더 높은 수익률을 안겨 주는 투자처가 어디인지를 찾는 것은 여전히 투자자 본인에게 맡겨져 있다.

확실하고 우수하고 빠르고 강한 '로보어드바이저'

인공지능은 여러 영역에서 인간을 이겨 나가고 있다. 대표적인 것이 체스나 바둑과 같은 영역이다. 그럼 자산관리 분야는 어떨까? 인공지능이 주식 트레이더와 펀드매니저도 이길 수 있을까? 펀드매니저를 대체할 인공지능을 우리는 '로보어드바이저'라 부른다. 자산관리 로보어드바이저는 실제 로봇의 형태가 아니다. 컴퓨터 알고리즘을 사용해 금융에 관해 조언하고, 투자 포트폴리오를 관리하는 온라인 서비스다.

최초의 로보어드바이저 회사인 웰스프론트Wealthfront와 베터먼트는 2010년 대중들에게 금융 투자 자문 서비스를 제공하기 시작했다. 본래 웰스프론트는 사람을 어드바이저로 둔 카칭KaChing이라는 뮤추얼 펀드 회사에서 시작되었다. 웰스프론트의 설립자인 앤디 라클레프Andy Rachleff와 댄 캐럴Dan Carroll은 기술자로 구성된 커뮤니티에 투자 자문 서비스를 제공하며 사업을 확장해 나갔다. 웰스프론트는 더 많은 사람에게 더 저렴한 비용으로 투자 자문 서비스를 제공하는 것이 중요하다는 것을 깨닫고 빠르게 로보어드바이저 서비스를 개시했다.

로보어드바이저는 비대면인 온라인으로 사람들에게 투자 자문 서비스를 제공한다. 고객들은 투자 위험에 대한 태도, 나이, 은퇴 예상 시점, 현재 보유한 금융자산 등에 관한 설문지를 작성한다. 그러면 로보어드바이저는 자산 현황, 소득 수준, 조세제도, 투자 목표, 위험에 대한 태도 등과 같은 정량화 가능한 요소를 분석하고, 각 고객의 재무 목표에 가장 알맞은 포트폴리오를 추천한다.

로보어드바이저가 제공하는 투자 자문은 다양한 형태로 이루어진다. 고객들의 기존 금융자산을 관리하는 프로그램일 수도 있고, 연금 투자에 집중하는 프로그램일 수도 있다. 아니면, 대학 학자금을 마련하기 위한 적금 프로그램일 수도 있다. 또는 개인의 채무 상환을 통해 부채 부담을 줄여 주는 프로그램일 수도 있고, 더 사소한 금융 문제에 대한 조언을 제공할 수도 있다. 로보어드바이저는 단독으로 존재하는 독립형 프로그램일 수도 있고, 다른 투자 자문 인력을 보조해서 서비스를 제공할 수도 있다. 연금보험 가입자에게 직접 자문서비스를 제공할 수도 있고, 투자 자문 인력이 고객에게 조언할 때 부수적인 도움을 주는 데 활용될 수도 있다.

이처럼 로보어드바이저는 사람들이 저축이나 투자를 할 때 보다 저렴하고 전문적인 조언을 받을 수 있도록 하고 있다. 로보어드바이저가 생겨나기 이전에는 이러한 전문적 투자 자문 서비스는 고액 자산가를 위한 영역이었다. 그런 의미에서 뉴욕대학 금융학과 교수 토머스 필리폰Thomas Philippon은 로보어드바이저가 '금융을 민주화할 것'이라고 말한다. 고액 자산가부터 서민들까지 보편적인 서비스를 제공할 수 있기 때문이다. 또한 소비 습관, 인간관계, 조세 정보까지를 포괄하고 있는 빅데이터는 저신용자들에 대한 부정적인 편견을 감소시킬 수도 있다. 전미경제연구소NBER; Bartlett et al.에서 수행한 연구에 따르면 실제로 알고리즘을 통한 비대면 방식의 금융은 고객과 은행직원이 얼굴을 마주하는 대면 방식의 금융보다 고객을 동등하게 대우하고 있는 것으로 나타났다.
전미경제연구소의 또 다른 연구NBER; Erel & Liebersohn에 따르면, 한국의 재난 지원 목적의 대출에 해당하는(옮긴이) '급여 보장 프로그램 대출Paycheck Protection rogram, PPP'의 사례에서도 핀테크가 금융 접근성을 높이고 있음이 확인된다. 급여보장 대출 프로그램이 공급되지 않는 지역에 살고 있는 사람들일수록, 공식적인 금융기관을 찾아가기보다 핀테크를 통해 대출 프로그램을 손쉽게 신청하는 사례가 많았기 때문이다.

로보어드바이저 서비스는 일반적으로 사람보다 저렴하고 대중화되기 쉽다. 사람들에게 소액으로 가입할 수 있는 다양한 금융상품을 소개할 수 있기 때문에 확정기여형(DC형) 연금상품과 같이 매달 일정 금액을 납입하는 방식의 투자에 유용하다. 영국 정부의 수석 과학 고문Chief scientific adviser에 따르면, 핀테크 기업은 "저렴한 비용구조, 더 넓은 고객 기반, 위험을 모니터링하고 수치화하는 능력이 우수"하기 때문에 금융 소외 계층에 대해서도 투자 자문 서비스를 제공할 수 있다. 로보어드바이저는 2019년 6월 30일 기준, 4,400억 달러의 자산을 관리하는 것으로 추산됐다.

로보어드바이저는 사실 최근까지는 큰 주목을 받지 못했다. 하지만, 미국의 퇴직연금인 401(k) 플랜에 가입한 사람들에게 제공되는 온라인 상담 프로그램에 로보어드바이저가 탑재되면서 유명세를 타기 시작했다. 미국의 사학연금공단이라고 할 수 있는 TIAA 연구소에 따르면 2012년과 2013년 기준 TIAA 연금 가입자의 6.5%가 온라인을 통해 금융 상담을 받았다. 금융 상담에 대한 수요는 온라인 투자 자문을 도입한 이후 4배가 증가했다.

로보어드바이저에는 또 다른 장점이 있다. 사람이 관리했을 때보다 투명하게 운영된다는 점이다. 전통적인 자산관리 상담원과 고객 간의 사적인 대화를 관리 감독하는 것은 거의 불가능하다. 그러나 로보어드바이저가 고객과 나누는 대화를 평가하는 것은 가능하다. 이처럼 로보어드바이저는 투명성이 사람보다 높기 때문에 각종 규제와 법률을 준수하는 데도 유리한 측면이 있다.

마지막으로, 로보어드바이저는 편리하다. 사람들은 로보어드바이저를 언제, 어디서나 사용할 수 있다. 일부 고객은 웹 사이트 플랫폼에서 정보를 접하는 것이 종이 문서를 작성하거나 상담원을 만나는 것보다 더 편리하다고 느낀다. 새로운 기술에 대해 거부감이 없고, 원하는 시간과 장소에서 업무 처리하는 것을 선호하는 젊은 세대는 아마 로보어드바이저를 보다 적극적으로 활용할 가능성이 크다.

이와 같은 여러 가지 장점으로 인해 로보어드바이저가 관리하는 자산은 기하급수적으로 증가하고 있다. 2014년 말 코퍼릿 인사이트Corporate Insight는 미국 내 로보어드바이저가 관리하는 자산이 190억 달러라고 보고한 바 있다. 2016년에는 1,260억 달러로 증가했다. 증가세는 지속될 전망이다. 젊은 사람들이 앞으로도 계속 로보어드바이저를 사용할 가능성이 더 높기 때문이다. 퇴직연금 상품에 가입하지 않은 사람들을 대상으로 한 조사에 따르면, 18세에서 34세 사이 젊은층의 38%가 로보어드바이저를 사용한 적이 있었다.

로보어드바이저의 또 다른 장점은 서민들도 쉽게 접근할 수 있다는 것이다. 자산관리 전문가가 제공하는 서비스를 받기 위해서는 자산이 최소 50만 달러여야 한다는 조건을 내거는 경우가 많다. 이는 대부분 서민이 만족시키기 어려운 요건이다. 반면 로보어드바이저의 서비스를 받기 위해 요구하는 최소 투자 금액은 훨씬 낮은 편이다. 예컨대, 웰스프론트는 최소 500달러만 투자할 수 있으면 되고, 베터먼트는 아예 최소 투자 금액을 요구하지 않는다. 따라서 로보어드바이저는 이제 막 사회생활을 시작하고, 저축을 시작한 젊은이들에게 적합한 기술이다. 그 결과, 핀테크 금융상품의 사용자들은 새로운 기술에 대해 거부감이 없으며, 금융서비스를 요구하는 젊은 세대(25~34세)에 편중되어 있다.

자산관리사(사람)는 자신이 관리하는 자산의 1~2%를 관리 수수료로 받는데 포트폴리오가 클수록 더 낮은 수수료를 부과한다. 부유한 고객을 우대하는 것이다. 그러나 로보어드바이저는 180도 다른 상황을 제공한다. 미국의 로보어드바이저 수수료는 0부터

[표 3-1] 미국 상위 로보어드바이저들의 자산관리 규모(AUM, 2018년 1분기)

	자산관리 규모 ($ billion)	관리 수수료	최소 자산
뱅가드 개인 자산관리 서비스	$101	0.30%	$50,000
찰스슈왑	$27	0	$5,000
베터먼트	$13	디지털 연 0.25%	$0
웰스프론트	$10	프리미엄 연 0.40% / 0.25% 또는 1만 달러 이하 계좌는 무료	$500

출처: Jill Fisch, Marion Laboure, and John Turner, "The Emergence of the Robo-Advisor," in The Disruptive Impact of Fintech on Retirement Systems, ed. Julie Agnew and Olivia S. Mitchell (Oxford: Oxford University Press, 2019), 13-37.

50bp 정도로 형성되어 있다. 사람인 자산관리사에 비해 상당히 낮은 수준이다[표 3-1]. 컴퓨터 기술과 알고리즘을 사용하니 로보어드바이저의 수수료는 낮을 수밖에 없다.

또한 로보어드바이저에는 규모의 경제 효과가 있다. 하나의 컴퓨터 알고리즘만 있으면, 수많은 고객이 자산관리 서비스를 받을 수 있는 것이다. 더 많은 고객이 서비스에 가입할수록 자산관리에 대한 평균 비용은 하락하는 특징을 띤다. 따라서 더 많은 고객이 가입하거나, 고객이 더 많은 자산을 축적할수록 수수료는 더욱 줄어든다.

기존의 투자자들은 자산관리에 대한 수수료 외에도 펀드 관리비 등 투자에 수반되는 비용도 지불해야 했다. 펀드매니저(사람)는 고객들이 투자 종목을 적극적으로 사고파는 액티브 펀드에 투자하도록 유도하는 경향이 있는데 이는 액티브 펀드의 수수료가 많기 때문이다. 그러나 로보어드바이저의 경우 거래비용이 낮다. 대부분의 로보어드바이저는 고객들의 자산을 주로 사전에 투자 종목이 정해져 있는 패시브Passive 인덱스 펀드에 투자하기 때문이다. 예컨대 투자 대상에 따라 다를 수 있지만, 베터먼트Betterment의 경우 수수료 범위는 9~12bp 수준이다.

지금까지 로보어드바이저가 접근성과 비용 측면에서 우월하다는 것을 알게 됐다. 그렇다면 수익률에서는 어떨까? 역시 우수한 성과를 내고 있을까? 자산관리가 얼마나 효과적인지를 판단하는 첫 번째 기준은 로보어드바이저가 어떤 자산에 투자하고 있는지를 살피는 것이다. 역사적으로 볼 때 주식 투자의 수익률은 채권이나 은행 예금과 같은 고정 수익률을 앞섰다. 특히, 초저금리 기조가 지속된 지난 5~10년 동안에는 두드러지는 현상이었다. 따라서 자산관리사의 실적은 해당 자산관리사의 추천 포트폴리오가 얼마나 주식에 집중되어 있는가에 따라 크게 좌우된다고 볼 수 있다. 컨설팅업체 세룰리Cerulli는 가상의 고객을 상정해 7개의 로보어드바이저가 어떻게 자산을 배분하고 있는지를 분석한 바 있다. 그 결과 동일한 연령의 고객이라 하더라도 로보어드바이저는 주식 투자 비중을 90%에서 51%까지 다양하게 추천하고 있다는 것을 발견한 바 있다.

[그림 3-1] 로보어드바이저 vs. 벤치마크의 수익률 대결

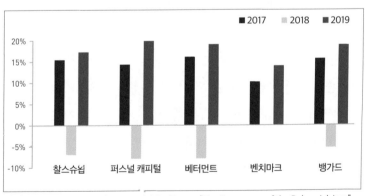

출처: Jill Fisch, Marion Laboure, and John Turner, "The Emergence of the Robo- Advisor," in The Dis-ruptive Impact of Fintech on Retirement Systems, ed. Julie Agnew and Olivia S. Mitchell (Oxford: Oxford Uni-versity Press, 2019), 13-37.

로보어드바이저는 더 높은 수익률을 위해 주식에 편중된 전략을 추천할 수도 있다. 그러나 이는 경기 하강기에는 불리할 수 있는 전략이다. 하지만 로보어드바이저는 이러한 우려를 말끔히 씻어냈다. 2019년 기준, 퍼스널 캐피털Personal Capital과 베터먼트가 운용하는 로보어드바이저는 각각 19.68%, 18.97%이라는 수익률을 기록했다. 이는 주식 투자 60%와 채권 투자 40%로 구성된 비교군(벤치마크)의 평균 수익률을 능가하는 수치다[그림 3-1].

그렇다면 리스크 관리 측면에서는 어떨까? 미국의 금융전문가인 마이클 키치스Kitces는 로보어드바이저가 리스크를 관리하는 방식이 부적절할 수 있음을 지적한 바 있다. 주로 간단한 질문지를 통해 나온 포트폴리오에 고객을 끼워 맞추려 하기 때문이다. 즉, 자산이 많아 위험을 감수할 능력은 되지만 내성이 약한 고객이 다소 리스크가 있는 중위험Mid-risk 투자안을 추천받을 수 있다. 단지 그의 재산이 많다는 이유 때문이다. 키치스는 이것이 적절한 자산 배분 전략이 아닐 수도 있다고 말한다. 로보어드바이저의 알고리즘은 고객의 리스크 감수 성향을 부정확하게 평가할 수도 있기 때문이다. 예를 들어, 위험을 감수할 능력은 되더라도 그 사람이 위험에 대해 민감하다면 저위험Low-risk 포트폴리오를 추천하는 것이 바람직한 전략일 수 있다. 따라서 많은 로보어드바이저는 고객의 리스크에 대한 민감도를 파악하는 데 더 심도 깊은 노력을 기울이고 있다.

로보어드바이저는 퇴직 시점에 맞추어 개인의 금융 투자 포트폴리오를 구성하는 TDF^{Target-Dated-Fund}에 비해 보다 더 개인적인 맞춤형 자산관리 서비스를 제공할 수 있다. 이론적으로 고객에 대한 데이터를 더 많이 보유할수록 맞춤형 서비스를 더욱 잘 제공할 수 있기 때문이다. 투자자의 연령이나 은퇴 시기를 중점적으로 고려하는 TDF 펀드에 비해, 로보어드바이저는 투자자의 리스크 민감도까지 파악하는 장점이 있다.

영국의 금융전문가인 브린^{Oisin Breen}은 궁극적으로 로보어드바이저가 TDF 펀드를 대부분 대체할 것이라 예측한다. 그러나 TDF 방식의 펀드는 미국의 퇴직연금인 401(k) 가입자라면 누구나 누릴 수 있는 투자기법이시만, 로보어드바이저 펀드는 아직은 누구에게나 주어지는 기본펀드는 아니다.

미래에는 로보어드바이저가 관리하는 펀드가 퇴직연금 가입차에게 기본 옵션으로 제공될지도 모른다. TDF 펀드의 수수료는 일반적으로 약 50bp(0.5% 포인트)이다. 그러나 현재 한 금융회사는 401(k) 퇴직연금 가입자를 대상으로 최근 개시한 로보어드바이저 기반 투자 서비스에 불과 20bp(0.2% 포인트)의 수수료만 받고 있다.

로보어드바이저가 미국보다 유럽에서 덜 대중화된 이유

미국에서 로보어드바이저의 등장은 세계적인 유행을 불러 일으켰다. 2014년 이후 유럽에서도 로보어드바이저가 크게 증가하는 모습이며, 관리하는 자산 규모도 빠르게 증가했다. 그러나 아직 대부분의 로보어드바이저는 미국에서 운영되고 있다.

　유럽 시장을 일반화하기는 어렵지만, 유럽의 로보어드바이저(넛메그Nutmeg, 퀴리온Quirion, 매리 콴티어Marie Quantier)의 수수료는 약 40~100bp로 미국의 로보어드바이저보다 높다. 아직 유럽에서는 로보어드바이저가 대중화되지 못해 미국처럼 규모의 경제 효과를 누리지 못하기 때문이다. 유럽의 금융 법규는 회원국마다 달라 유럽 전체 시장 대신 각 국가별로 특화된 로보어드바이저 시장이 더욱 많은 것이 또 다른 이유이기도 하다. 또한 유럽인은 일반적으로 미국인보다 위험 회피 성향이 있어 투자 기회를 모색하기보다 안전자산인 예금이나 채권에 자금을 묶어 두려고 한다. 이러한 요인들로 유럽의 로보어드바이저 산업은 상대적으로 느리게 성장했으며, 미국만큼 규모의 경제를 누리지 못한 것으로 보인다.

인간의 감정을 이해하는 알고리즘

　인공지능과 컴퓨터 기술의 발전은 이제 사람들이 처한 상황을 이해할 수 있는 보다 인간적인 알고리즘Humanized algorithm을 만들어냈다. 로보어드바이저는 그저 짜여진 알고리즘에만 '따르는' 존재가 아니다. 그들은 다양한 상황을 이해하고, 그에 맞춰 적응하는 새로운 알고리즘을 '만들어'내기도 한다. 이러한 기술을 '머신러닝'이라고 부른다. 사람이 다양한 경험과 감정을 통해 지혜를 배우듯이 로보어드바이저도 머신러닝 기술을 통해 방대한 양의 데이터로 새로운 알고리즘을 배워 나가고 있다.

연구자들은 목소리와 억양을 토대로 사람의 감정을 인식할 수 있는 알고리즘을 개발하고 있다. 말의 높낮이뿐만 아니라 특징, 템포, 속도까지 인식하는 기술이다. 이러한 알고리즘을 완성하기 위해서는 최대 2,500개 기능을 일일이 프로그래밍해야 한다.

최근에는 인간의 신경망을 본떠 만든 인공 신경망Artificial neural network에 대한 연구도 활발히 이루어지고 있다. 이는 기계가 인간의 두뇌를 모방할 수 있도록 하는 '딥러닝' 기술을 가속화한다. 이 기술은 로봇을 보다 인간에 가깝게 만든다. 로봇도 청각을 갖게 되고, 얼굴을 인식해 미세한 표정 변화도 읽을 수 있게 된 것이다.

로보어드바이저의 미래는 매우 유망해 보인다. 이 기술은 보다 대중적인 자산관리 서비스를 사람들에게 제공할 것이다. 그러나 아직 로보어드바이저와 같은 디지털화된 자산관리 솔루션이 우리 사회에 어떠한 영향을 미칠 것인가에 대해서는 많은 연구가 이루어지지 않았다. 과연 로보어드바이저는 금융 서비스를 민주화하고 부의 불평등을 줄이는 데 도움이 될 수 있을까?

앞으로 사람들은
어떻게 돈을 관리할까?

20세기에 불평등을 야기한 주요 요인 중 하나는 금융이었다. 영국 런던 정경대학의 경제학 교수인 앤서니 앳킨슨(Atkinson et al., 2011)은 고액 자산가일수록 훨씬 더 수익률이 높은 투자상품에 가입할 가능성이 크다고 주장한다. 토마 피케티 역시 『21세기 자본』(글항아리, 2014)에서 부의 불평등이 어떻게 심화되어 왔는지를 보여 준다. 그는 지난 3세기 동안 자본 수익률이 경제 성장률보다 훨씬 높았으며, 따라서 노동을 통해 벌어들이는 것보다 자본을 통해 벌어들이는 소득이 많다고 주장했다.

IMF에 따르면 1980~2012년 선진국 상위 1%의 1인당 실질소득은 282% 증가했다. 그러나 나머지 99%의 1인당 실질소득은 같은 기간 144% 증가하는 데 그쳤다. 만약 이를 연 단위로 환산하면 그 차이는 더 뚜렷하게 나타난다. 가장 부유한 사람들의 소득은 매년 평균 3.3%씩 증가했으나, 나머지는 1.1%씩 증가했다. 이러한 소득증가율 격차에는 여러 원인이 있겠지만, 그중 하나는 투자 기회의 차이에 있다.

고액 자산가 계층은 헤지펀드, 대체 투자Alternative assets 등 다양한 투자 기회를 누린다. 그러나 개미 투자자들은 예금이나 국채와 같은 평범한 투자 수단이 전부다. [그림 3-2]는 1928년부터 2020년까지 주식과 미국 단기국채, 장기국채의 수익률을 보여 준다. 이 그래프는 1927년에 100달러를 각각의 자산에 투자했다고 가정했을 때, 어떤 속도로 자산이 증가하는지를 보여 준다.

그래프에서 볼 수 있듯이 평균적으로 주식 투자는 지난 100년 동안 채권 투자보다 우수한 성과를 냈다. 물론 장기예금도 안정적

**[그림 3-2] 미국 주식, 미국 단기국채(T-Bills),
장기국채(T-Bonds)의 수익률 차이(1928~2020년)**

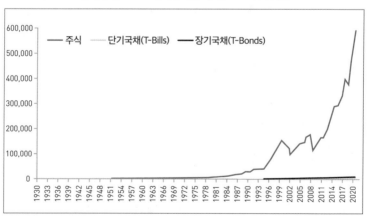

출처: The raw data for Treasury bond and bill returns was obtained from the Federal Reserve database in St. Louis.

으로 많은 이자 수익을 거둘 수 있는 방법이기도 하다. 저축의 경우 이자율이 조금만 올라가더라도 '복리 효과'를 통해 장기적으로는 큰 차이를 만들기 때문이다. 그리고 정기적으로 자금을 납입하는 '적금'도 적은 금액으로 나중에 커다란 자산을 만드는 방법이기도 하다. 그러나 장기 투자 수익률을 결정하는 큰 요인 중 하나는 '수수료'이다. 처음에 금융상품에 가입할 때 부담하는 수수료는 매우 작아 보인다. 그러나 이렇게 얼마 되지 않는 수수료가 수십 년간 쌓이면 복리 효과로 인해 전체 수익률을 크게 떨어뜨린다.

투자의 핵심은 수수료에 있다

긱 이코노미가 부상함에 따라 많은 플랫폼 노동자가 과거에는 당연시되던 퇴직금 또는 퇴직연금, 회사에서 제공하는 각종 공제 제도 등을 누릴 수 없게 되었다. 고용 상태가 보장하던 경제적 안정성이 많이 감소한 것이다. 이는 노동자 스스로 미래를 준비하기 위해 더 많이 노력해야 한다는 것을 의미한다.

최근에는 '퇴직연금' 제도에도 많은 변화가 일었다. 이전에는 노동자가 퇴직연금을 걱정할 필요가 없었다. 회사가 월급의 일부를 공제하고, 알아서 굴려 주었기 때문이다. 그러나 이제는 노동자 스스로 퇴직연금을 운용해야 하는 상품이 대중화되었다. 대표적으로 401(k) 플랜과 '개인형 퇴직연금제도Individual Retirement Accounts, IRA'가 있다.

개인형 퇴직연금제도는 개인이 금융기관에 퇴직연금을 운용하도록 맡겨 두는 상품이다. 노동자 스스로 투자 의사결정에 대한 책임을 져야 하는 것이다. 미국의 경우 직접 주식을 굴리는 가구보다 개인형 퇴직연금에 가입한 가구의 비중이 높다. 2013년 기준, 미국 전체 가구의 13.8%는 직접 주식을 보유하고 있지만, 49.2%는 IRA와 401(k) 플랜 등 개인연금 계좌를 운영하고 있다.

그러나 불행히도 오늘날의 개인들이 관리하는 퇴직연금은 회사가 관리하는 퇴직연금보다 수익률이 1% 정도 낮다고 한다. 이는 주로 수수료가 높은 상품에 가입했거나, 잘못된 투자 전략에 기인하기 때문이다. 개인들이 관리하는 개인형 퇴직연금계좌IRA로 안정적인 MMFMoney-Market-Fund에 투자하는 경우가 많으며, 이는 결국 장기적으로 낮은 수익률을 보인다. 실질적으로 펀드에 대한 지식이 부족한 사람일수록 수수료가 높은 펀드에 가입하는 경향이 있다는 연구결과도 있다. 반대로, 금융 전문성이 높은 사람들이 더 낮은 수수료의 뮤추얼 펀드에 가입한다는 것을 보여 주는 연구결과도 있다.

사람들은 '복리 효과'를 과소평가하는 경향이 있다. 지금 보기에는 얼마되지 않는 수수료라 큰 문제가 안 된다고 착각한다. 그러나 이러한 편향은 장기적인 수익률에 엄청난 영향을 미친다. 아주 작은 수수료라도 복리 효과를 통해 수익률을 크게 떨어뜨리는 것이다. 게다가 관리하는 자산 규모가 작은 투자자는 일반적으로 더 높은 투자 수수료를 지불하게 된다. 대부분의 금융상품은 투자 규모와 관계없이 고정 수수료를 기본으로 수취하기 때문에 자산 규모가 작은 투자자들은 상대적으로 높은 수수료를 내고 있다.

만약 자산관리사들이 투자 자문에 따른 수수료 수준을 더욱 낮춘다면, 자산 규모에 따라 차별적으로 부과되고 있는 불평등한 수수료 체계가 개선되는 효과가 있을 것이다. 그러나 로보어드바이저를 활용한다면 보다 낮은 수수료로 동일한 서비스를 받을 수 있다. 더 많은 고객에 대한 보편적인 서비스가 가능해지기 때문이다.

미국 노동부(2016)는 다음과 같은 자료를 통해 수수료의 차이가 최종 투자 성과에 어떠한 영향을 미치는지를 보여 줬다.

> 퇴직까지 35년이 남아 있고 현재 퇴직연금 계좌의 잔액이 2만 5천 달러라고 가정해 보자. 향후 35년 동안 투자 수익률이 평균 7%이고, 수수료 및 비용으로 0.5%가 들어간다고 하자. 이 경우 당신은 은퇴 시 22만 7천 달러의 퇴직금을 받을 수 있다. 그러나 수수료와 비용이 1.5%로 증가한다고 가정하면, 당신의 퇴직금 총액은 16만 3천 달러로 크게 감소한다. 1%의 수수료 차이는 당신의 은퇴자산을 28% 감소시킨다.

대세로 자리 잡을 디지털 자산관리

지난 10년 동안 부의 불평등은 가파르게 심화됐다. 자본 수익률이 노동 수익률보다 높다면 불평등은 악화될 수밖에 없다. 많은 사람이 효과적인 자산관리를 받을 수 없기 때문에 일반인들은 더 적은 자본 수익률을 얻게 된다. 그러나 로보어드바이저의 등장으로 '게임의 규칙'이 완전히 달라질 것이다. 젊은 세대가 핀테크에 개방적인 만큼 앞으로 로보어드바이저의 역할이 확대되고, 금융교육도 대중화되며, 중·저소득층 간의 부의 불평등은 감소하게 될 것이다. 이제는 대중들도 효과적인 자산관리 서비스를 바탕으로 다양한 투자상품에 접근할 수 있다. 또한 개인적인 재무 상황에 맞는 개인 맞춤형 투자 솔루션을 누릴 수도 있다. 로보어드바이저 앞으로 월급을 자동이체해 두면 로보어드바이저는 고객의 자산을 알아서 투자하고, 거기서 나온 배당금과 수익을 자동으로 재투자할 것이다.

게다가 로보어드바이저는 수수료율이 낮을 뿐만 아니라, 최소 가입 금액 요건과 같은 가입 장벽도 없다. 한마디로 고액 자산가들만이 누리던 자산관리 서비스가 대중화되는 것이다. 2017년 기준, 미국 로보어드바이저가 관리하는 자산은 1천억 달러 미만이었다. 그러나 2019년에는 30% 정도 증가했으며, 2020년에는 4,600억 달러에 달한다. 전문가들은 로보어드바이저 산업이 2024년까지 1조 2천억 달러까지 성장할 것으로 예상한다.

앞으로는 많은 경제 변수(예를 들어 이자율, 부채 규모)가 자산관리 시장에 영향을 미칠 것이다. 모든 경제적 변수를 설명할 수는 없지만, 분명한 것은 디지털 자산관리 시장은 계속 커질 추세라는 것이다. 디지털 자산관리 시장 규모는 향후 3~4년 동안 최대 80배까지 커질 수도 있다. 무엇보다 장기 재무계획이 필요한 퇴직연금 서비스는 로보어드바이저의 수요가 증가할 수 있는 영역이다. 특히 미국과 같이 퇴직연금 및 자산관리 서비스가 대중에게 보편화되지 않은 경우엔 더욱 그렇다. 신기술에 익숙하고, 금융 이해도가 높은 밀레니얼 세대는 디지털 자산관리 솔루션의 주요 고객이 될 것이다.

만약 로보어드바이저 산업이 성장한다면 핀테크 기업은 금융교육이나 디지털 금융 서비스에 더 많이 투자할 것이다. 이는 다시 로보어드바이저나 디지털 금융 서비스 산업을 성장시키는 선순환을 야기한다. 금융 투자 접근성을 높이는 것은 저소득층에게 저비용의 금융 서비스를 제공할 수 있기 때문에 불평등을 완화하는 데도 중요한 역할을 하리라 기대된다.

4장

공공서비스와
핀테크의 만남

이 장에서는 플랫폼 경제의 확산과 자동화에 따라 정부가
어떻게 변화할 것인지를 살펴본다. 또한 정부가 공공서비스를
개선하기 위해 핀테크를 어떻게 활용할 수 있을지에 대해서도
논의한다. 블록체인은 현행 공공 업무의 처리 과정을 분산하고
자동화할 것이다. 정부는 디지털 기술과 블록체인 기술을 기반으로
사회복지 서비스를 제공하고 세금을 징수할 수도 있을 것이다.
공공서비스의 효율성이 제고되는 것이다.

정부도 디지털 혁신을
피할 수 없다

　　세상은 빠르게 변화하고 있고 현재 우리는 그 혼란의 한가운데 있다. GAFA와 같은 거대 빅테크 기업들이 등장했으며, 전통적인 금융기관은 P2P 플랫폼이 서서히 대체해 나가고 있다. 정부도 효율적인 서비스를 지속적으로 제공하기 위해 거대한 변화를 경험해야 한다. 아마도 그 중심에는 디지털화된 정부가 존재할 것이다. 그렇다면 디지털 정부란 무엇이고 정부가 제공하는 공공서비스는 미래에 어떤 모습으로 변화할까?

21세기 정부가 일하는 방식

　　당신이 여권을 갱신해야 하는 상황을 상상해 보자. 완전한 디지털 정부리면 컴퓨터와 인터넷만으로 여권을 갱신할 수 있다. 정부 홈페이지 계정에 로그인해서 서식을 작성하고, 증빙서류만 첨부하면 되기 때문이다. 모든 서식을 일일이 작성할 필요도 없다. 정부는 이미 당신에 대한 개인정보를 알고 있기 때문에, 기본 정보들은 미리 자동으로 채워져 있을 것이다. 신원 인증도 비대면으로 이루어진다. 컴퓨터 카메라를 통해 얼굴을 인식시키거나, 홍채 스캔 소프트웨어를 사용할 수도 있다. 아니면, 마이크를 사용한 음성인식으로 신원을 증명할 수도 있다. 그리고 카메라에 손가락을 대고 지문을 기록한다. 그러면 인증번호와 바코드가 포함된 PDF 여권 파일을 다운받을 수 있다. 이렇게 하는 데 10분밖에 걸리지 않는다.

이것은 영화 속 모습이나 그저 상상 속 미래 사회의 모습이 아니다. 오늘날 두바이의 모습이다. 2018년 두바이 정부는 '스마트 두바이 오피스Smart Dubai Office'를 구현하기 위해 '두바이 페이퍼리스 전략Dubai Paperless Strategy'을 시행해 왔다. 2022년부터 두바이의 공공기관에는 종이 문서가 사라진다. 만약 경찰관이 누군가의 운전면허증, 여권, 과거 기록 등이 필요하다면 서버를 통해 열람할 수 있다.

문자메시지로 세금을 납부할 수도 있다. 사람들은 근로소득세, 사업소득세, 재산세, 부가가치세 등 다양한 세금을 납부하고 있다. 고속도로를 통행할 때는 통행료를 납부한다. 세금과 공과금을 납부할 때 복잡한 서류 작성이나 번거로운 계좌이체 과정이 필요하다. 그러나 이러한 절차 대신 스마트폰의 버튼만 누르거나 문자메시지를 보내기만 한다면 얼마나 편할까?

이 모습은 많은 유럽 국가의 현재 상황이다. 스웨덴에서는 이 러한 서비스가 출범한 지 10년이 넘었다. 루마니아에서도 모바일 앱을 통해 지방세를 납부하고 있다. 터키에서도 관세를 SMS 문자 서비스로 처리하는 서비스가 개시되었다. 원래 터키는 수출입 의 존도가 높은 국가다. 그러나 수출입 과정에서는 관세 납부 절차가 필요하기 때문에 기업 입장에서는 여간 번거로운 일이 아니었다. 그래서 2017년, BNP 파리바 그룹^{BNP Paribas Group}의 터키 자회사 인 TEB 은행은 문자서비스를 통한 관세 납부 서비스를 개시했다. 회사가 자사의 전화번호만 입력하면, 은행은 인증번호를 문자메 시지로 보내고, 회사는 인증번호를 바탕으로 관세를 납부하는 것 이다.

이번에는 사회복지 자금의 수급이 완전히 디지털화된 국가를 상상해 보자. 모든 개인정보는 정부 데이터베이스에 저장되어 있 기 때문에, 복지 서비스를 신청할 때마다 같은 정보를 반복해서 작성할 필요가 없다. 이것은 실제 인도의 현실이다. 인도 정부는 보조금 지급을 디지털화하기 위해 세계에서 가장 큰 생체 인식 시 스템인 아드하르^{Aadhaar}(우리나라의 주민등록증과 같은 것으로, 디지털화 된 신분증에 해당한다.-옮긴이)를 개발했다. 아드하르는 보조금 지급 에만 사용되지 않는다. 인도인들은 아드하르를 통해 금융 서비스, 출석 권리, 여권 발급, 선거명부 작성, 기타 신분증 발급 등의 업무를 처리하고 있다.

이제는 새로운 회사 설립과 운영이 모두 온라인으로 가능하다고 상상해 보자. 온라인으로 법인을 등록하고, 세금을 납부하고, 대금을 결제하는 것이다. 이 역시 이미 에스토니아에서는 실현되고 있는 상황이다. 에스토니아는 전 세계 모든 사람을 대상으로 한 신분증인 'e-레지던시e-Residency'를 최초로 발급한 국가다. EU 시민들은 e-레지던시로 손쉽게 기업을 설립하고 운영할 수 있게 되었다. 에스토니아 정부에 따르면 e-레지던시 소지자들은 전 세계 어디에서나 온라인으로 회사를 설립하고, 은행 서비스 및 페이팔과 같은 온라인 결제 서비스를 이용할 수 있다. 또한, 대표자가 현지에 주재하지 않더라도 회사를 자유롭게 소유할 수 있다. 회사를 원격으로 경영할 수도 있다. 문서에 서명하거나, 암호화하여 전송하고, 세금을 간편하게 신고할 수 있다. 심지어는 여행하는 동안에도 온라인으로 회사를 운영할 수 있으며, 해외로 주소지를 옮기더라도 회사가 유지된다.

일련의 정책들만 봐도 에스토니아가 전자정부 분야에서는 선두 국가로 꼽히고 있다는 걸 쉽게 이해할 수 있을 것이다. 에스토니아 정부는 디지털 인증 및 서명에서 동일한 프로토콜을 사용하여 기관 간에 데이터를 공유한다. 또한 에스토니아 국민이 온라인 또는 모바일 애플리케이션을 통해 공공 업무 및 민간 업무를 처리할 수 있도록 다양한 민간 회사들과 협력하고 있다. 에스토니아 국민들은 '디지털 납세 게시판e-tax board'과 같은 온라인 사이트를 통해 세금을 납부하고, 이틀 만에 세금을 환급받기도 한다. 심지어 온라인 투표도 가능하고, 회사 설립이나 회계보고서 제출도 가능하다. 에스토니아 정부는 '전자정부 아카데미e-Governance Academy'라는 연구조직을 설립했다. 이 조직은 디지털 정부, 디지털 민주주의, 사이버 보안 및 투명한 정보사회를 만들기 위한 모범 사례를 연구하고 있다.

정부의 디지털 전환이 필요한 3가지 이유

1. 글로벌 디지털 기업의 조세 회피

정부가 겪고 있는 첫 번째 변화의 물결은 디지털 기업의 성장에서 비롯되었다. 구글, 페이스북과 같이 전 세계를 대상으로 영업하는 디지털 비즈니스는 각국 정부에 새로운 과제를 안겨 주었다. 바로 조세 권한의 문제다. 최근까지도 기업에 대한 과세권한은 그 기업의 본사가 어디에 위치하느냐에 따라 정해졌다. 그러나 이제 물리적 실체가 없는 인터넷 기업들이 등장하자, 더 이상 인터넷 기업 본사의 소재지는 과세 문제에 있어서 중요한 기준이 되지 못한다.

최근 유럽연합을 비롯한 일부 국가들은 디지털 기업의 본사 소재지와 관계없이 세금을 부과하기 시작했다. 이들은 조세 권한이 기업의 본사 소재지에 따라 결정되는 것이 아니라, 소비자의 위치에 따라 결정되어야 한다고 주장한다. 이것은 룩셈부르크와 같은 저세율 국가에 본사를 두고 이탈리아와 프랑스 같은 고세율 국가의 시민에게 상품을 판매하는 일종의 차익거래를 막기 위해서다. 오늘날 미국에서도 전자상거래 기업의 상태에 따라 부가가치세와 유사한 제도들을 검토하고 있다.

2. P2P 플랫폼으로 인한 새로운 과세제도의 필요성

정부 내 두 번째 변화의 물결은 P2P 플랫폼과 관련이 있다. 오늘날 사람들은 더 쉽게 다른 곳으로 이동할 수 있으며, 업무는 분권화되는 경향이 있다. 그 결과 국가 간의 과세 문제Cross-border taxation는 계속해서 제기된다. 이러한 변화는 전통적인 경제에서 당연시되었던 것들을 혼란에 빠뜨리고, 새로운 과세제도의 필요성을 제기하고 있다. P2P 플랫폼을 사용하는 사람들의 수는 최근 몇 년 동안 꾸준히 증가했다. 가장 큰 플랫폼(예를 들어 알리바바, 디디추싱, 아마존, 에어비앤비 등)은 수천만 명의 사람들에게 서비스를 제공할 수 있기 때문에 많은 사람에게 새로운 일자리를 제공하는 기능도 한다. 또한 P2P 플랫폼은 세금이 부과되지 않는 소득을 얻을 수 있는 기회를 제공하기도 하는데, 자신의 아파트나 자동차와 같은 쓰지 않는 물건을 임대하는 데는 별도의 세금이 부과되지 않기 때문이다.

정부는 이러한 변화가 초래할 결과를 예측하고, 그 변화에 신속하게 대응해야 한다. 사회복지제도를 개혁하고 플랫폼 기업 간의 협력을 유도해 과세기반이 침식되는 문제를 해결해야 할 것이다. 그러나 본래 혁신과 변화를 추구하는 스타트업을 과세제도 안으로 포섭하는 데는 많은 비용이 소요될 것으로 예상된다. 따라서 정부당국은 현재와 같은 세제의 전면 개편도 또다른 대안으로 고민해 보아야 하며, 디지털 분야의 전문 공무원들은 새로운 플랫폼과 관련한 정책을 적극 입안하고, IT 기업들은 이에 적응해야 할 것이다.

3. 암호화폐의 등장

암호화폐 또한 정부가 변화해야 할 이유 중 하나다. 비트코인이 출시된 후 지난 10년 동안 다른 많은 알트코인이 등장했다. 암호화폐를 사용하는 사람의 숫자도 크게 증가해 2013년에는 약 30만~130만 명이 암호화폐를 사용했고, 2017년에는 약 290만~580만 명이 암호화폐를 사용한 것으로 추정된다.

암호화폐는 그 특성상 '은행'이라는 전통적인 중개 기관을 통하지 않아 금융 사기의 위험이 높을 수 있다. 또한 통화의 안정성이 낮은 국가에서 송금이나 외환 업무에 많은 영향을 미칠 수도 있다.

디지털 정부의 이점

밀레니얼 세대는 세금 납부 등의 행정 업무를 온라인으로 처리하고 싶어 한다. 비대면 디지털 과정을 거치면 더 빠르고 효율적으로 작업할 수 있기 때문이다. 물론 이 과정에서 정부도 행정비용을 절감할 수 있다.

디지털 정부 시스템이 가져다주는 가장 큰 이점은 불평등을 줄일 수 있는 방법이 증가하는 것이다. 단기적으로는 아래와 같은 방식으로 사회복지 자금 지급 및 세금징수 업무를 효율화한다.

첫째, 디지털 간편결제앱 등을 통한 저소득층에 대한 보조금 지급은 프로그램의 관리비용을 크게 줄인다. 사회복지 자금의 전달 과정에서 발생하던 자금의 누수 현상을 개선할 수 있다는 뜻이다. 이는 궁극적으로 저소득층에게 더 많은 자금을 전달할 수 있어 전체적으로 불평등을 완화하는 효과가 나타날 것이다.

둘째, 디지털화는 정부가 국민 개개인의 소득 정보를 한눈에 파악할 수 있어 조세 납부율을 높일 수 있다. 보다 쉽게 탈세자를 걸러 낼 수 있는 것이다. 고소득층의 탈세는 소득 분배에 큰 영향을 미치는 요인이 된다. 따라서 탈세자를 쉽게 잡아낼 수 있는 시스템은 불평등을 완화하고 정부의 재분배 역량을 높일 것으로 기대된다.

셋째, 정부 행정의 디지털화는 조세제도 개편에도 도움을 줄 수 있다. 오늘날 대부분의 나라에서는 '비례세 제도'가 보편적으로 받아들여진다. 즉, 소득수준과 관계없이 동일한 세율을 부과하는 방식이다. 예컨대, 미국의 소비세나, 우리나라의 부가가치세는 모두에게 동일한 세율이 적용된다. 물건 구입자의 소득수준과 관계없이 물건 가격의 10%가 세금으로 부과되는 것이다. 이 방식은 매우 간편하다는 장점이 있지만, 공평성의 관점에서는 바람직하지 않을 수 있다. 고소득자와 저소득자를 구분하지 않고, 모두 동일한 세율을 부과하기 때문이다. 그러나 만약 누가 무엇을 샀는지를 식별할 수 있다면 어떨까? (예컨대, 사람들의 구매내역을 모두 데이터로 기록하고, 생체인식 기술을 통해 누가 무엇을 샀는지를 기록한다고 가정해 보자.) 이러한 기술이 가능하다면 소득수준에 따라 차별화된 조세제도를 설계할 수 있을 것이다. 즉, 저소득층이 물건을 살 때에는 부가가치세나 소비세를 자동적으로 낮추어주는 방식이다.

마지막으로, 정부는 디지털화를 통해 개인 소득과 가계 전체 소득에 대한 보다 누진적인 세제를 만들어낼 수도 있다. 개인 소득과 가계전체 소득에 대한 공동 세제를 도입하면, 조세로 인한 왜곡을 줄이고 형평성을 높이는 새로운 세제가 될 수도 있을 것이다.

전자정부는
어떻게 만들어질까?

즉각적인 디지털 서비스가 지속적으로 발전하면서 시민들이 공공 행정에 기대하는 바도 커졌다. 사람들은 빠르고, 언제 어디서나 접근 가능하고, 간편한 서비스를 원하기 때문이다. 이러한 니즈에 부응하기 위해서는 무엇보다 공공서비스의 제공 과정을 재검토해야 한다. 즉, 공공서비스 자체보다 그 서비스가 어떻게 누수 없이 국민들에게 전달되는지를 살펴봐야 한다는 뜻이다.

전자정부E-government 또는 전자행정E-administraion은 정보통신기술ICT을 사용해 공공서비스를 개선하는 것을 말한다. 그러나 전자행정은 인터넷으로만 구현되지 않는다. 전자행정을 실현하기 위해서는 매우 다양한 기술이 필요하다. 위치정보와 무선통신망을 결합한 텔레매틱스Telematics, 근거리 통신NFC, 블루투스Bluetooth 또는 사물인터넷IoT과 같은 다양한 기술이 필요하다.

종이 문서가 사라진 '간편화'된 사회

정부 행정의 디지털화는 크게 2가지 분야로 나눌 수 있다.

첫 번째 분야는 종이 문서를 없애는 '전자화Dematerialization(비물질화)'이다.[12] 이는 중앙정부 차원에서 이루어진다. 국민 개개인의 데이터를 디지털로 변환하여 신청서나 증빙서류 없이도 행정 서비스를 구현하는 것이다. 전자화를 구현하려면 국민의 납세, 신분, 복지 데이터를 관리하는 것이 필수적이다.

디지털화의 두 번째는 '간편화'다. 국민이 하나의 창구에서 모든 공공기관의 서비스를 원포인드로 이용할 수 있는 인터페이스를 만드는 작업이다. 이 분야는 주로 정부의 백오피스 업무를 통합하는 일이다.

먼저, 첫 번째 분야인 '전자화'에 대해 좀 더 살펴보자. 오늘날 세계 각국의 공공서비스는 점차 종이나 증빙서류가 필요 없는 형태로 변하고 있다. 민원인들은 관공서를 방문할 필요가 없으며, 필요한 문서를 정부 홈페이지에서 다운로드하는 방식으로 공공서비스를 받는다. 서비스 신청뿐만 아니라, 서비스의 결과물에도 종이가 없다. 관공서는 인허가 증명서를 이전과 달리 종이 문서로 주지 않으며, 바코드나 인증번호가 적힌 PDF 파일 형태로 발급하기도 한다.

물론, 아직 대면 확인이 필요한 공공서비스에는 번거롭지만 반드시 관공서를 방문해야 한다. 그러나 점차 본인 인증 기술의 발전에 따라 비대면 공공서비스의 범위는 넓어질 것이다. 지문이나 홍채를 활용하는 바이오메트릭스(생체 인식) 기술이나, RFID 기술(전자신분증, 바이오메트릭스 여권 등), 스마트카드 기술도 발전하고 있다. 강력한 본인 확인이 필요한 투표도 디지털화되고 있다. 바이오메트릭스 기술, 안면 인식, 비디오 감시 기술 등을 활용해 선거 절차도 문제없이 비대면으로 구현할 수 있다. 물리적인 종이 문서가 필요 없는 시대가 도래한 것이다.

프랑스에서는 세금을 신고할 때 종이서류가 필요 없다. 프랑스인들이 세금을 신고하는 과정은 국세청 인터넷 사이트에 접속하는 것이 전부다. 이미 자신의 기초적 세금 정보는 채워져 있으며, 미리 작성된 정보의 진위 여부만 확인하면 된다. 세금 신고에도 5분밖에 걸리지 않는다. 이러한 디지털 행정을 구현하기 위해서는 중앙집중식 데이터 관리가 필수적이다. 여러 기업과 금융회사들, 심지어 외국 정부까지 네트워크로 연결되고 필요한 자료를 주고받을 수 있어야 세금 신고 절차를 자동화할 수 있다.

두 번째 분야인 공공서비스의 '간편화'를 구현하기 위해서도 데이터의 중앙집중식 관리가 필수다. 지방정부나 중앙정부로 모든 데이터를 집중하고 하나의 창구에서 원스톱 서비스를 제공하는 것이다. 물론, 공공서비스를 제공하는 방식은 수요자들의 선호에 따라 전화, 인터넷, 로봇, 알고리즘 등 다양한 방법을 활용할 수 있다.

기업에 대한 행정 서비스도 디지털화할 수 있다. 온라인으로 인허가를 신청하고, 납부세액을 확인하며 특정 사업에 대한 보조금을 확인할 수 있다. 규제가 복잡해질수록 중앙집중화된 원스톱 방식의 인터페이스는 유용하다. 기업 입장에서는 세무, 노무, 인허가 등 다양한 제도에 대한 정보를 한번에 제공받기 때문이다.

이 밖에도 정부 행정이 디지털화되면 '사법 및 경찰 행정의 단순화'가 이루어진다. 벌금 부과, 범죄 기록 관리, 통행료 징수, 주차 관리 등과 같은 업무가 간편해지는 것이다. 미국과 남아프리카공화국 등에서는 경찰·치안 서비스가 디지털화되고 있다. 미국 보스턴에서는 '페이 바이 플레이트Pay by plate MA'라는 방식으로 도로 통행료를 징수하고 있다. 차량 번호판의 이미지를 통해 고객에게 통행료를 온라인으로 징수하는 방식이다.

하지만 전자정부가 말처럼 간단하게 이루어지는 것은 아니다. 본격적으로 디지털화를 구현하기 위해서는 기존의 행정 절차를 전면 개편해야 한다. 기존에 징수하던 서류가 정부 입장에서 반드시 필요한 자료인지부터 고민해야 한다. 이미 중앙집권화된 데이터베이스를 통해 민원인에 대한 자료를 정부가 가지고 있을 가능성이 크기 때문이다. 따라서 전자정부의 구현은 오프라인 행정 절차를 단순히 온라인으로 바꾸어 놓는 기술의 문제나 정보 이전의 문제가 아니다. 전자정부 구현은 한 국가의 행정 절차, 정보 시스템, 조직 간의 관계를 근본부터 재구성하는 작업이다.

행정을 근본부터 바꾼다는 것은 매우 어려운 작업이다. 그러나 공공서비스의 디지털화가 정착된다면 이를 통해 정부의 투명성과 서비스 접근성을 높일 수 있다. 온라인으로 서비스를 제공하면 1년 내내 민원 서비스가 가동되는 셈이니 근무 시간에 시간을 내기 어려운 직장인들이나 관공서에서 멀리 떨어진 농촌 지역 사람들에게는 매우 유리한 행정 혁신이 된다. 또한 서비스 대기시간이 줄어들고, 내가 요청한 서비스의 처리 현황도 간편하게 조회할 수 있다.

공공서비스의 '디지털화Dematerialize'는 다음 4단계로 이루어진다.

1. 온라인으로 제공 가능한 정보의 존재
2. 신청서 다운로드
3. 신청서를 온라인으로 작성하거나 확인
4. 신청서에 필요한 지원서나 증빙서류를 온라인으로 첨부

그러나 여기까지 가는 데는 장애물도 많다. 첫째, 디지털 전환은 그 자체로도 많은 비용이 든다. 충분한 기술력이 뒷받침되어야 하기 때문이다. 둘째, 디지털화를 담당할 공무원의 노하우나 업무

경험이 부족하다. 셋째, 정부의 디지털화는 공무원을 해고해야 한다는 것을 뜻한다. 공공서비스의 자동화가 이루어지면, 수많은 행정직 공무원의 일자리는 사라질 것이다. 따라서 정부의 디지털 전환에 반드시 선결되어야 하는 과제는 불필요한 갈등 해결이다. 큰 고통 없이 디지털 정부로 전환하는 것이 현실적으로 가장 어렵고도 중요한 과제다.

디지털 분야에서 앞서가는 싱가포르와 두바이

대부분의 선진국은 공공서비스를 디지털화하는 데 앞장서고 있다. 유엔UN이 발표한 2020년 전자정부 발전지수E-Government Development Index, EGDI에 따르면 유럽이 가장 앞서가고 아메리카 국가들과 아시아 국가들은 비슷한 수준이다. 아프리카 국가들은 가장 하위권에 위치한다. 국가별로 보면, 상위 10개국은 덴마크, 대한민국, 에스토니아, 핀란드, 호주, 스웨덴, 영국, 뉴질랜드, 미국, 네덜란드다. 몇몇 국가를 제외하면 이들의 공통점은 규모가 작은 국가라는 것이다. 아마도 소규모 국가일수록 기존의 낡은 시스템을 신속하게 전환하는 데 유리한 측면이 있는 듯하다. 이들은 디지털 전환에 따른 일자리 축소 가능성이 적고, 일자리가 사라진다고 해도 유권자들을 설득할 수 있는 대안적 정책을 마련하기 쉽다. 그리고 정부의 권한이 여전히 막강한 국가도 사회적 갈등을 조정하는 데 유리한 측면이 있다.

디지털 전환은 많은 사회적 혜택을 가져다준다. 각국의 1인당 GDP와 2020년 EGDI 지수 사이에는 강력한 상관관계가 존재한다. 물론, 이들 국가가 디지털 전환에 성공했기 때문에 1인당 GDP가 높아졌다는 결론은 섣부르다. 무엇이 원인이고 무엇이 결과인지에 대해서는 여전히 닭과 달걀의 문제이기 때문이다. 그렇다면 이들의 상관관계는 어떻게 봐야 할까?

직관적으로 생각하면, 경제 성장률이 높고 부유한 국가들은 디지털 전환에 더 많은 정책적 노력을 기울일 것이다. 그런데 정반대도 성립한다. 디지털 전환이 본격화된 국가일수록 경제 성장에 유리한 요인이 많기 때문이다. 정부의 디지털 역량은 다양한 경로로 경제 성장에 긍정적인 영향을 준다. 경제의 불평등을 개선하고, 빈곤을 줄이기도 한다. 또한 양질의 의료 서비스와 교육에 대한 접근성을 높이고, 탄소 배출량을 줄이는 데도 일조할 수 있다.

우리는 레거시 시스템(과거의 낡은 기술이나 컴퓨터 시스템, 소프트웨어)이 미약한 국가들이 디지털 전환 경쟁에서 우위를 점하는 경우를 찾을 수 있었다. 바로 아랍에미리트UAE와 싱가포르다. 이 국가들은 디지털 정부 분야의 모범 사례다.

아랍에미리트는 오늘날 최고의 디지털 국가로 꼽힌다. 세계적인 도시 두바이는 개인과 도시를 연결하는 하나의 실험실이라고 봐도 될 정도다. 두바이에서는 사람과 도시를 연결하는 양방향 공공 애플리케이션 개발에 전력을 기울이고 있다.

2011년 두바이는 인터넷 결제를 위한 전자결제 카드를 도입했다. 인터넷에서 결제가 원활해야 정부가 제공하는 서비스를 디지털화할 수 있기 때문이다. 이러한 준비작업의 결과로 2년 후인 2013년에는 두바이의 모든 공공서비스가 모바일 장치로 제공되기 시작했다. 두바이의 대표적인 디지털 사업은 '스마트 두바이 Smart Dubai' 프로젝트다. 두바이 국민과 여행객의 편의를 위해 날씨, 교통, 엔터테인먼트, 관광, 항공편, 식사, 응급 서비스 등 두바이의 생활 정보를 초고속으로 제공했다. 두바이는 2014년 '행복지수Happiness index'를 조사했는데 그만큼 국민들의 서비스 만족감이나 행복감 충족에 자신이 있다는 의지의 表現이다.

2016년 두바이는 사물인터넷과 같은 첨단 기술을 진흥하기 위해 1천 개의 새로운 디지털 선도를 시작했다. 여기서 주목할 점은 세계 최초로 3D 프린팅으로 빌딩을 건축했다는 것이다. 두바이는 3D 프린팅 기술의 세계적인 선도 국가가 되겠다는 비전을 가지고 이러한 도전을 시작했다.

2017년 두바이의 통치자인 셰이크 모하메드Sheikh Mohammed는 '10X 이니셔티브'의 시작을 지시했다. '10X'란 혁신 분야에서 다른 도시보다 10년을 앞서겠다는 뜻이다. 여기서 X란 모든 정부 기관이 실험적이고Experimental, 특별하고Out-of-the-box, 미래지향적이며Future oriented, 급격한 사고Exponential thinking를 수용한다는 의미다. 두바이는 2030년까지 모든 차량의 25%를 무인운전화하겠다는 목표를 세웠다. 그리고 2020년까지 모든 정부 문서에 블록체인 기술을 도입하기로 결정했다.

싱가포르도 세계적인 기술 중심지다. 아시아와 유럽의 중간 지점에 위치하고 있을 뿐만 아니라, 친기업적 제도를 펼치고 있어 전 세계 글로벌 기업에 아주 매력적인 국가다. 게다가 최근에는 디지털화에도 앞장서고 있다. 싱가포르 정부는 '스마트 네이션 Smart Nation'이라는 프로그램을 통해 교통, 환경, 핀테크, 공공서비스를 디지털화하겠다는 계획을 세웠다.

싱가포르의 주된 전략 중 하나는 데이터다. 싱가포르 정부는 아파트 청약, 학교 입학 신청 등과 같은 70개의 공공 데이터와, 30개의 은행 서비스 관련 데이터베이스를 개방했다. 그리고 이 데이터들은 싱가포르의 개인정보 관리 시스템인 '마이인포MyInfo'와 결합하여 공공서비스 신청, 은행 계좌 개설 시 필요한 문서 작성을 줄여 준다.

싱가포르의 육상교통청은 통근시간의 교통체증을 줄이기 위해 데이터를 활용한다. 버스 도착 시간, 실시간 교통 상황, 주차 가능 여부, 택시 예약 서비스 등을 제공하는 것이다. 그 결과 일부 지역의 교통체증과 사람들의 대기시간이 92%나 감소했다. 교통 데이터가 공유되자 다양한 모빌리티 앱도 등장했다. 택시 앱이나 공유 자전거 앱 등과 같이 모빌리티 생태계가 자연스레 만들어졌다.

싱가포르 통화청MAS 웹 사이트에서는 은행과 금융시장 정보를 제공한다. 그리고 이 정보들은 민간 기업들에 의해 여러 사업에 활용된다. 예컨대 금리 비교 서비스를 만들고 싶은 개발자는 실시간 금리 정보를 싱가포르 통화청 홈페이지를 통해 다운받을 수 있다.

정부와 싱가포르 국민들 간의 정보 교류는 일방향으로 이루어지지 않는다. 싱가포르 국민들은 앱을 통해 생활환경에 관한 정보를 받지만, 정부도 앱을 통해 시민들로부터 여러 상황 정보를 전송받는다. 예컨대 동물, 해충, 도로, 청결, 녹지, 건설, 배수, 물 등 다양한 정보가 정부에 보고된다. 그리고 싱가포르 국민이 보고하는 사항은 유관 기관에 전달된다.

세계경제포럼과 인시아드INSEAD가 발간한 '2016 글로벌 정보기술 보고서2016 Global Information Technology Report'는 '네트워크 준비도 지수Networked Readiness Index'에서 싱가포르를 1위로 기록했다. 이 보고서에 따르면 현존하는 디지털 정부의 선두주자는 바로 싱가포르와 두바이다. 이 국가들은 향후 10년 동안 디지털 혁신의 모범 사례가 되리라 기대된다.

블록체인이
행정을 획기적으로 바꾼다

은행과 정부의 공통점은 다양한 데이터를 관리한다는 것이다. 이 두 기관의 차별점이라면 은행은 현재 블록체인 기술을 이용해 데이터를 디지털화하는 과정에 돌입했다는 것이다. 거래 정보가 담긴 디지털 장부Ledger(원장) 기술인 블록체인은 금융 분야에서는 점점 더 많이 활용되는 추세다. 은행과 보험사는 블록체인 기술로 소비자에 관한 데이터를 관리하기도 하고, 조직 사이의 데이터 교류와 자동화 프로세스를 간소화하기도 한다.

그렇다면 정부 조직도 은행처럼 블록체인 기술을 도입해 디지털 정부를 만들 수 있을까? 물론 가능하다. 세금 징수, 복지 지출 등과 같은 공공서비스는 블록체인 기술을 도입할 가치가 있는 분야다.[13]

블록체인은 거래를 안전하게 집계하고, 기록하고, 공유할 수 있는 강력한 기술이다. 탈중앙화된 기술을 통해 비용을 절감하고 투명성을 높일 수 있다는 특징도 있다. 블록체인 네트워크에 참여하는 당사자들은 데이터를 볼 수 있으나, 개인정보에 대한 보안은 철저히 지켜진다. 예를 들어, 은행 A와 B가 동일한 고객의 대출 데이터를 가지고 있다고 가정해 보자. 은행 A와 B는 서로의 세부적인 대출 데이터를 볼 수 없다. 그러나 두 은행 모두 고객이 서로의 은행에 어느 정도의 빚을 지고 있는지는 알 수 있으며, 이는 각 은행이 고객의 잠재적인 대출 위험을 정확하게 분석해, 보다 안전하게 금융 서비스를 받을 수 있도록 돕는다.[14]

블록체인, 혁신적인 정부를 만들다

정부 조직에서 블록체인 기술을 도입한다면 다음과 같은 4가지 장점을 얻게 된다.

1. 정부 조직의 데이터 관리 방식 개선
2. 데이터 처리 시 오류 감소
3. 기관 간 협력 과정 간소화 및 데이터 처리 자동화
4. 정부 예산의 효율적 지출

첫 번째 장점은 정부 조직 간의 데이터 관리 방식을 개선하는

것이다. 블록체인 기술은 거래 내역을 투명하게 공개하는 것이 기본 원리다. 따라서 현재와 같이 공공 부문에서 일어나는 부적절한 자금 유용이나 예산의 부정수급 같은 문제를 크게 줄일 수 있다. 또한 잉여자금을 효율적으로 관리하지 못하는 공공기관들은 자금 관리나 자금 사용 정보를 투명하게 공개함으로써 자금 관리의 효율성이 제고될 것이다. 특히 이러한 장점은 통화가치의 변동성이 큰 신흥국에서 더 유용하게 작동된다. 또한 블록체인 기술로 작성되는 기록들은 여러 국가에 만연해 있는 탈세나 자금세탁 문제를 방지하는 데도 도움이 된다. 공통으로 작성된 기록을 통해 범법자 추적을 위한 국가 간의 협력을 촉진할 수 있기 때문이다.

두 번째 장점은 데이터 처리 시 오류가 줄어드는 효과다. 블록체인은 미리 정의된 규칙에 따라 작동하므로 국민들의 디지털 프로세스에 대한 신뢰를 높일 수 있으며, 각 기관들이 각자 다른 데이터를 보유해서 발생할 수 있는 문제(데이터 동기화 문제)를 극복하는 데 도움이 된다.

세 번째 장점은, 블록체인을 통해 여러 기관 간의 복잡한 협력 과정을 간소화할 수 있다는 것이다. 이 기술은 데이터 보안을 침해하지 않으면서 여러 기관 간의 긴밀한 협조를 끌어내는 매개체가 될 것이다. 블록체인은 과세 행정에도 활용될 수 있다. 블록체인을 활용하면 국세청이 자영업자나 기업, 개인 등 여러 경제 주체들로부터 다양한 정보를 수집해 더 적은 비용으로 세금을 징수하고, 세금 격차를 줄일 수 있다. 예를 들어, P2P 플랫폼이 등장하고, 영세기업의 숫자가 많아짐에 따라 과세 행정이 매우 복잡해진 것이 사실이다. 이로 인해 더 많은 세무 공무원이 필요하고, 그만큼 탈세나 조세 회피 행위도 많아졌다. 그러나 세무 당국이 블록체인 기술을 도입한다면, 다양한 거래에 대해 투명하고 안전한 조세 징수가 가능해질 것이다. 세무 행정비용이 감소하는 것이다. 마찬가지로 블록체인이 사회복지 영역에 적용된다면, 사회복지 서비스 수급자들에 대한 관리비용을 줄여 불평등을 해소하는 데 도움이 될 수 있다.

네 번째 장점은, 디지털 지갑과 연계해 사회복지 자금을 안전하게 전달할 수 있다는 것이다. 거래비용을 낮추고, 공공 부문의 효율성과 투명성은 높일 수 있다. 이는 보조금 지급 과정에서 부정 수급의 문제를 줄이는 효과를 가져온다. 수급자들이 중간 전달 과정 없이 직접 디지털 지갑으로 보조금을 수령하기 때문이다.

영국의 고용연금부DWP와 같은 정부 부처는 이미 블록체인을 사용하고 있다. 고용연금부는 스타트업인 '거브코인Govcoin'과 협력해 사회복지 수당 지급을 위한 블록체인 솔루션을 개발하고 있다. 거브코인의 서비스는 수급가들이 지원받은 예산을 체계적으로 관리하도록 돕는 것이다. 거브코인의 작동 방식은 '잼 항아리

Jam jar'와 비슷하다. 쉽게 말해, 지급받은 돈을 용도에 따라 각각의 항아리에 미리 나누도록 유도한다. 예컨대 전기요금 항아리, 월세 항아리 등과 같이 가상의 항아리를 만들어 자신의 자금을 체계적으로 관리할 수 있게 하는 것이다. 거브코인은 사회복지 자금 수급자들이 어떤 혜택을 받는지를 알려줄 뿐만 아니라, 어떻게 돈을 지출해야 하는지에 대해서도 교육한다.

에스토니아도 블록체인 활용에 적극적이다. 에스토니아 정부는 "블록체인이 2012년부터 보건, 사법, 입법, 보안, 사업자등록증 관리 등 에스토니아의 공공 기록부에서 운영되고 있다"고 밝힌 바 있다. 더 나아가 향후에는 개인 의료, 사이버 보안, 그리고 데이터 교류 등을 위해서도 활용될 것이라고 한다. 에스토니아 정부가 개발한 기술은 사이버 보안을 위해 나토[NATO], 미 국방부, 유럽연합 정보 시스템 등 많은 조직에서 채택되기도 했다.

2017년 말 두바이도 세계 최초의 블록체인 기반 정부가 되겠다고 공언했다. 비자 신청, 청구서 지불 및 면허증 갱신 등을 블록체인으로 처리하는 것이다. 본래 이러한 절차에는 매년 1억 개 이상의 문서가 필요하다. 그러나 '스마트 두바이' 전략에 따르면 블록체인을 통해 2,510만 노동시간과 연간 15억 달러를 절약할 수 있다고 한다(크지 않아 보일 수도 있지만, 인구가 300만 명밖에 되지 않음을 감안하면 엄청난 규모다).

플랫폼 비즈니스와
블록체인이 만나면

플랫폼 비즈니스는 고용 방식과 거래 방식을 변화시키며 세계 경제를 완전히 바꾸고 있다. 이러한 새로운 트렌드에 발맞춰 정부의 신속한 대응도 절실히 요구된다. 이에 재빠르게 대응하지 않으면 세원 잠식Tax erosion과 같은 예상치 못한 문제가 발생할 것이다.

수천만 명의 사람들이 알리바바, 디디추싱, 아마존 및 에어비앤비와 같은 플랫폼 앱을 사용한다. 퓨리서치Pew Research에 따르면, 미국인의 72%는 미국의 대표 플랫폼 앱 11개 중 하나 이상을 사용하고 있다. 특히 대기업과의 경쟁에서 어려움을 겪는 중소기업과 개인은 비용 절감을 위해 P2P 플랫폼을 점점 더 많이 사용하고 있다. 이제 플랫폼 기업들은 수십억 달러의 거래를 성사시키는 중개자가 되었다. 2015년에 P2P 플랫폼을 통해 280억 유로(미화 310억 달러)의 거래가 처리되고, 1거래당 평균 가치는 약 10달러였다. 플랫폼 기업들은 막대한 자본 투자에 힘입어 다양한 경제 분야를 잠식해 나가고 있다.

그러나 현재 플랫폼 기업은 전통적 기업보다 규제가 덜해 불공정 경쟁을 야기하고, 세원 잠식과 같은 심각한 사회문제를 불러일으키고 있다. 플랫폼 노동자는 벌어들인 소득에 대한 세금을 내지 않기 때문에, 전통적 영역에서 근로하는 '규제받는 노동자'에 비해 더 많은 소득을 얻게 된다. 물론 이들이 이득만 얻는 것은 아니다. 플랫폼 노동자들이 겪는 불리한 면도 있다. 이들은 전통경제에서 활동하는 노동자에게 당연히 주어지던 사회보장제도, 의료보험제도, 퇴직연금제도의 혜택을 받지 못한다.

플랫폼을 통한 경제활동에 대해 전통경제 활동자들보다 낮은 세율이 부과된다면, 플랫폼 경제로의 이행은 정부 세수입을 감소시키는 결과를 가져올 것이다. 그리고 이를 상쇄하기 위해 정부는 중소기업에 더 많은 세금을 부과해야 할지도 모른다. 그러나 플랫폼 경제에 대한 정교한 과세는 어렵고 제한적이다. 플랫폼을 통하면 한 기업과 거래하는 것이 아니라, 수많은 경제 주체들과 거래하게 되고 이에 따라 소득원은 더 분산되기 때문이다.

특히 중소기업은 대기업보다 세금 신고 등에서 오류나 허위 신고가 많을 가능성이 크다. 심지어 플랫폼 노동자의 법적 지위에 따라 세금이 달라지기도 한다. 똑같이 에어비앤비 플랫폼에 집을 내놓더라도, 일부는 '개인'으로 분류되고, 다른 일부는 '전문 사업자'로 분류된다(에어비앤비에는 개인이 아니라 전문적으로 빈방을 렌트하는 사업자들이 있다). 이처럼 플랫폼 참여자들이 '자영업자', 또는 '고용되어 있는 직원' 등으로 다르게 분류된다는 것은 같은 상거래를 하더라도 다른 세율이 적용된다는 것을 의미한다. 이는 급여에 대한 원천징수를 누가 할지에 대한 문제와 그 책임소재에도 영향을 미친다. 일반적으로 플랫폼에서는 '자영업자'로 분류되는 것이 더 유리하다고 알려져 있다. 그러나 이들은 사회복지 혜택을 받지 못하며, 직업의 안정성도 낮아질 수 있다.

이러한 측면을 감안하면, 다양한 수익원이 존재하는 중소기업에 효율적으로 세금을 부과하기 위해 세제가 단순화되어야 한다. 동시에 조세 당국은 플랫폼에서 일어난 거래 기록을 꼼꼼히 수집할 수 있어야 하기에 이러한 정보를 제출하도록 요구할 수 있는 권한을 가져야 한다. 또한 어떤 경우에는 플랫폼 기업이 세금을 직접 징수해 세무 당국에 납부하는 역할도 담당해야 할 것이다. 그러나 대부분의 플랫폼은 거래 정보를 조세 당국과 공유하거나 세금을 대신 납부하는 업무에 소극적일 수밖에 없다. 정부의 조세 정책에 협조적이라는 이미지는 일부 플랫폼 참여자들에게는 부정적으로 인식될 수도 있기 때문이다.

살펴봤듯이 플랫폼 경제가 확산될수록 세무 영역에서 정부와 플랫폼 기업 간의 협력 관계는 더욱 중요해질 것이다. 물론 조세는 예민한 문제이기 때문에 법적 분쟁이 발발할지도 모른다.

그러나 심각한 법적 분쟁의 가능성을 제쳐 둔다면, 정부는 앞으로 플랫폼의 조세 문제를 해결하기 위해 다음과 같은 전문성을 갖춘 인력을 갖추고 있어야 한다.

1. 조세가 플랫폼에 어떠한 영향을 미칠 지 이해하는 사람
2. 공정한 조세 정책을 수립할 수 있는 사람
3. 정책 집행을 위한 올바른 접근 방식을 개발할 수 있는 사람
4. 플랫폼과 사용자 간의 신뢰 구축을 위해 투명한 정책을 만들 수 있는 사람

위와 같은 맥락으로 본다면 가장 현명한 정책 도구는 바로 블록체인이다. 정부는 블록체인을 통해 플랫폼에서 데이터를 수집할 수 있으며, 개인정보에 대한 보안을 지키면서 개인에 대한 데이터를 수집하고 관리할 수 있다. 블록체인은 플랫폼 기업과 정부 간의 협조를 강화하는 도구가 될지도 모른다. 이는 플랫폼에서 이루어지는 상거래에 대한 효율적인 납세 시스템을 구축하는 데 도움이 될 수도 있다. 플랫폼 기업은 블록체인을 통해 세금을 직접 신고하고, 부과하는 것이다.

블록체인을 잘 이용한다면 플랫폼 경제는 지금과 같은 성장세가 지속될 것이다. 각 국가가 플랫폼 경제에 잘 적응하기 위해서는 상당한 자원이 필요할 것이며, 앞으로 정부는 그에 맞는 새로

운 해결책을 찾아야 할 것이다. 정책 입안자들은 새로운 조세제도를 만들어내야 하며, 디지털 분야에 역량을 갖춘 전문가들은 정부 플랫폼과 IT 인프라를 조정해야 한다. 세원 잠식의 문제는 블록체인을 활용해 플랫폼이 협력하도록 만들어 극복할 수도 있다. 블록체인을 사용해 저비용의 납세 시스템을 구축할 수 있다면, 플랫폼 노동자를 위한 사회보장제도, 복지, 퇴직연금 등에 더욱 많은 혜택을 지원할 수 있을 것이다.

조세 회피를 막는 방법

2016년, 파나마Panama를 조세 회피처로 활용해 온 기업과 인물들이 공개되어 큰 반향을 일으킨 적이 있다. 이는 '파나마 페이퍼즈Panama papers 스캔들'이라 불렸다. 이 사건에서 알 수 있듯이 탈세 방지는 모든 정부의 최우선 과제로 꼽힌다. 세계은행에 따르면 조세 회피처에 숨겨진 자산 규모는 1970년대 이후 크게 증가했으며, 전 세계 GDP의 10% 이상을 차지하고 있다.

저성장이 고착화된 오늘날의 경제 환경에서 탈세는 국가 재정을 위협하는 심각한 문제가 된다. 또한 탈세나 조세 회피는 사회 정의의 문제기도 하다. 조세 회피가 많아질수록 부족한 세원을 보충하기 위해 빈곤층에 대한 복지를 줄이거나, 서민이 부담할 세금을 인상하기 때문이다.

초고소득층은 저소득 또는 중간소득의 납세자들보다 평균적으로 더 낮은 세금을 내는 경향이 있다. 미국 국세청IRS은 소득 계층별로 평균 소득세율을 계산한 적이 있는데 흥미로운 점은 소득에 따른 소득세율의 분포가 역 U자형을 보인다는 것이다. 물론 소득 상위 1%에 해당하는 고소득층은 소득 상위 50%에 해당하는 중간소득 계층보다 평균적으로 더 높은 세율에 따라 세금을 내고 있다. 그러나 소득 상위 0.001%인 초고소득층으로 가면 이야기가 달라진다. 이들은 소득 상위 5%의 사람들이 내는 세금보다 더 낮은 평균 세율로 세금을 내고 있다. 소득에 따른 평균 소득세율이 가장 높은 구간은 상위 1% 구간이다[그림 4-1].

물론 초고소득층들은 낮은 세율로 세금을 납부하더라도, 소득 자체가 많기 때문에 절대 납부세액으로는 훨씬 많은 세금을 내고 있다. 다만, 이들은 세무전문가들의 도움을 얻어 현행 조세제도의 허점을 최대한 활용하고, 조세 회피처와 같은 해외의 조세제도까지 활용하기도 한다. 이를 통해 세금을 가능한 한 줄일 수 있는 절세 방법을 찾고 있는 것이다.[15]

지난 몇 년 동안 고소득층의 세금은 증가세였다. 이는 글로벌 금융위기를 극복하기 위한 정책적 노력의 결과다. 금융위기의 극복 과정에서 자본이득과 부에 대한 세금을 인상했으며, 고가 부동산에 무거운 세금을 부과하기도 했다. 세제 정비와 함께 고액 자산가들에 대한 세금징수(세무 행정)도 철저하게 이루어졌다. 세무

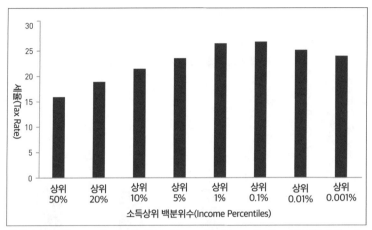

[그림 4-1] 최상위 소득 계층이 부담하는 낮은 세율

출처: Internal Revenue Service, "Individual Income Tax Shares, Tax Year 2017," Statistics of Income, Summer 2020.

당국은 고액 체납자에 대한 징수 실적을 홍보하고 있지만, 고소득자에 대한 세율을 올리고, 더욱 철저하게 세금을 거두어들이는 정책은 오히려 탈세 가능성이나 신고 누락의 가능성도 함께 증가시키고 있다.

글로벌 다국적 기업에 낮은 세율이 적용되는 것도 문제다. 이들에게는 중소기업보다 더 낮은 세율이 적용되고 있는데, EU 집행위원회의 2017년 보고서 '디지털 단일 시장을 위한 유럽연합의 공정하고 효율적인 세금 시스템'에 따르면, 디지털 비즈니스 산업에 부과되는 실효세율은 유럽의 전통적 기업들이 납부하는 세율보다 약 50% 낮았다. 구체적으로 살펴보면, 전통적 분야에 속해 있는 내수 기업의 실효세율은 22%인 데 반해 그와 유사한 디지털 내수 기업의 실효세율은 8%에 불과하다[그림 4-2].

[그림 4-2] 유럽연합 지역의 평균 실효세율

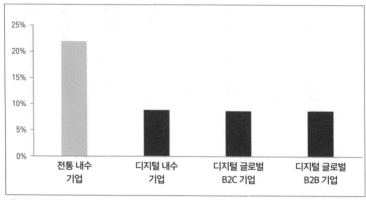

출처: PWC, "Steuerliche Standordattraktivitat digitaler Geschaftsmodelle," 2018, https://www.pwc.de/de/steuern/pwc-studie-steuerlicher-digitalisierungsindex-2018.pdf.

현재 각국의 정부는 블록체인을 활용한 디지털 전환으로 지하경제와 자금세탁, 테러리즘에 대응하고 있다. 블록체인은 전 세계적으로 일어나는 거래와 자산에 대한 소유권을 기록하고 공유할 수 있는 장부의 역할을 하므로 세계 각국의 정부가 공통으로 직면한 문제에 관해서는 협력할 여지가 많아진다.

글로벌 기업은 활동 범위가 여러 국가에 걸쳐 있어서 국가 간의 기업에 어떻게 세금을 부과할 것인가를 조율하는 문제가 매우 중요할 것이다. 그러나 이 문제는 기술 발전에 따라 점차 해결될 수 있다. 앞으로는 은행의 거래 정보가 전 세계적으로 전송되고, 금융자산에 대한 소유 정보가 등록되어 금융의 투명성이 제고될 것이고, 이에 따라 과세제도도 국가 간에 합리적으로 조정될 것이다. 또한 정부는 납세 대상자들에 대해 더 많은 정보를 가지게 될 것이고, 탈세 여부도 쉽게 식별할 수 있게 된다. 이처럼 블록체인은 탈세로 인해 나타날 수 있는 불평등을 줄일 수 있으며, 사회복지 서비스에 더 많은 재정을 지출할 수 있도록 장려하는 도구가 될 것이다.

세계 각국 정부는 국가안보나 치안의 목적으로 이미 국가 간의 많은 정보를 공유하고 있다. 유럽평의회와의 협정 중 가장 오래된 것은 1960년대까지 거슬러 올라간다. 그 이후 유엔, 유럽연합, 독립국가연합, 국제형사재판소, 아프리카연합, 미주기구Organization of American States, 아랍 내무부 등의 기구와 협력 관계를 유지하고 있다.

미국 정부는 외국 금융기관과 협력한다. 미국의 '해외금융계좌신고법Foreign Account Tax Compliance Act, FATCA'은 미국의 납세자들이 자산을 해외로 빼돌려 탈세하는 것을 막기 위한 법이다. 이 법은 외국 금융기관들이 미국인이 소유한 계좌 정보를 미국에 보고하도록 규정한다. 심지어 해외 금융회사가 과세 대상 소득을 원천징수할 수 있는 규정도 있다. 또한 미국의 고용촉진법HIRE Act 역시 미국 시민이 지니고 있는 해외 금융계좌와 자산을 보고하도록 요구한다.

국제기구도 글로벌 조세 체계를 조율하고 있다. 2012년 OECD 와 G20 국가들은 조세 회피를 극복하기 위해 '국제적 세원 잠식과 소득 이전' 시행 지침을 발표했다. 이 지침은 '국가 간 조세제도의 차이를 이용하여 의도적으로 기업을 세금이 적거나 없는 지역으로 이동시키는 조세 회피 전략'을 다룬다. 그리고 2021년 7월, G7 국가들과 OECD는 글로벌 법인세율의 하한선을 15%로 설정했고, 130개국이 이에 서명했다.

또한, 유럽연합은 2015년 1월 1일부로 전자 부가가치세 지침 Electronic VAT directive을 시행했다. 이는 전자 서비스를 공급하는 글로벌 기업이 부가가치세를 마음대로 회피하는 것을 방지하기 위한 규정이다. 이 지침에 따르면 서비스를 받는 고객이 속한 국가를 기준으로 부가가치세율이 적용된다. 그동안 글로벌 기업들은 부가가치세율이 낮은 조세 회피처에 법인을 세워 두고, 이를 기준으로 낮은 부가가치세율을 적용받았다. 그러나 이 지침은 이러한 조세 회피 지역에 큰 충격을 주었다. 예를 들어, 아마존, 이베이 eBay, 애플은 모두 지역본부가 룩셈부르크에 있었다. 룩셈부르크의 부가가치세율이 유럽연합(15%) 가운데 가장 낮았기 때문이다. 그러나 이 지침이 시행되면서 이 회사들은 고객 거주지를 기준으로 세율을 적용받았고, 따라서 룩셈부르크나 더블린에 지역본부를 설립하려는 유인은 낮아졌다. 일부 기업들은 본사를 이미 이전해 룩셈부르크는 많은 세수를 상실하게 되었다.[16]

블록체인은 위와 같은 글로벌 협력에 활용될 수 있다. 블록체인을 이용하면 각국의 세무 당국이 힘을 합쳐 주요 기업들의 자산이나 소득에 대한 투명한 기록 장부를 만들 수 있기 때문이다. 물론 이는 쉬운 작업이 아니다. 주요 국가 간의 협력도 필요하고, 그동안 낮은 세율로 이득을 누려온 조세 회피처도 이 제도에 참여하도록 유도해야 한다.

신흥국들이 소득불평등을 줄이기 위한 방법으로 선택한 것은
일자리와 산업구조의 개편 외에 또 하나가 있다.
바로 핀테크를 통한 금융 접근성 확대다.
이탈리아의 금융경제학 교수인 토스텐Thorsten Beck은 금융 발전이
소득 분배에 미치는 영향을 연구했는 데 이 연구에 따르면 금융이 발전할수록
소득불평등이 완화되며, 소득은 더욱 빠르게 증가하는 경향이 있다.

5장

불평등과
금융 소외 문제를
푸는 해법

지난 100년간 개도국들은 크게 성장했다. 무역 규모가 확대되고,
노동자들이 자유롭게 세계 각국으로 이동할 수 있었기 때문이다.
저소득 국가의 생활 수준은 향상되었고, 국민들의 건강 상태나
교육 수준도 높아졌다. 그러나 아직도 많은 개도국은 금융 서비스가
보편화되지 못한 금융 소외 문제를 겪고 있다.
이 장에서는 핀테크에 대한 이해의 폭을 넓히기 위해 거시경제적 배경을 다룬다.
세계화가 신흥 국가에 어떠한 영향을 미쳤는지, 그리고 금융 접근성을
제고하는 것이 어떻게 불평등을 줄이고,
빈곤을 퇴치하는지를 살펴볼 것이다.

경제 성장과 불평등,
그리고 기술의 관계

　　20세기에는 자동화와 같은 신기술의 도입은 노동자의 생산성을 높였다. 그러니 오늘날에는 새로운 기술의 등장이 사람들의 일자리를 빼앗아 가고 있다. 경제 성장으로 인한 불평등이 야기된 것이다. 기술을 불평등의 유일한 요인으로 지목할 수는 없지만 분명 세계화와 맞물려 불평등을 심화시켜 온 것은 사실이다.

　기술의 개발은 일자리의 형태를 변화시킨다. 1820년에서 1990년 사이, G7 국가의 제조업 비중은 계속 커져왔다. 미국에서는 2차 세계대전 이후 제조업 일자리가 증가했고, 이는 미국의 중산층을 늘리는 데 기여했다. 같은 기간에 미국은 노동 친화적인 정책을 도입했고, 국가 간 무역 경쟁도 제한적이었다. 그러나 1990년대 들어 이러한 추세는 뒤바뀐다. 중국이 등장했기 때문이다. 또한 전 세계적으로 자유무역 기조가 확대되었고, 통신 및 운송비용이 크게 감소했다. 그 이후부터는 선진국의 제조업 일자리 비중은 하락세로 돌아선다.

이제 기업의 생산 활동은 한 국가에만 예속될 필요가 없다. 미국에 존재하던 수천 개의 공장시설은 임금이 저렴한 멕시코나 중국, 인도로 이전했다. 이러한 현상을 '오프쇼어링Offshoring'이라 부른다.[17]

기술은 세계화의 속도를 더 빠르게 만들었다. 노동 집약적 생산 과정이 해외로 오프쇼어링되자, 국내 노동자들은 해외 노동자들과 경쟁하게 되었다. 오늘날에는 고임금 국가가 제품의 연구, 개발, 설계를 담당하고, 저임금 국가가 제품 조립을 담당하는 식으로 생산고정은 분업화되었다. 전 세계적인 공급망이 형성된 것이다.

세계화: 10억 명의 인구를 가난에서 구하다

2차 세계대전 직후, 많은 경제학자는 대규모 식량 부족 사태와 빈부 격차가 심화될 것이라고 우려했다. 그리고 불평등의 심화로 사회의 혼란이 가중되고, 심각한 불안정을 예상했다. 그러나 실제는 정반대였다. 세계 인구는 3배 이상 증가했고 적절한 생활 수준을 유지하기 위한 최소한의 소득 수준을 뜻하는 '빈곤선Poverty line' 이하에서 생활하고 있는 인구 비율은 급감했다[그림 5-1].

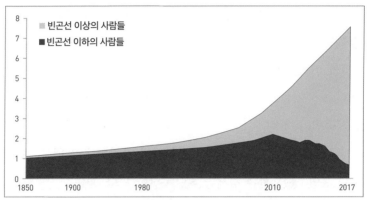

[그림 5-1] 빈곤선 이하에서 생활하는 사람들의 숫자

출처: https://ourworldindata.org/world-population-growth. https://openknowledge. worldbank.org/bitstream/handle/10986/34496/9781464816024.pdf. All data from 1980 and earlier
is taken from Francois Bourguignon and Christian Morrisson, "Inequality among World Citizens: 1820-1992." American Economic Review 92, no. 4(2002): 727-748.

지난 25년은 인류 역사상 전례 없는 성장이 이루어진 시기였다. 1980년 이래로 10억 명이 넘는 사람들이 극심한 빈곤에서 벗어났다. 세계은행에 따르면 전 세계의 빈곤율은 1990년 35%에서 2013년 11%로 떨어졌다. 108만 3천 명이 극심한 빈곤에서 벗어나 보다 안정적인 삶을 살게 된 것이다. 영아 사망률도 절반으로 감소했다. 그 결과 세계 인구는 19억 명이 증가했다. 이러한 인구 증가는 인류 역사상 유례없는 일이다.

1981년과 2008년 사이에 빈곤선(하루 1.25달러 미만) 이하에서 생활하는 사람들은 동아시아 지역, 특히 중국에서 크게 감소했다.

중국의 비약은 심상치 않았다. 1980년에서 2016년 사이에 중국의 경제는 급격히 성장했다. 중국의 빈곤선 이하 인구 비율은 1980년 50%에서 2000년대에는 10% 미만으로 떨어졌다. 이웃 나라인 인도도 마찬가지다. 인도의 상대적 빈곤율(중위소득의 50%보다 소득이 적은 사람들의 비율)은 1993년에서 2011년 사이에 절반으로 줄었다.

다른 개도국들도 중국과 인도와 같이 급격히 성장했다. 지난 20년 동안 많은 신흥 경제국들은 복잡한 변화 과정을 경험했다. 이러한 변화의 가장 두드러진 특징 중 하나는 중산층의 성장이다. 절대 빈곤층이 사라지며 중산층으로 편입되기 시작했다. 개도국의 중산층은 1990년대부터 경제의 주류 계층으로 등장했다. 중국, 인도, 브라질, 러시아, 멕시코, 터키, 인도네시아, 남아프리카공화국은 고도 경제 성장과 중산층의 성장이 두드러진 나라들이다. 2015년 기준, 세계 10대 중산층 시장에는 브라질, 러시아, 인도, 중국이 포함되어 있다. 멕시코와 터키도 2030년까지 이 리스트에 진입할 것이다.

그러나 급격한 경제 성장은 때때로 부작용을 낳는다. 바로 불평등 문제다. 절대 소득의 증가에도 불구하고 1998년과 2011년 사이에 개도국과 신흥 경제국의 약 3분의 2의 나라에서 소득 불평등이 심화되었다. 성장의 혜택이 소수에게만 집중되었기 때문이다. 2017년에 창출된 부의 82%는 전 세계의 가장 부유한 상위

1%에게만 돌아갔다. 국제적인 빈민구호단체인 옥스팜Oxfam에 따르면 세계 최빈곤층에 해당하는 37억 명은 자산이 증가하지 않았다.

신흥국의 소득 격차는 선진국보다 더욱 심각하다. 중국에서 소득 기준으로 상위 10% 사람들이 벌고 있는 소득은 하위 10% 사람들의 13배 수준이다. 반면, 미국에서의 상하위 소득격차는 5배에 불과하다. 인도도 사정은 마찬가지다. 2017년에 인도에서 창출된 소득의 73%가 상위 1%의 부자에게만 돌아갔다. 같은 시기에 하위 50%의 자산 증가율은 1%에 불과했다.

불평등의 심화는 장기적인 경제 성장에도 부정적 영향을 미친다. 상위 20%의 소득 점유율이 올라가면 중기적으로 경제 성장률이 하락한다는 연구결과도 존재한다. 반대로, 하위 20%의 소득 점유율이 증가하면 GDP 성장률에 도움이 된다는 연구가 있다.

경제가 성장할수록 불평등도 심화된다

'지니계수'는 국가 내, 그리고 국가 간의 소득 불평등을 측정하고 비교하는 지표다. 지니계수는 0과 1 사이의 값을 갖는데 만약 지니계수가 1이라면 한 사람이 그 나라의 모든 소득을 독차지했다는 의미다. 극단적인 불평등이다. 반면, 지니계수가 0이라면 모든 사람이 똑같이 소득을 나누어 가졌다는 것으로 완전한 평등을 의미한다.

국가 간의 지니계수를 비교한 데이터에 따르면 중국, 인도, 인도네시아를 포함한 아시아 30개국 중 12개국의 신흥국들은 경제가 성장함에 따라 소득 불평등도 심각해지는 현상을 경험하고 있다. [그림 5-2]는 저소득 국가에서 경제가 성장함에 따라 지니계수도 커진다는 것을 보여 준다. 즉, 신흥 경제국들은 평등을 희생하면서 성장하고 있는 것이다.

불평등 심화의 주된 원인은 일자리의 변화다. 지난 40년 동안, 세계화의 진전에 따라 무역이 확대되고 금융 서비스의 규모가 커졌다. 이에 따라 서비스 분야의 종사자는 많아졌지만 전통적인 일

[그림 5-2] 국가별 1인당 국민소득과 지니계수

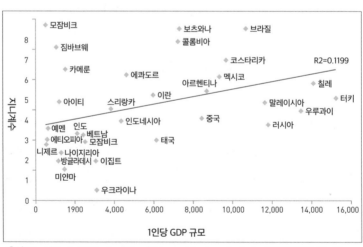

출처: World Bank, GINI Index, https://data.worldbank.org/indicator/SI.POV.GINI; World Bank, GDP Per Capita, https://data.worldbank.org/indicator/NY.GDP.PCAP.KD.

자리는 정체된 채로 남겨졌다.

이는 무엇을 뜻할까? 바로 서비스 부문과 농업 부문 종사자의 임금 격차가 커지고 있음을 말한다. 이러한 이유로 경제 성장에 따라 불평등도 계속 심화되는 것이다.[18]

경제학에서는 개도국의 이러한 경제구조를 '이중 경제Dual beginner economies'라고 부른다. '이중 경제'란 경제구조가 전통적 분야와 새로운 분야로 나뉘어 임금 격차가 존재하는 경제구조다. 만약 어떤 신흥국의 경제가 농업과 비농업이라는 두 분야로 이루어져 있다고 가정해 보자. 이 상황에서 부문 간 격차가 1% 증가하면 소득 불평등은 0.5% 증가한다.

[그림 5-3] 국가별 산업구조 및 GDP 기여도(2019년)

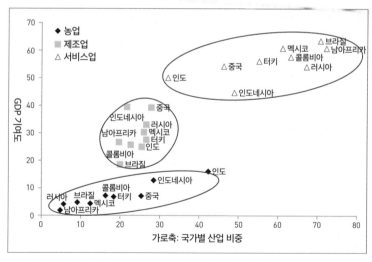

출처: World Bank, "Agriculture, Forestry, and Fishing, Value Added (% of GDP)".

한 연구에 따르면 비농업 부문의 고용 증가는 극심한 빈곤에 시달리는 사람들을 중간 빈곤 수준으로 구제하는 효과가 있다. 비농업 부문은 일반적으로 다양한 기술개발과 높은 교육수준을 요구하는 탓에 높은 소득을 받게 된다. 그리고 결과적으로 비농업 부문의 성장은 한 국가가 교육에 더 많은 투자를 하도록 유도하며, 관련한 기술 개발도 활성화시키는 효과가 있다. 따라서 농업 중심의 국가가 산업화를 거치면 빈곤과 불평등이 줄어든다. 그러나 이와 같은 경제구조로 성공적으로 전환하기 위해서는 3가지 중요한 조건을 갖추어야 한다. 바로 인프라와 교육, 의료다.

먼저, 인프라를 살펴보자. 도로나 통신 등의 인프라 부족은 개도국이 직면한 가장 커다란 장벽이다. 네팔은 도로가 부족해 시장에 가거나 사회활동을 하기가 매우 어렵다. 도로 인프라 부족이 경제활동을 방해하는 것이다. 이처럼 인프라가 생산성에서 차지하는 비중은 상당하다.

네팔의 한 연구는 개도국에서 기존 인프라가 산업 생산성의 최소 40%를 차지한다고 추정한다. 이러한 이유로 유엔은 '인프라 확충'을 지속 가능한 성장을 위한 필수 목표로 내세웠다. 또한 세계은행에 따르면 인터넷 사용이 10% 증가하면 개도국의 GDP가 1.4% 증가한다. 개도국에서는 주로 스마트폰이 디지털 금융 서비스와 의료, 우수한 교육 서비스에 연결하는 주요 수단이 된다. 대표적인 사례는 엠페사의 보더폰Vodafone 모바일 금융 서비스다.

2008년부터 2016년까지 이 서비스를 통해 케냐 전체 가구의 2%가 극심한 빈곤에서 벗어났다.

인프라 건설에 드는 비용은 일반적으로 10억~1조 달러 이상으로, 이는 개도국 입장에서는 부담하기 힘든 수준이다. 또한 많은 국가의 인프라는 단순한 보수정비로 끝나는 정도가 아니라, 대대적인 공사가 필요한 수준이다. 결국 개도국 정부는 인프라 건설이나 보수비용을 마련하기 위해 민간 기업 투자나 외국인 직접 투자에 의존하게 된다.

두 번째와 세 번째 요소인 교육 서비스와 의료 서비스 부족도 커다란 문제다. 아시아 일부 지역에서는 소득 기준 하위 20% 학생의 대학 진학율은 상위 20% 학생의 20분의 1이다. 저소득 가정의 자녀로 태어난다는 것은 교육과 의료 등 기초적인 투자를 빚지 못한다는 것을 의미한다. 인간에게 필수적인 교육과 의료에 대한 투자는 인간의 삶에 많은 영향을 미친다. 미래 성장 기회를 결정하고, 생활 수준, 장래희망 및 자아 인식 등에 큰 영향을 주게 되는 것이다.

교육은 매우 생산적인 투자에 속하지만, 저소득 국가의 교육 지출은 국가별로 큰 차이가 없다. 대략 GDP의 2~4% 범위에서 교육 지출이 이루어진다. 1970년부터 2008년까지 31개 저소득 국가에 대한 패널 데이터에 따르면, 교육 지출이 1% 증가할 때(GDP 기준으로는 0.02~4% 규모) 전체 GDP는 0.18% 증가한다.

교육 지출은 단기적으로는 단지 비용일 뿐이지만, 장기적으로는 더 높은 임금을 받을 수 있는 투자의 성격을 띤다. 예를 들어, 평균적으로 학교 교육을 1년 더 추가하면 소득이 10% 증가하는 경향을 보인다. 교육 지출은 가난한 가정의 자녀들이 10대에 일을 해야 할지, 아니면 학교에 다녀야 할지를 결정할 때 고려해야 하는 요인이 되며, 이 요인으로 인해 미래의 소득도 결정된다.

더 높은 수준의 교육을 받을 수 있도록 교육제도를 개선하는 작업은 정부나 비정부기구NGO에 의해 이루어지는데 이들은 교육이 주는 장기적 혜택에 초점을 맞추기 때문이다. 이처럼 교육에 대한 지출은 단순한 개인과 가족의 문제가 아니다. 더 체계적인 공교육 시스템을 개발하는 것은 개인의 구직 기회를 확대한다는 차원을 넘어, 개도국이 농업 경제에서 벗어나는 토대가 된다.

이처럼 교육, 의료, 인프라를 개발하는 것은 경제 성장을 지원하고, 정부 당국의 개입과 보호에서 벗어난 비공식 부문에 종사하는 노동자들이 공식 부문으로 이동한다는 것을 뜻한다.

금융 발전이 불평등을 해소한다

신흥국들이 소득 불평등을 줄이기 위한 방법으로 선택한 것은 일자리와 산업구조의 개편 외에 또 하나가 있다. 바로 핀테크를 통한 금융 접근성 확대다. 이탈리아의 금융경제학 교수인 토스텐

Thorsten Beck은 금융 발전이 소득 분배에 미치는 영향을 연구했는데 이 연구에 따르면 금융이 발전할수록 소득불평등이 완화되며, 소득은 더욱 빠르게 증가하는 경향이 있다.

인도의 경제학자이자 통계학자인 차크라바티Chakravarty는 경제 성장이 금융포용과 양(+)의 상관관계가 있다고 주장한다. 금융포용 수준이 낮다는 것은 의료 수준, 교육 수준 및 양성평등 수준에 부정적인 영향을 미치기 때문이다.

아시아개발은행ADB은 금융 소외가 여성과 영세기업, 중소기업에 미치는 영향을 조사했다. ADB는 개인과 기업이 금융 서비스를 받지 못하는 소외된 이들의 문제를 해결한다면, 인도네시아와 필리핀과 같이 경제 규모가 큰 국가에서도 경제 성장률을 9~14% 증가시킬 수 있다고 추정했다. 금융 소외를 완화하는 것은 캄보디아나 미얀마와 같은 소규모 국가에서는 그 효과가 더 크게 나타날 것이다. 현재 소규모 신흥 국가에서는 소수의 선택받은 개인과 기업만이 공식적 금융 서비스를 받을 수 있기 때문이다.

바로 이런 문제를 해결할 수 있는 것이 핀테크이다. 핀테크는 금융 서비스에 대한 접근성을 개선해 생산성과 소득 수준을 높일 수 있는 잠재력을 가지고 있다. 이를 통해 저소득층은 중산층이 될 수 있고, 정부의 통제를 받지 않는 비공식 부문의 일자리가 과세와 통제가 이루어지는 공식 부문으로 전환될 것이다. 게다가 과세를 통해 정부의 재정 수입이 확보되면 정부는 재분배 정책을 적극적으로 추진할 수 있다.

전미경제연구소^{NBER; C.Y.Hong et al,}는 2020년 중국에서의 핀테크 확산이 위험 감수 성향에 미치는 영향을 연구했다. 본 연구를 통해 중국의 경우, 핀테크를 도입한 이후 모든 사람의 위험 감수 성향이 높아진 것을 발견했다. 다만, 원래 위험을 잘 견뎌내는 사람일수록 핀테크 발전의 혜택을 더 많이 받는다는 사실도 발견했다. 이 연구에 따르면, 금융 서비스가 제대로 보급되지 않은 도시일수록 핀테크의 혜택을 가장 많이 누린다고 한다. 핀테크의 확산은 전통적 금융 서비스의 제약을 벗어나, 금융 서비스가 필요한 개인들의 위험 감수 성향을 향상시키는 것이다.

핀테크의 또 다른 이점은 신흥 경제국의 경우 기존 인프라와 충돌 없이 채택할 수 있다는 점이다. 개도국은 지난 100년 동안 선진국들이 건설한 값비싼 기반 시설을 뛰어넘을 수 있는 첫 번째 수혜자가 될 수 있을 것이다. 남아프리카 공화국(이하 남아공)은 기존 인프라를 뛰어넘은 대표적 사례다. 남아공에서는 엠페사 모바일 지갑 서비스를 통해 선불 방식의 전자결제 수단이 빠르게 확산하고 있다.

지금부터는 핀테크가 어떻게 경제 성장에 따른 불평등을 해결할 수 있는지 살펴 보도록 하자. 핀테크의 불평등 해소 방법은 다음과 같다.

1. 신용(대출) 접근성 증가: 핀테크를 통해 길가의 노점상을 포함한 영세기업, 중소기업도 신용(대출) 혜택을 받을 수 있다. 자본에 쉽게 접근할 수 있다는 것은 누구나 빈곤에서 벗어날 기회를 얻는다는 것을 뜻한다.

2. 개인 저축을 안전한 제도권 금융기관으로 전환: 금융 서비스를 받지 못한 사람들은 개인적으로 불안정하게 저축을 해야 했고, 급하게 돈이 필요할 경우 지인들에게 돈을 빌려야 했다. 그러나 핀테크가 확산되면, 개인적인 저축 대신 핀테크가 제공하는 저축, 투자 서비스를 누릴 수 있다. 이는 현금 경제에서 빈번히 발생하는 절도 혹은 사기와 같은 문제점을 해결할 것이다.

3. 위험관리 방식의 개선: 저소득 가구나 영세기업의 위험관리 방식은 고소득 가구와는 완전히 다르다. 이들은 사기나 절도를 당할 가능성이 큰 데다 보험처럼 위험을 관리할 수단도 없다. 핀테크는 저소득층과 고소득층 모두의 위험관리 수요를 충족시킬 수 있으며, 이를 위한 효율적인 서비스를 제공할 수 있다.

4. 정보 비대칭 감소: 개도국에서는 거래 중개인들이 많은 수수료를 떼어 간다. 만약 핀테크가 거래 주체들에게 시장가격 정보를 직접 제공한다면 중개인들의 영향력을 줄일 수 있다. 예컨대, 핀테크는 상하기 쉬운 농산물의 시장가격을 농부들에게 즉각적으로

알려주며, 농부는 자신의 농산물을 가장 수익성 높은 시장에 배송할 수도 있다. 농부의 입장에서는 농산물 보관비용을 줄이고, 가장 높은 시장가격으로 물건을 즉시 판매할 수 있는 장점이 있다.

5. 제품 및 서비스 비용 절감: B2C, C2C 및 G2C 등과 같은 전자상거래 방식은 그동안 시장에 접근할 수 없었던 소외 계층에게도 편리함과 혜택을 제공할 수 있다. 거래가 촉진된다는 것은 판매자와 구매자 모두에게 더 나은 경제적·사회적 결과를 낳는다.

6. 거래비용 절감: 모바일 머니를 사용하면, 은행 지점의 필요성은 사라진다. 이는 매달 은행에 방문해야 하는 사람들의 시간과 교통비를 절감시켜 주고 이는 많은 기초생활수급자가 생활비를 인출하는 데 드는 비용도 크게 줄여 줄 것이다.

이처럼 핀테크로 실현 가능한 금융포용은 경제적 효과 이외에도 사회적·의료적 측면에서도 순기능이 존재한다. 예를 들어, 투자 자문 서비스를 받은 사람들의 정신건강은 그렇지 못한 사람들보다 양호하다. 이로 인해 우리는 금융포용이 사람들의 정신건강에도 긍정적인 영향을 미친다는 것을 알 수 있다. 반대로, 결핍과 불평등은 개인의 삶에 심각한 영향을 미친다. 결국 금융포용의 영향은 경제적 부문에만 국한되지 않는다. 삶의 질적 성장을 어느 수준까지 끌어올릴 수 있는지 결정하는 요인이 되는 것이다.

디지털 기술로
금융포용을 달성한 국가들

이번에는 핀테크를 통해 금융포용을 달성한 국가의 사례를 살펴보자. 이 사례들의 면면을 보면 많은 국가가 핀테크를 구현하기 위해 어려움을 겪고 있으며, 핀테크가 금융포용과 관련된 모든 경제적 문제를 해결하지 못한다는 것을 알 수 있다.

남아프리카 공화국에서는 더 나은 금융 서비스가 반드시 금융포용을 증진시켰다고 평가하기는 어렵다. 중국의 경우, 핀테크로 인해 트랜잭션 뱅킹(펌뱅킹, 자동이체 등과 같이 은행이 대금의 지급결제를 해 주는 서비스-옮긴이) 부문에서는 선도적이지만, 대출 업무에서는 여전히 뒤처져 있다. 콜롬비아는 정부 주도로 금융포용을 확산시켜 빈곤 계층을 크게 감축했지만, 불평등은 여전히 심각한 문제로 남아 있다.

남아프리카 공화국: 금융시장은 발달했으나 접근성이 낮은 금융 서비스

남아프리카 공화국(이하 남아공)은 신흥국 중 가장 발달된 금융 시장과 거시경제 시스템을 지니고 있으며 금융산업, 유통산업 및 미디어산업 분야에서 가장 우수한 아프리카 국가다. 그러나 여전히 심각한 양극화 문제를 안고 있다. 남아공의 지니계수는 약 0.6 수준으로, 불평등 지수는 세계에서 가장 높다.[19]

남아공의 경제를 살펴보면, 극복해야 할 장애물이 매우 많다. 남아공의 경제는 아파르트헤이트(인종차별 정책) 시대에 성장한 기업들에 의해 독과점화되어 있다. 기업들이 기존의 정치 권력에 의해 경제 지원을 받고 있기 때문이다. 노동조합에 소속된 노동자들과 그렇지 못한 노동자들 간의 노-노 갈등도 매우 심각하다. 노동조합은 생산성 증가율을 뛰어넘는 급여 인상을 위해 기업에 영향력을 행사한다. 2009년과 2010년에 노동조합에 소속된 노동자들의 평균임금 인상률은 9% 이상으로 이는 평균 물가상승률 5.5%를 훨씬 웃도는 수준이었다.

남아공 기업들의 수익은 대부분 국외에서 발생한다. 남아공의 60대 대기업들이 해외에서 벌어들이는 수익은 전체 수익의 약 56%에 달한다. 이는 전 세계적으로도 매우 높은 수준이다. 남아공 기업들은 남아공의 내수(국내)시장에 큰 비중을 두지 않는데 이처럼 국내시장에 대한 투자가 부족하다 보니, 국내의 생산성은 저하될 수밖에 없다. 실제로 2012년, 남아공 국민의 33%는 농촌 지역에 거주했다. 이들은 필수적인 사회시설, 경제시설에 접근하기 어려운 환경에 처해 있다. 결과적으로 남아공 국민의 약 31%는 하루 2달러의 빈곤선 이하에서 생활하고 있다.

남아공의 금융산업을 살펴보자. 2010년 남아공 국민의 39%는 금융회사에서 일하고 있다. 남아공 정부가 거두어들이는 총 법인세의 15% 정도를 금융회사에서 납부하고 있는데, 이는 2010년 당시 남아공의 금융 부문이 결코 작지 않다는 증거다. 문제는 은행부문이 남아공의 다른 기업과 마찬가지로 대부분 과점구조로 이루어져 있다는 것이다. 남아공은 4개의 은행만이 존재하기 때문에 경쟁을 할 필요가 없으며, 이로 인해 은행들은 고객에게 높은 거래 수수료를 마음껏 부과하고 있다. 그 결과 남아공 정부가 저소득 계층에게 은행 서비스를 대중화하기 위해 만든 '므산시 계좌Mzansi Account'는 사람들에게 널리 알려져 있지도 않으며, 그 사용률도 무척 낮은 상황이다.

2010년, 남아공의 장기 보험자산과 연금 자산을 합친 규모는 시중은행 규모와 맞먹는 수준이었다. 이 사실만 보면, 남아공은 저축률이 매우 높은 국가인 것처럼 보인다. 그러나 사실은 그렇지 않다. 남아공의 국내 저축률은 15% 수준인데, 이는 다른 개도국에 비하면 매우 낮다. 2000~10년 동안 중국의 저축률은 47%

였으며, 인도의 저축률은 31%였다. 남아공의 저축률이 낮은 이유는 경제 양극화로 인해 저소득층에게 은행 서비스가 대중화되지 않았기 때문이다. 이러한 경제 상황에서 힘을 발휘하는 것이 바로 핀테크이다. 만약 핀테크가 보급되어 누구나 계좌를 가질 수 있다면 은행 간의 경쟁을 높이고, 사람들에게 므산시 계좌를 보급하는 데 도움이 될 것이다.

중국: 최고의 결제 서비스, 여전히 낙후된 대출 시스템

중국의 사례는 금융포용이 어떻게 경제 성장에 기여하는지를 보여 준다. 2011년 기준으로 중국 성인의 66%가 공식 금융기관에 계좌를 보유하고 있으며, 이는 중국이 속한 BRIC(브라질, 러시아, 인도, 중국) 국가에 비해 훨씬 높은 비율이다. BRIC 국가의 경우 성인 인구가 은행 계좌를 보유하고 있는 비중은 브라질 55%, 러시아 44%, 인도 37%에 불과하다.

중국 경제의 또 다른 특징은 공식 금융기관을 활용해 저축하는 사람의 비율이 높다는 것이다. 2012년 세계은행이 실시한 핀덱스 서베이Findex survey에 따르면 중국 인구의 82%가 공식적인 금융기관에서 저축을 하고 있다. 다른 BRIC 국가의 경우 50~72% 수준이며, 전 세계 평균이 22%임을 감안하면, 중국의 공식 금융기관 활용율은 매우 높은 편이다.

이렇게 높은 수준의 금융 포용성에도 불구하고 중국 인구의 거의 20%인 2억 3,400만 명은 금융 소외 계층 상태로 남아 있다. 이들 중 55%는 여성이고, 71%는 농촌 지역에 거주하며, 80%는 초등교육 이하의 교육을 받은 사람들이다.

중국은 개인 소득과 경제 성장, 금융시장 발전의 측면에서 도농 격차도 심각한 편이다. 통계에 따르면 도시의 경우 75% 가구가 공식적인 은행 서비스를 이용할 수 있는 데 반해, 농촌은 가구의 50% 미만만이 은행 서비스를 이용할 수 있다. 농촌 지역의 가구 중 주식, 신용카드 및 뮤추얼 펀드를 포함한 기타 금융상품에 가입한 가구도 채 50%가 되지 않는다. 물론 이는 농촌 지역의 소득이 낮고, 금융 서비스에 대한 지식이 부족하기 때문일 수도 있다. 그러나 농촌 지역의 금융 접근성을 저해하는 근본적인 원인은 지역 금융기관의 부족에 있다.

금융기관으로부터 대출을 받을 수 있는 중국인 비율은 약 9.5%로 여전히 낮은 수준이다. 농촌 지역에서는 그 비중이 7.5%로 훨씬 더 낮다. 그래서 후진타오胡錦濤 전 국가주석은 '조화로운 사회 건설'을 최우선 과제로 삼고 농촌 시민들이 신용(대출 서비스)을 좀 더 쉽게 이용할 수 있도록 하겠다고 약속했다. 이에 따라 중국 정부는 은행에 금융 서비스에 대한 접근성을 높여 달라고 요청하기도 했다. 이를 통해 사회적 조화를 이루고, 도시와 농촌 간의 경제적 통합을 촉진하고자 한 것이다.

하지만 경제적 통합은 쉽게 이루어지지 않았다. 중국의 은행감독위원회는 금융기관이 적극적인 대출을 제공하는 데 부정적이라며 비판했다. 금융기관으로부터 대출을 받으려면 고용, 학력, 소득, 거주지, 자산 규모 및 공산당 당원증과 같은 복잡하고 다양한 서류를 구비해야 하기 때문이다. 이러한 폐쇄적인 금융 환경으로 인해 중국에서는 비공식적 대출을 비롯한 기타 금융 서비스가 활성화되어 전체 가계 자산에서 비공식 대출이 차지하는 비율은 올라갈 수밖에 없었다. 대출을 제한하자 그림자 금융Shadow banking system이 성장한 것이다.

'그림자 금융'이란 은행과 동일한 기능을 수행하지만, 은행처럼 공식적인 관리감독을 받지 않는 금융 서비스를 말한다. 일반적으로 그림자 금융은 금융 불안정의 원인이 되기도 하며, 여러 세대에 걸친 빈곤을 야기하기도 한다.

그러나 몇 가지 약점에도 불구하고 오늘날 중국은 금융산업에서 가장 혁신적인 국가 중 하나로 꼽힌다. 급속도로 변화를 받아들이며, 기술 혁신도 활발하다. 이에 2018년 세계은행은 중국을 글로벌 핀테크 리더로 인정하기도 했다.

알리바바 및 위챗과 같은 인터넷 뱅킹 및 전자상거래 기업들은 대출 시장의 디스럽터들(일반적인 시장질서를 교란시키며 성공한 기업들-옮긴이)이다. 중국의 디지털 대출은 2013년 110억 달러에서 2016년 2,840억 달러로 급속히 증가했다. 금융 부문에서 핀테크의 역할이 확대되면서 대출시장도 진화한 것이다. 핀테크 대출 솔루션은 중소기업에 많은 도움이 되었다. 기존 금융기관을 통해서는 대출이 어려웠던 중소기업도 핀테크를 통해 대출을 받게 된 것이다.

이처럼 핀테크 기업들이 신용도가 낮은 중소기업에 대출을 실행할 수 있었던 이면에는 새로운 데이터의 활용이 있었다. 알리페이와 같은 회사는 중소기업의 매출 데이터를 분석해 전통적인 금융회사와는 차별화된 대출상품을 개발했다. 알리페이의 모회사인 알리바바는 전통적인 신용 정보 대신, 자사의 플랫폼에서 일어나는 온라인 상거래를 모니터링하고 분석한다. 이를 통해 중소기업에 대한 성장 잠재력을 파악해 대출을 제공하는 것이다. 중국을 비롯한 개도국에서 중소기업이 차지하는 비중은 막대하다. 따라서 핀테크 대출 솔루션은 개도국의 경제 성장에 매우 큰 영향을 미칠 수밖에 없다.

중국의 사례를 보면 저축률이 낮고 대출 수요가 높을 때 핀테크가 그 불균형을 완화할 수 있음을 알 수 있다. 이것은 나아가 더욱 강력한 내수시장 형성을 촉진할 수 있다.

콜롬비아: 디지털 기술을 통한 빈곤 극복

세계에서 가장 경제적으로 불평등한 지역은 라틴 아메리카다. 콜롬비아의 지니계수는 현재 세계 7위이며, 아이티, 남아프리카공화국, 온두라스의 지니계수와 비슷하다. 2010년 콜롬비아에서 가장 부유한 소득 상위 1%는 전체 국민 소득의 약 20%를 차지한다.

1990년대 후반 콜롬비아는 해외 자본이 국외로 급격히 유출되면서 경제 위기를 겪었다. 이때 콜롬비아 정부는 위기를 극복하기 위해 여러 개혁을 추진했다. 평화와 안보를 보장하고, 무역을 촉진하기 위한 외교적 노력을 기울이는 동시에 강력한 부의 재분배 정책도 펼쳤다. 이러한 노력의 결과, 2000년에서 2010년 사이에 콜롬비아의 극빈층에게 집중적으로 소득이 재분배되었는데, 이때 재분배된 가계소득은 약 20% 정도에 달했다. 이처럼 콜롬비아의 재분배 정책이 서서히 자리를 잡아가자 콜롬비아의 평균소득은 향상되었으며, 극빈층도 소득 증대를 경험하게 됐다.[20]

또한 2003년 콜롬비아의 무역수지가 흑자로 전환되면서 수많은 일자리가 창출됐고 빈곤율이 줄었으며, 1인당 국민소득이 눈에 띄게 개선됐다. 2001년과 2015년 사이에 소득 하위 40%의 평균소득은 매우 빠르게 증가했다. 또한 빈곤율은 13% 수준으로 떨어졌는데, 이는 이전에 비해 거의 절반으로 줄어든 수치다.

콜롬비아 정부는 금융포용에 정책의 초점을 두기도 했다. 금융포용 정책의 성과를 측정하고 평가하기 위해 은행과 정책 입안자들이 참고할 수 있는 국가은행지수Nation's banking index를 도입했다. 이 국가은행지수는 전체 성인 중 하나 이상의 금융상품을 보유한 성인의 비율로 측정된다.

적극적인 금융포용 정책의 결과, 농촌 지역에 많은 은행이 입점하기 시작했다. 2011년에서 2013년 사이에 농촌 지역의 은행 시설(은행 지점, 사무소, ATM 등) 숫자는 85% 증가한 총 4,724개를 기록했다. 이는 실로 놀라운 수치다. 2013년까지 콜롬비아의 8개 지방자치단체에는 은행이 존재하지 않았기 때문이다. 그러나 2015년부터는 모든 지방자치단체에 최소한 하나의 금융회사가 들어서게 된다. 방카데라스오포투니다데스Banca de las Oportunidades 은행은 농촌 지역에 은행을 입점시키기 위해 적극적으로 금전적 인센티브를 시행했고, 결국 콜롬비아의 시골 지역에 187개의 은행 시설이 생겨났다. 결과적으로 2013년까지 은행이 농촌 지역을 커버하는 범위는 34%까지 증가했다.

이 과정에서 디지털 기술은 금융포용을 확대하는 훌륭한 도구가 되었다. 디지털 기술로 인해 모바일 뱅킹 서비스가 확대되었으며, 콜롬비아 정부는 이를 뒷받침하기 위해 모바일 뱅킹에 대한 보안을 개선했다. 온라인 뱅킹이 콜롬비아에서 대중화될 수 있었던 것은 국민들이 디지털 뱅킹이 간편하고 안전하다는 것을 깨달았기 때문이다.

개발도상국이
핀테크 인프라를 구축하려면?

핀테크 기업의 강점은 파급력이다. 제도권 금융기관의 서비스는 장벽이 높지만 핀테크는 스마트폰만 있으면 누구에게나 금융 서비스를 제공할 수 있기 때문이다. 그러나 핀테크가 작동하기 위해서는 기본적인 인프라가 필요하다. 예를 들어, 핀테크 서비스를 공급하려면 스마트폰의 보급과 통신망이 기본적으로 구축되어야 한다. 2017년 기준, 상위 10개 신흥국에 살고 있는 사람들의 39~89%가 휴대전화를 소유하고 있다. 이 수치는 2025년까지 50~90%로 증가할 것으로 보인다. 즉, 신흥국에서 핀테크의 잠재력은 걷잡을 수 없이 커지게 되는 것이다.

금융의 판도를 바꿀 게임체인저, 데이터

전통적인 금융회사와 달리 핀테크 비즈니스는 물리적 실체Bricks가 아닌 소프트웨어Byte로 만들어진다. 소프트웨어를 통해 서비스를 신속하게 구축하고, 소비자의 니즈를 즉각적으로 충족시키는 것이다. 이때 데이터는 금융산업의 판도를 바꿀 게임체인저가 된다. 기업은 데이터의 생성과 분석을 통해 제품과 서비스를 소비자에 맞춰 개선할 수 있다. 또한 온라인 뱅킹 거래, 디지털 센서 및 모바일 장치에서는 다양한 데이터가 엄청난 규모로 기록되고 있다. 매일 2,500조 바이트의 데이터가 생성되는 것이다. 더욱 놀라운 사실은 현재 인류가 처리하는 데이터의 약 90%가 고작 지난 2년 동안 생성되었다는 점이다. 이러한 이유로 더 많은 데이터를 보유한 기업이 더 강한 파워를 가질 수밖에 없게 되었다. 구글, 페이스북, 애플, 삼성, 페이팔, 아마존 같은 대기업이 절대권력을 장악한 이유다.[21]

예를 들어, 알리바바 그룹의 계열사인 앤트파이낸셜(알리페이)은 2015년에 인터넷 전문 은행인 마이뱅크MyBank를 출시했다. 이 은행은 제도권 금융회사와 달리 대출할 때 '담보'를 요구하지 않는다. 담보 대신 타오바오Taobao, 티몰Tmall과 같은 전자상거래 사이트에서 데이터를 축적하고 대출 심사에 활용하고 있다. 쇼핑몰에 입점한 판매자의 매출이나 수익 데이터, 소비자의 구매 패턴을 저장해 대출자의 신용도를 평가하는 방식이다. 대출 신청 절차도 훨씬 간편하다. 전통적인 은행처럼 고액 대출을 제공하는 것이 아니라, 소액 대출 위주로 운영하기 때문이다. 이러한 대출기법은 제도권 금융기관의 신용 데이터가 부족한 저신용자들, 또는 농촌 지역 거주자들에게 금융 접근성을 높이는 효과를 가져온다.

인도의 아드하르Aadhaar가 일으킨 놀라운 변화

테크기업이 데이터로 돈을 버는 것처럼, 정부 역시 데이터로 공공서비스를 개선할 수 있다. 대표적인 사례는 인도의 '아드하르'라는 바이오메트릭스 신분증이다. 인도는 12자리 숫자로 이루어진 일종의 '주민번호(아드하르)'를 만들어냈는데, 이를 기반으로 인도인들에게 공공서비스를 제공하고 있다.

아드하르는 바이오메트릭스(생체 인식) 기술에 기반한다. 개인 식별을 통해 사회복지 자금의 중복 수령, 정보 누출, 사기 및 부패를 효과적으로 방지하고 있다. 최근 인도 정부는 은행 계좌를 개설할 때도 아드하르를 기본 신분증으로 사용하도록 조치했다. 공공서비스와 금융 서비스를 통합해 전반적인 시너지 효과를 내기 위한 것이다.

아드하르 출시 전에는 인도인들에게 통일된 신분증이 없었다. 그래서 인도인들은 공공서비스를 신청하기 위해 매우 다양한 증빙서류를 제출해야 했다. 식량 보조금, 전기요금 보조금을 받기 위해서는 복지카드가 필요했고, 은행 계좌를 개설하기 위해서는 운전면허증이 필요했다. 문제는 이러한 증빙서류조차 널리 보급되지 않았다는 것이다. 인도인의 42%만이 이러한 증빙서류를 보유하고 있었다. 그 결과, 대부분의 인도인은 공공서비스를 신청조차 하지 못하는 경우가 빈번했으며, 연료비용 보조나 연금 수급과 같은 기본적인 공공서비스를 받기 위해 공무원에게 뇌물까지 바쳐야 했다.

신분증 위조도 큰 문제였다. 대부분의 시민은 학생증이나 출생증명서도 없었다. 1969년에 인도 정부는 출생신고서와 사망증명서를 법으로 의무화했다. 그러나 이 역시 완벽한 해결책은 아니었다. 출생자의 55%, 사망자의 46%만이 신고되었기 때문이다. 출생신고서가 없는 아동은 의료 혜택을 받기도 어려웠고, 학교 입학에도 문제가 생겼다. 미성년자가 법정에서 성인으로 간주되어 재판을 받는 일도 종종 발생했다.

인구 10억 명이 넘는 나라지만, 여권이 있는 사람은 5천만 명에 불과했다. 세금 부과를 위한 계좌를 가진 사람은 9,580만 명, 식량 배급을 위한 배급카드를 가진 사람은 2억 3,220만 명밖에 되지 않았다. 이것이 인도가 '아드하르'라는 단일 신분증을 발급하기로 한 이유다. 공공서비스 누락을 방지하고 사회복지를 강화하기 위한 목적이었다.

아드하르는 3가지 목표를 가지고 출시되었다. 첫째, 가능한 한 많은 인도인을 등록시킬 것. 둘째, 위조나 복제를 방지할 것. 셋째, 거주지와 신분에 대한 신뢰성이 높은 인증 수단을 제공할 것이었다. 인도 정부는 이 목표를 위해 12자리 숫자와 생체 정보를 조합했다. 아드하르가 사용하는 생체 정보에는 증명사진, 모든 손가락의 지문, 홍채 데이터가 포함된다. 그리고 이름, 주소, 생년월일 및 성별도 기록된다.

갑작스레 모든 국민을 등록시키는 것은 만만한 작업이 아니었다. 게다가 인도는 인구도 많았다. 그래서 되도록 간편하며 간단한 등록 장비들이 필요했다. 등록 장비는 보안 소프트웨어가 있는 노트북 컴퓨터, 홍채 스캐너, 지문 스캐너, 웹캠 및 레이저 프린터로 구성되었다. 이 모든 장비는 하나의 서류 가방에 쏙 들어갈 정도로 간소했기 때문에, 인도 전역에 대규모로 배포되었다. 등록 절차는 영어와 지역 언어로 진행되었으며, 등록의 정확성을 보장하기 위해 통번역 서비스도 제공했다. 등록을 위해서는 신분, 주소, 생년월일을 증명할 수 있는 서류를 함께 제출해야 했다. 생년월일을 확인할 수 없을 때는 구두로 제시한 날짜도 인정되었다. 중복 등록을 방지하기 위해 신고된 데이터를 기존 ID와 비교하는 절차도 거쳤다. 15세 미만 아동은 부모의 계정과 연동시켰으며, 16세가 될 때 재등록 의무를 부과했다.[22]

아드하르는 인도 정부가 12억 명의 인구에 대한 온라인 데이터베이스를 수집할 수 있도록 만든 혁신적인 사업이다. 아드하르를 통해 인도에서는 하루 최대 100만 명의 새로운 사람들이 등록되고 있다. 이는 미국의 정부 기관이 관리하는 정보와 비교해 봐도 막대한 규모다. 미국의 FBI 데이터베이스에는 약 6,600만 건의 범죄자 지문과 2,500만 건의 민간인 지문이 존재할 뿐이다.

전 세계에서 아드하르만큼 많은 거래를 처리하는 시스템은 존재하지 않는다. 비자카드는 하루에 1억 3천만 건의 거래를 처리한다. 그러나 아드하르는 하루에 최대 6억 건의 거래를 처리하도록 설계되었다.

아드하르 시스템은 신분증의 중복 사용을 방지하기 위해 하나의 ID에 사용된 정보를 바탕으로, 다른 ID로 로그인하는 것을 허용하지 않는다. 또한 개인이 여러 아이디를 소유할 경우, 이를 기존의 ID와 중복되는지 여부를 대조한다.[23] 이러한 규제는 인도 가정에서 횡행했던 범죄를 막는 역할도 톡톡히 해냈다.

인도에서는 가정에서 LPG 가스를 사용한다. 하지만 LPG 가스는 국제적으로 가격 변동이 심해 국민들이 마음 놓고 사용하기가 어려웠다. 이에 인도 정부는 변동하는 LPG 국제가격으로부터 국민들을 보호하기 위해 에너지에 보조금을 지원하는 정책을 집행했다. 그러나 인도국민들은 보조금으로 싸게 구입한 연료를 다시 국제시장에 되팔이(차익거래)하는 행태를 보였다. 이들이 이러한 차익거래를 할 수 있었던 이유는 중복구매가 가능했기 때문이다. 이들은 가짜계정과 여러 개의 신분증을 만들어 이러한 보조금 수

령과 되팔이 거래를 반복했다. 인도 정부는 보조금 남용행위를 방지하기 위해 아다하르를 LPG 가스의 유통과정과 연결했다. 정부 보조금의 부정수급과 신분증 위조를 동시에 방지한 것이다.

아드하르가 서서히 광범위하게 보급되자 2011년 인도 정부는 개인정보 활용 가이드라인인 '정보기술 규칙'을 제정했다. 인도 대법원은 민감한 개인정보 및 보안 사항을 규정하는 이 규칙을 합헌이라고 판단했다. 아드하르를 관리하는 기관인 인도 신분청 UIDAI은 아드하르와 연동된 서비스 생태계를 만들려는 노력도 기울였다. 인도에서는 교육 서비스, 공중보건 서비스, 식품, 연료 수급, 농촌 일자리 서비스 등이 아드하르를 통해 이루어진다.

아드하르를 도입하기 전에는 금융거래를 할 때 실명 인증 절차가 몹시 까다로웠다. 그러나 아드하르가 도입되자 금융회사들은 실명 인증에 아드하르를 사용했으며, 방갈로르와 델리에서 시범 테스트도 시행했다. 2012년, 결국 인도 금융감독 당국은 아드하르를 공식적인 신분증으로 도입했으며, 현재는 이를 통해 계좌를 개설하거나 펀드에 가입할 수 있다.

오늘날 인도의 34개 시중은행에서 계좌를 개설하기 위해서는 전자 방식의 실명 인증이 필요하다. 이 인증 방식은 처리시간을 크게 단축시켰으며, 은행 서비스를 공급하고 승인받는 데 드는 비용을 절반으로 줄였다. 이로 인해 2014년까지 380만 개의 은행 계좌가 개설되었고, 600만 개 이상의 거래가 처리되었다. 2014

년, 모디 인도 총리는 자국의 모든 가구에 은행 계좌와 생명보험을 보급하기 위한 '은행 계좌 보급 정책Jan Dhan Yojana'이라는 금융 포용 프로그램을 발표했다. 이러한 정부의 노력으로 인도는 330만 개의 은행 계좌를 추가로 보급했다.

인프라 투자 없이 핀테크 혁신은 없다

우리는 도시와 농촌 간 경제 격차를 해소하거나 개도국 국민의 생활 수준을 개선하는 데는 핀테크 외에도 다양한 수단이 있다는 사실을 알아야 한다. 핀테크는 그저 불평등을 감소시키는 다양한 전략 중 하나일 뿐이다.

서민금융기관Micro-finance(마이크로 파이낸스)이 농촌에서 자리를 잡는 것은 당연히 도시보다 어렵다. 농촌 지역은 규모의 경제를 누리기도, 수익성을 높이기도 힘들기 때문이다. 이러한 사실은 정부가 농촌 지역의 빈곤 퇴치를 위한 핀테크 정책을 입안할 때에 참고할 만하다. 그래서 이브라힘Ibrahim은 농촌의 복지 불균형을 완화하고, 소득 불평등을 시정하기 위해서는 우선 농촌 금융시장을 완전히 재설계해 저소득 및 취약가구가 쉽게 대출을 받을 수 있는 환경을 조성해야 한다고 주장했다.

그 환경 중 하나는 바로 핀테크를 위한 인터넷 접속 인프라다. 스마트폰과 같은 모바일 징치와 인터넷 사용은 핀테크를 위한 선결 조건이다. 그러나 불행히도 개도국에서는 인터넷망이 선진국처럼 전국 각지에 골고루 깔려 있지 않다. 즉, 핀테크의 성공 여부는 한 국가의 인터넷 통신망이 얼마나 골고루, 그리고 효과적으로 분포되어 있는지에 달려 있다.

요약하면, 핀테크 기술은 국가가 강력한 사회 인프라 시설을 미리 구축해 두었을 때 그 잠재력이 100% 발휘된다. 핀테크 보급에 앞서 정부의 적극적 투자가 선행되어야 하는 이유다. 소득 불평등을 해소하기 위한 핀테크 보급은 기반 시설이 완벽히 준비되어야 펼칠 수 있는 다양한 정책 중 일부인 것이다. 오히려 도로, 통신 서비스 및 교육에 대한 접근성을 제고시키는 정책적 노력이 먼저 이루어져야 핀테크 혁신은 그 잠재력을 발휘할 수 있다. 핀테크를 진흥시키기 위해 인프라 투자가 선행되어야 하는 이유는 다음과 같다.

1. 통신망 보급은 사람들이 디지털 서비스 접속과 정보 공유를 가능케 하는 전제조건이다.
2. 도로망 보급은 전자상거래를 통해 상품을 구입할 경우, 구매한 상품의 배송과 유통, 그리고 이와 연관된 거래를 가능하게 하는 전제조건이다.
3. 교육은 사람들이 핀테크를 활용하기 위한 전제조건이다.
4. 기존의 금융 시스템과 실명 인증은 핀테크 도입에 있어서도 중요한 토대다. 기존의 금융 인프라가 탄탄해야 새로운 핀테

크 기술을 덧붙일 수 있기 때문이다.

이제까지 살펴본 바와 같이, 금융과 기술은 서로 엉키며 함께 발전해 나간다. 인터넷 뱅킹, 모바일 결제, 크라우드 펀딩, P2P 대출, 로보어드바이저 서비스, 온라인 실명 인증과 같은 수많은 혁신이 전 세계에서 일어나고 있다. 만약 디지털 기술이 더욱 발전하고, 농촌 지역에서 더 많은 디지털 상거래가 이루어진다면, 그때야 비로소 핀테크 기술이 금융포용을 한층 더 심화시킬 수 있을 것이다.

개도국은 주로 농업과 같은 전통적 산업에 의존하고 있다.
하지만 오늘날 일어나는 대부분의 기술 혁신은 비농업 부문에서 발생하기 때문에
농촌 인구들은 소외될 때가 많다. 그러나 앞으로는 농촌에서도
생산성을 높이기 위한 기술 수요가 크기 때문에 반드시 개선되어야 할 부분이 많다.
이를 보완해 줄 금융이 바로 '금융포용'이다.

6장

금융 서비스에
소외된 사람들

5장에서는 금융포용이 어떻게 경제 발전에 중요한 주춧돌이
될 수 있는지에 대한 거시경제적 연구들을 살펴보았다.
지금부터는 개도국에서 필요한 금융 서비스에 대해 살펴볼 것이다.
현재 많은 국가에서 금융 서비스가 원활히 공급되지 못하는 데는 다양한
이유가 있다. 정치가 모든 사람의 민의를 대변하지 못하기 때문이기도 하며,
뿌리 깊은 차별 대우 등 사회 내부의 구조적 원인 때문이기도 하다.
이 장에서는 금융 서비스를 받지 못하는 개인들이 어떠한 곤경에
처하고 있는지도 살펴볼 것이다. 사람들이 제도권이든, 비제도권이든
저축과 대출 시 장벽을 살펴보고, 이 장벽이 어떻게
사람들을 빈곤에 빠뜨리는지를 보여 줄 것이다. 아울러 페이티엠,
주미아 및 라자다와 같은 핀테크 회사가 어떻게 새로운 금융 서비스를
설계하여, 외딴 시골 지역까지도 금융 서비스를 저렴하게
공급했는지를 소개하고자 한다.

왜 금융포용이
중요한가?

　　　　　　경제가 원활하게 성장하려면 노동, 자
본, 기술 같은 생산 요소가 적재적소에 배치되어야 한다. 이러한
생산 요소가 불균등하게 분배된다면 경제 성장의 발목을 잡는 요
인이 된다. 이것은 금융포용이 필요한 이유이기도 하다.

　금융포용은 개인적으로도 많은 혜택을 가져다준다. 우리는 은
행 계좌를 당연한 것으로 여기지만, 사실 우리는 은행 계좌에서
엄청난 편익을 얻고 있다. 자유롭게 저축하고, 이자를 받고, 급전
이 필요할 때는 돈을 빌릴 수도 있다. 은행 계좌는 경제적 약자들
인 여성에게 더 많은 권한과 혜택을 준다는 연구도 있다.

　2011년과 2017년 사이에 은행 계좌를 보유한 성인 비율은
51%에서 69%로 증가했다. 이 사실은 고무적이다. 그러나 세계은
행의 글로벌 핀덱스 지수World Bank Global Findex에 따르면 2017년 기

준 금융 소외 계층 역시 여전히 17억 명에 달한다. 이들의 절반은 방글라데시, 중국, 인도, 인도네시아, 멕시코, 나이지리아, 파키스탄 등지의 사람들이다. 이중 여성은 56%를 차지한다. 중국, 인도, 케냐 등에서는 남성과 여성 사이의 은행 계좌 보유 비율 차이가 훨씬 크게 나타나며, 60% 이상이 여성이다. 학력 수준이 낮은 사람들도 은행 서비스를 누리지 못하고 있다. 전 세계적으로 은행 계좌가 없는 사람의 62%는 초등학교 5학년 이하의 교육 수준을 가졌다.

그렇다면 금융 소외 계층에게 가장 기본적인 금융 서비스인 '은행 계좌'를 보급할 수 있는 방법은 무엇이 있을까? 우선, 이들이 스스로 금융 서비스의 필요성을 느껴야 한다. 그리고 은행의 문턱을 낮춰야 하고, 수수료도 저렴하게 책정되어야 한다. 또한 금융 당국이 앞장서 금융회사에 금융 소외 계층을 위한 인센티브와 서비스를 실행하도록 요구해야 한다.

나아가 은행 계좌뿐만 아니라 그 이상의 금융 서비스가 우리 삶의 필수 도구라는 점도 인식할 필요가 있다. 사람들의 재무계획과 금융 서비스는 [그림 6-1]과 같이 생애주기에 따라 변화하며 대략 5가지로 요약할 수 있다.

1. **송금**: 전자송금이나 계좌이체는 시간을 절약해 준다. 만약 송금(계좌이체)이 없었다면, 우리는 택배나 우편을 통해 현금을

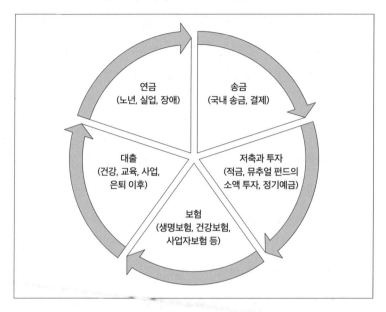

[그림 6-1] 생애주기에 따른 기본적 금융 수요의 변화

연금
(노년, 실업, 장애)

송금
(국내 송금, 결제)

대출
(건강, 교육, 사업,
은퇴 이후)

저축과 투자
(적금, 뮤추얼 펀드의
소액 투자, 정기예금)

보험
(생명보험, 건강보험,
사업자보험 등)

타지로 보내야 했을 것이다. 이런 측면에서 전자송금은 저렴하고, 안전하며, 효율적이다.

2. 저축과 투자: 사람들은 매달 정기적으로, 또는 원할 때마다 수시로 저축이나 투자를 할 수 있다. 이는 이자나 배당이 나온다는 측면에서 현금을 금고에 보관하는 것과는 완전히 다르다. 만약 저축을 한다면, 어떤 가구가 경제적으로 위기에 처했을 때 생존할 가능성을 높여 준다. 전자적 방법으로 저축하는 것은 금융포용의 첫 단계다.

3. 대출: 저소득층이 제도권 금융기관을 이용할 수 있다는 것은 빈곤 퇴치를 위한 핵심 요인이 된다. 대출자금을 통해 사업을 영위하거나 교육자금, 건강관리에 투자할 수 있다. 제도권 금융기관이 제공하는 대출은 일반적으로 사금융에 비해 금리가 저렴하다.

4. 보험: 저신용자와 저소득층 등은 보험의 부재로 경제적 위험에 제대로 대응하지 못한다. 사망, 질병, 홍수, 화재, 가뭄, 가축 질병, 절도 등은 보험에 가입하지 못한 저소득층이 주로 직면하는 대표적인 위험요소들이다.

5. 연금: 공공연금과 개인연금은 불평등 완화에 도움이 된다. 연금을 통한 소득 재분배가 없으면 젊은 인구들은 노년층 부양에 부담을 느낄 수밖에 없다. 심지어 개도국에서는 어린아이까지 부족한 소득을 메우기 위해 일하는 경우가 빈번하다.

만약 이런 서비스들이 없었다면 우리는 불편한 방법과 불안전한 방식으로 자산을 관리해야 했을 것이다. 가계가 제도권 금융기관의 서비스를 받을 수 있다면 가계자산은 늘어날 수 있다. 그러나 반대로 이러한 기본적인 금융 서비스를 받지 못하는 저소득 가구가 많아질수록 빚이 빚을 부르는 '부채 순환Debt cycle'에 빠져든다. 금융의 도움을 얻지 못해 계속해서 빈곤으로 추락하는 '나선형 빈곤 함정'에 빠지는 것이다.

금융 소외가
야기하는 문제들

　　　　　금융 서비스가 전 세계적으로 통용되고
있다고 하지만 여전히 많은 사람이 금융 서비스를 받지 못하고 있
다. 왜 그럴까? 과연 금융 소외의 원인은 무엇일까? 일부 사람들
은 제도권 금융기관을 이용할 수 있음에도 불구하고 은행 계좌를
만들지 않는다. 그 이유는 무엇일까? 세계은행의 설문조사는 이
질문에 대한 답을 제시한다. 여기에는 7가지의 원인이 있다. 우
선, 3가지는 문화적이거나 종교적인 이유다. 종교적 신념 때문에
금융기관을 이용하지 않거나, 가족들이 하나의 공통 계좌를 공유
해도 충분하다는 생각 때문이다. 이러한 문화적·종교적 이유는
자발적인 경우가 많다. 따라서 이러한 원인은 정부가 앞장서 인센
티브를 부여하고, 캠페인을 벌이면 쉽게 해결할 수 있다.

　나머지 4가지 이유는 실질적인 장애물이다. 은행 지점이 집에

서 너무 멀거나, 은행 서비스에 비용이 들어가거나, 은행이 요구하는 증빙서류를 준비하지 못하거나, 은행을 믿지 못하는 경우다. 원인이 무엇이든 사람들이 금융기관을 이용하지 않는다면, 그 피해는 결국 본인에게 돌아오게 된다. 저축을 충분히 하지 못하고, 대출을 제때 받지 못하고, 보험에 가입하지 못하는 것이다. 이러한 상황은 사회적 약자들(장애인, 노인, 여성 및 이민자 등)에게 더욱 힘든 상황을 불러올 것이다.

저축하기가 힘들다

제도권 금융기관이 일반적으로 통용되지 않는 개도국에도 은행 저축의 대체품이 존재하기는 한다. 바로 '계모임Savings club'이나 사적 대출과 같은 비공식적인 수단들이다. '계모임'의 일반적인 유형은 회원들이 서로 돌아가며 돈을 타가는 순환저축Rotating savings 방식이다. 이는 회원들이 순번제로 예금을 하고 이를 모아서 다른 회원에게 그 곗돈을 지급하는 방식이다.

2017년 기준, 개도국 국민의 25%는 위와 같은 방식으로 저축을 하고 있었다. 조사결과 금융 소외 계층은 비공식적 저축에 의존하는 비중이 훨씬 높았다. 개도국에 존재하는 약 1억 5천만 명, 사하라 이남의 아프리카에서는 3,500만 여성을 포함한 최대 6,500만 명의 금융 소외 계층이 위와 같은 비공식적 방법으로 저축을 하고 있다. 이는 굉장히 위험한 방식이다. 돈을 떼이거나 잃어버려 제대로 운영되지 않는 모임이 부지기수인 것이다.

하지만 다행히 오늘날 개도국에서는 제도권 은행 계좌를 소유한 사람의 수가 증가하고 있다. 그렇다고 이들의 저축량이 증가한 것은 아니다. 전 세계적으로 은행 계좌가 있는 성인 비율은 2011년 51%에서 2017년 69%로 증가했다. 그러나 실제 저축을 한 사람들의 비중은 23%에서 27% 증가하는 데 그쳤다. 2017년에 중국, 말레이시아에서는 은행 계좌 보유자의 43%만이 저축을 했다고 보고됐다. 케냐, 남아프리카 공화국, 터키에서는 약 30%였으며, 브라질과 인도에서는 20%에 불과했다. 여전히 제도권 은행의 혜택을 온전히 받기까지는 요원해 보인다.

대출을 받을 곳이 없다

전 세계적으로 저소득층에게 대출이나 저축과 같은 서비스를 제공하는 서민금융(마이크로 파이낸스)이 유행하고 있다. 공식적인 금융기관 대출을 받지 못하는 사람이 많은 데다, 불법 사채업자들의 악행을 피하려는 사람들이 마이크로 파이낸스를 이용하기 시작한 것이다. 하지만 이는 일부의 이야기다. 여전히 많은 국가에서는 이자가 높은 사채나 지인들의 돈을 빌려야 한다. 세계 어느 나라에서나 대부업자 또는 사채업자들은 악덕 영업을 일삼는 편이다. 이들은 담보를 잡더라도 엄청난 이자를 부과해 사람들을 괴롭힌다. 채무자를 압박하는 강압적인 추심도 뒤따른다. 그래서 개도국의 국민은 이들을 피해 지인에게 돈을 빌릴 때가 많다. 2018년 기준, 세계은행에 따르면 전 세계 차용인의 거의 절반이 가족과 친구에게 대출을 받았다.

개도국 GDP의 대부분은 소상공인이나 중소기업에서 창출된다. 예컨대, 자급자족하는 자영농민, 유통업자, 상점주인과 같은 경제 주체들이다. 노점상이나 상인은 물품 구매를 위한 단기 자금이 필요하고, 제조업자는 장비 구입 자금이 필요하다. 농부들은 씨를 뿌리고, 재배하고, 수확을 하는 농업 사이클에 따라 일시적 자금 부족에 시달리기도 한다. 이렇다 보니 개도국에서의 대출은 일반적인 금융 서비스로 통한다. 개도국 성인의 7%가 사업을 위해 대출을 받은 적이 있고, 이들의 절반은 제도권 금융기관에서 대출을 받았으며, 나머지 절반은 가족, 친구와 같은 사적인 경로로 대출을 받는다.

대부분의 국가에서 중소기업은 자금난을 겪는다. 하지만 이들은 쉽게 대출을 할 수가 없다. 은행 입장에서는 신용도를 평가하고 대출 심사를 하는 비용을 충당하기에는 중소기업이 빌리는 대출액 규모가 너무 적기 때문에 중소기업에 대한 대출을 꺼린다. 게다가 중소기업 중 상당수는 정부에 등록되어 있지 않다. 개도국에서 중소기업 경영자들은 금융지식이 부족하고, 대차대조표나 손익계산서와 같은 회계장부를 만드는 법도 모르는 경우가 많다. 결과적으로 이들은 담보를 통해서만 은행 대출을 받을 수 있는 상황이다. 그러나 대부분의 중소기업은 담보로 제공할 만한 변변한 자산도 없다. 설령, 부동산을 소유한 중소기업이라고 하더라도, 개도국에서는 부동산 소유권을 증명할 공식적인 등기장부가 없는 경우도 많다. 담보대출이 원천적으로 불가능한 상황인 것이다.

일부 개도국에서는 금융 접근성을 막는 규제도 존재한다. 예컨대 여성이 은행 계좌를 만들기 위해서는 아버지나 남편과 같은 남성 가족의 승인을 요구하는 경우도 있다.

이러한 개도국에서 제도권 금융기관의 대출을 받을 수 있는 중소기업은 거의 없다고 봐도 무방하다. 그러니 불법 사금융 업체로 자연스레 눈을 돌리는 것이다. 또는 값비싼 물건을 담보로 맡기는 전당포를 이용하기도 한다. 그렇게 빌린 돈을 갚지 못하면 담보물을 빼앗기는 것을 감수해야 한다. 농부들에게는 대출이 종종 이루어지지만, 가혹한 조건이 부가된다. 대부업자가 농작물을 처분할 수 있다든지, 판매이익의 일정 비율을 가져간다는 조건 등이다.

보험이 없어 사고에 대한 취약성이 높아진다

금융 소외에 대한 연구는 주로 저축, 대출, 지급결제에 관해 이루어진다. 반면 보험과 관련한 연구에는 관심이 크지 않다. 그러나 보험 서비스의 부재도 금융 소외 계층에게 다양한 문제를 야기하고 있다. 개도국의 농부의 상황을 살펴보면 왜 보험이 필요한지를 이해할 수 있을 것이다.

2017년 기준 동남아시아 국민의 40%는 농업에 종사하고 있다. 즉, 농작물 재배, 가축 사육이 국가의 주요 소득원이다. 사하라 이남 아프리카에서는 50% 정도다. 상황이 이렇다 보니 두 지역민 중 절반은 지난 5년 이내에 흉작이나 가축의 손실, 기후 악화 등의 악재를 겪었다. 그러나 대부분은 보험에 가입되어 있지 않고, 정부 지원도 없었다. 보험이나 정부 보조가 없다는 것은 농업이 마치 '벤처기업'과 같은 고위험 사업에 방치되고 있다는 것을 뜻한다.

고용 보장이나 연금 혜택 등이 없는 '비공식Informal' 노동시장에서 일하는 비농업 종사자들도 위험에 노출되는 것은 마찬가지다. 이들이 보험에 가입하지 못한다면 그들의 생계는 생각지도 못한 난관으로 치명적인 결과를 얻게 될 수 있다. 가장의 사망, 화재, 도둑, 자연재해 등에 따라 삶이 완전히 바뀌는 것이다. 이들에게는 당연히 '건강보험'도 없다. 그래서 병에 걸려도 치료하기 어려우며, 가장이 질병에 노출되면 당장 수입이 끊기는 것이 현실이다. 노인과 장애인은 더욱 위기에 취약하다. 연금소득조차 없다면 이들은 아예 위기 대처 능력이 없다고 봐야 한다. 이처럼 우연한 사건과 자연재해는 농부들과 저소득층의 자산을 너무나도 쉽게 파괴하고 있다.

보험 서비스가 대중화되지 못하는 원인은 비용 문제다. 공급 측면에서 보면, 저소득층을 위한 보험상품을 설계하는 것은 보험회사가 손해를 보는 장사다. 손익분기에 도달하지 못하고 손실만 나는 것이다. 설령 그럴듯한 보험상품을 만들어내더라도 만만치 않은 보험료를 납부해야 할 가능성도 크다. 다양한 위험에 대비하는 동시에 가격까지 저렴한 보험상품을 만들어내기란 거의 불가능에 가깝기 때문이다.

여전히 금융 서비스를 이용하지 못하는 사람들

소득 기준으로 개도국의 최하위 20% 사람들은 금융 서비스에서 완전히 소외되어 있다. 대부분의 국가에서 하위 20%는 노숙자, 장애인, 노인들이다. 때로는 종교적 소수자도 포함된다. 이들이 제도권 금융기관에서 금융 서비스를 받기란 거의 불가능하다. 예컨대 인도에서는 카스트 계급제도의 가장 아래 위치한 '달리트Dalit' 또는 '불가촉천민'들은 상위 카스트에 비해 완벽히 금융 서비스에서 소외되어 있다.

여성도 마찬가지다. 인도에서는 여성이 남성보다 훨씬 대출받기가 어렵다. 여성의 경우 교육 수준이 낮고, 남녀 간 임금 격차로 인해 금융기관도 여성에 대한 대출을 꺼리는 것이 현실이다.

개도국에서는 송금도 중요한 문제가 되고 있다. 도시화에 따라 다수의 인구가 도시로 이주하고 있기 때문이다. 고임금을 받기 위해 해외 일자리를 찾아 떠나는 경우도 많다. 따라서 개도국의 많은 농촌 가정이 도시나 외국으로 이주한 자녀들이 보내주는 송금에 생계를 의존하고 있다. 그러나 이들에게는 제도화된 은행 계좌가 없기 때문에 현금을 직접 배달해 전달하고 있다. 불행히도 이 과정에서 수많은 절도와 분실이 일어난다. 그런데도 이들에게는 이것이 현금을 전달하는 유일한 방법이다.

이처럼 금융 소외 계층이 겪고 있는 문제들은 단순한 '불편함'이 아니다. 때로는 치명적인 위험에 빠지기도 하고 그 위험은 생존을 위협하기도 한다. 이것이 바로 하루라도 빨리 금융포용이 시도되어야 하는 절실한 이유이기도 하다.

금융포용을 실현하는 핀테크 혁신

앞에서 살펴본 바와 같이 개도국은 주로 농업과 같은 전통적 산업에 의존하고 있다. 하지만 오늘날 일어나는 대부분의 기술 혁신은 비농업 부문에서 발생하기 때문에 농촌 인구들은 소외될 때가 많다. 그러나 앞으로는 농촌에서도 생산성을 높이기 위한 기술 수요가 크기 때문에 반드시 개선되어야 할 부분이 많다. 이를 보완해 줄 금융이 바로 '금융포용'이다.

금융포용은 많은 사람에게 큰 혜택을 준다. 제도권의 은행 계좌를 가지고 있다면, 안정적으로 투자와 소비를 할 수 있고, 위험에도 덜 노출된다. 금융을 통해 사람들은 자신의 역량을 더 잘 발휘하고, 성장을 위한 물질적 기반을 마련할 수도 있다. 거시경제적인 이점도 있다. 잠재력이 있는 사람들의 자본 접근성을 높이고, 경제 전체의 자원을 효율적으로 배분한다. 정보 비대칭을 줄여 생산을 촉진하기도 한다.

금융포용과 경제 성장은 어떤 관계가 있을까?

금융포용과 경제 성장 간의 관계에 대한 수많은 연구가 있는데, 대부분은 솔로Solow의 경제 성장 모델에 기반을 두고 있다. 이 모델의 핵심은 간단하다. 저축을 늘리면 자본이 축적되고, 이는 노동자 1인당 자본의 양을 증가시켜 경제 성장이 이루어진다는 것이다.[24]

2017년, 세계은행 선임 이코노미스트 마르티네스Jose de Luna Martinez에 따르면 말레이시아는 국민의 92%가 예금 계좌를 보유한 국가다. 말레이시아의 높은 금융 접근성은 지난 20년간 정부와 금융회사가 금융 서비스를 보급하기 위해 공동의 노력을 기울였기 때문이다. 그뿐만 아니라, 1997년 동아시아 금융위기 이후 말레이시아는 금융 서비스의 대중화를 위해 2개의 금융 부문 종합발전계획을 시행하기도 했다. 이러한 금융 서비스의 보편화는 말레이시아의 안정적 경제 성장에 영향을 미쳤다.

사하이Sahay 역시 금융포용과 경제 성장율 사이에는 양의 상관관계가 있다고 주장했다. 그러나 금융포용의 한계혜택Marginal benefits은 경제 발전 수준이 높을수록 감소한다고 주장했다. 물론 이 연구가 인과관계를 의미하는 것은 아니다. 경제 성장이 금융포용을 유발하는지, 아니면 반대로 금융포용이 경제 성장을 유발하는지를 결론짓기 위해서는 추가 연구가 필요하다.

2017년 오코예Lawrence Okoye는 나이지리아 중앙은행의 30년간 데이터를 활용해 금융포용과 경제 성장 및 빈곤 감소 간의 연관성을 살펴보았다. 이 연구는 금융포용을 금융심화Financial deepening 지표와 예대율 지표로 측정했다. 이들에 따르면 금융포용은 빈곤을 감소시켰지만, 경제 성장에 기여하지는 못했다. 2015년 바바지데Babajide와 그의 동료들은 나이지리아에 대해 비슷한 연구를 했다. 그들은 금융포용성(예금 계좌 보유자 수/은행 지점 수로 측정)과 근로자 1인당 소득 수준의 성장 간에 긍정적인 연관성을 발견했다. 만약 여느 연구에 비해 다른 결과가 나왔다면 이는 금융포용의 측정법이 달랐기 때문으로 추정할 수 있다.

2015년 샤르마Dipasha Sharma는 인도를 분석했다. 이 연구에 따르면 경제 성장과 금융포용(농촌 지역의 은행 보급률과 은행 서비스 접근 가능성 등으로 측정) 사이에는 긍정적인 상관관계가 존재한다. 이 연구에서 인도가 대상 지역으로 선정된 것은 은행에 대한 의존도가 높고, 농촌 지역에 은행 지점을 건설하도록 의무화하는 정책을 펼쳤기 때문이다.

우리는 약 74개 신흥 경제국을 대상으로 금융포용과 경제 성장 간의 실제 관계를 연구해 보았다. 샤르마(Sharma, 2015)의 연구방법론에 따라, 금융포용을 금융 서비스 보급률과 접근성으로 정의

했다. 금융 서비스의 보급률은 은행 계좌를 소유한 인구의 비율과
은행에 예금을 가지고 있는 예금주의 숫자로 표현된다. 그리고 접
근성은 성인 10만 명당 은행 지점과 ATM의 개수로 측정했다. 이
2가지 지표는 금융 서비스의 대중화 척도가 될 수 있다.[25]

   연구 분석 결과, 은행 서비스의 보편성 및 접근성과 1인당 국
내 총생산(GDP)은 강력하고 긍정적인 상관관계가 존재했다[그림
6-2]. 물론, 이는 단순한 상관관계에 불과하다. 만약 금융포용이
경제 성장을 필연적으로 이끈다는 '인과관계'를 증명하려면 더 많

[그림 6-2] 1인당 국민소득과 금융 접근성과의 상관관계

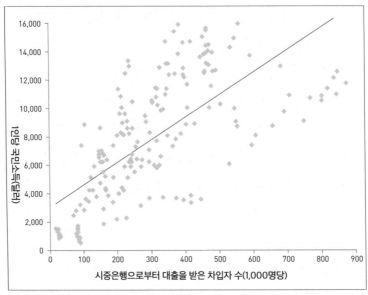

출처: International Monetary Fund, Financial Access Survey, https://data.worldbank.org/
indicator/FB.CBK.BRWR.P3;World Bank, https://data.worldbank.org/indicator/ny.gdp.pcap.
cd.

은 분석이 필요할 것이다. 그러나 상식적으로 생각해 보면 빈곤층에 대한 금융 서비스 확대는 이들의 경제활동에 긍정적인 영향을 미치리라는 것은 누구나 예측할 수 있다.[26]

다양한 금융 니즈를 충족시키다

핀테크는 경제 성장 촉진 이외에도 사람들의 금융 니즈를 충족시키는 도구이다. 또한 핀테크는 거래비용을 경감시키고, 불필요한 금융기관을 줄여 금융포용을 실현한다. 예를 들어 무선통신 네트워크를 통한 금융 애플리케이션은 오프라인 은행 지점을 운영할 때보다 80~90% 비용을 절감할 수 있다. 또 다른 이점은 서비스의 보급 속도다. 신흥국에서는 은행 계좌 또는 신용카드보다 휴대전화가 더욱 보편화되어 있다. 세계무선통신시스템협회에 따르면 스마트폰 보급률은 2025년까지 전 세계적으로 80%에 도달할 것이다. 특히 인도, 인도네시아, 파키스탄, 멕시코, 아프리카 등은 보급률이 빠른 속도로 증가할 국가들이다.

금융 서비스에 대한 수요는 기술 발전에 비례해 커지고 있다. 그러나 은행 지점과 같은 전통적인 금융 서비스는 모바일 뱅킹과 비교해 볼 때 사람들의 기대에 현저히 미치지 못하고 있다. 이러한 상황은 핀테크를 대중화하는 데 있어 절호의 기회가 된다. 금융 소외 계층은 금융 서비스를 받기 위해 스마트폰에 앱을 다운로드할 것이고, 이는 핀테크를 확대하는 선순환을 낳는다.

핀테크는 고객의 금융 니즈를 충족하기 위해 기존의 금융 서비스를 해체시키거나 변신시키기도 한다. 고객의 특정 요구에 부응하기 위해서다. 그러나 제도권 금융기관은 이러한 금융 서비스의 해체와 변신을 이뤄내기에 구조적으로 쉽지 않다. 다음은 핀테크의 대중화로 인해 변화될 금융산업의 미래의 모습이다.

1. 금융 프로세스의 해체: 핀테크는 금융의 핵심 기능을 해체한다 (예를 들어 카카오페이는 예금이나 대출을 취급하지 않고 오로지 송금 기능만 제공한다. 복잡하고 거대한 은행 서비스를 해체하여 송금만을 떼어낸 것이다-옮긴이). 하나로 묶여 있던 금융 서비스가 분해되자 간편결제, 로보어드바이저, P2P, 금융 플랫폼 기업 등과 같은 새로운 플레이어들이 시장에 등장했다.

2. 처리 속도: 핀테크를 통해 더 빠르게 금융거래를 할 수 있다(예를 들어 국제 송금의 경우 기존의 은행 스위프트망을 사용하면 이틀이 걸리지만, 핀테크나 블록체인 기술을 활용하면 몇 분이면 해외 송금이 가능하다-옮긴이). 이는 소비자들을 편리하게 하고, 기업고객의 사업을 확장시키며, 신규 고객 확보의 기회를 제공한다. 한편, 핀테크가 보급되면 오프라인 지점 방문의 필요성도 줄어들어 거래비용을 절감할 수 있다.

3. 전자상거래와 물류산업의 확대: 핀테크는 온라인에서의 간편한 결제를 지원한다. 아무리 외진 지역이더라도 간편결제 앱만 사용할 수 있다면 온라인 쇼핑을 이용할 수 있다는 의미다. 대표적으로 중국의 알리페이Alipay가 있다. 알리페이는 구매자와 판매자 모두의 거래비용을 크게 낮췄다.

현금 경제에서
디지털 경제로

       대부분의 신흥 경제국은 현금 사용 비중이 높다. 2013년 기준, 전 세계적으로 전체 소비자 거래의 약 80%가 현금으로 이루어졌고, 2017년 전 세계적으로 약 3억 명은 현금으로 월급을 지급받고 있다. 인도에서는 은행 계좌 소유자의 10%인 9천만 명이 현금으로 월급을 받고 있다. 이 비율은 인도네시아, 미얀마, 네팔에 비해 2배에 달할 정도로 높다.

   농산물 시장에서 현금은 아주 보편적인 결제 수단이다. 방글라데시에서 1,500만 명, 중국에서 8천만 명 등 개도국의 약 2억 7,500만 개인들이 현금으로 농산물을 거래하고 있다. 인도 농산물 거래시장에서는 디지털 결제 수단이 통용되지 않는다. 이는 뒤집어 생각하면 핀테크의 확산 가능성이 무궁무진하다는 의미다.

   2017년 전 세계적으로 최소 1억 4,500만 명 자영업자가 은행 계좌가 있음에도 불구하고 현금으로 대금결제를 받았다. 이러한 인구는 인도네시아에서는 약 1,500만 명, 브라질에서는 약 1,200만 명 정도다.

아직 현금이 널리 쓰이고 있다는 것은 무엇을 뜻할까? 이는 불필요한 비용이 많이 발생한다는 것을 의미한다. 신흥 경제국에서는 농촌 지역에서 은행 지점을 찾아보기가 어렵다. 그 결과 농촌 지역 거주자가 은행에 방문하기 위해서는 하던 일을 멈춰야만 한다. 또 멀리 떨어진 은행에 가려면 이동 비용이 많이 들고, 현금 분실과 도난의 위험도 크다. 이제 현금 결제는 서서히 디지털 결제로의 이동을 준비해야 한다. 단순히 생각해 비용절감만 생각해도 그 이유는 충분하나. 디지털 결제 또는 간편결제로의 전환은 금융 소외 계층을 공식적인 금융제도권으로 편입시키는 중요한 계기가 될 것이다. 디지털 결제 수단을 도입하는 것은 거래 효율성을 제고시키고, 도난과 분실과 같은 문제를 해결할 수 있다.

디지털 결제는 이 밖에도 여러 이점이 있다. 먼저, 은행은 소비자의 거래 내역을 쉽게 파악할 수 있다. 그리고 거래 내역 데이터는 중소기업이나 개인에게 새로운 금융 서비스를 제공하기 위한 기초 정보가 된다. 유통 업체에 상품을 납품하는 제조 업체는 결제대금을 더욱 손쉽게 수령할 수 있다. 뿐만 아니라, 익명으로 이루어지던 현금 거래의 투명성을 높이고 거래 속도와 응답성도 빨라진다.

이처럼 현금 경제 탈피를 위해서는 디지털 결제 수단 보급 정책이 절실히 필요하다. 정부는 디지털 결제의 확산을 위해 공공 결제 인프라를 구축해야 하며, 사람들이 현금 대신 디지털 결제를 사용할 수 있도록 유인 구조를 설계해야 한다. 예컨대 사람들이 디지털 지갑으로만 복지 자금을 받게 하는 것은 대표적인 장려 수단이다.

인도는 현금 없는 사회를 지향하는 국가 중 하나다. 생체 인식 인증 시스템인 아드하르의 도입과 함께 화폐를 퇴출시키는 작업을 하고 있는데 이는 현금 경제가 초래하는 부정부패, 사기 등의 부작용을 근절하기 위해서다.

온라인 신원 확인 시스템인 아드하르가 도입되자 인도에서는 모바일 결제가 가능해졌다. 게다가 소액 대출을 통해 잔고가 없더라도 결제를 할 수 있게 되었다. 인도 정부는 여기서 더 나아가 휴대전화, 아드하르, 은행 계좌 보급 서비스PMJDY를 연결하기도 했다. 쉽게 말하면 휴대전화로 신분을 인증하고 은행 계좌를 손쉽게 만드는 것이다. 그 결과 인도인들의 금융 서비스 접근성은 대폭 개선되었고, 상거래에 수반되는 시간과 비용을 크게 절약하게 되었다. 또한 자금 거래의 투명성을 향상시켜 관료들의 부정부패를 방지하는 효과도 거두었다.

이처럼 금융 서비스를 하나로 묶는 이 시스템은 인도에서 '인디아 스택India Stack'이라고 불린다.

물론 아드하르가 완전히 지하경제를 퇴출시킨 것은 아니었다. 인도인들은 여전히 현금을 사용하고, 때로는 현금 거래를 통해 탈세를 일삼기도 했다. 그래서 인도 정부는 2016년 11월 8일 화폐 개혁을 단행했다. 고액권인 500루피권과 1천 루피권 지폐의 사용을 금지시킨 것이다. 이는 많은 범법자가 숨겨 두었던 검은 돈을 하루아침에 휴지조각으로 만드는 계기가 되었다.

그러나 고액권이 퇴출되자 또 다른 문제가 발생했다. 거액의 상거래를 처리하기 위한 현금이 부족해진 것이다. 하지만 이 일은 전화위복의 계기가 되었다.

인도 정부는 BHIM이라는 디지털 결세 플랫폼을 출시했다. 이 결제 플랫폼의 특징은 범용성이다. 스마트폰이 없더라도 사용할 수 있도록 설계되었다. 2016년 10월, 이 시스템은 매일 10만 건의 거래를 처리했다. 그리고 1년 후 매일 7,600만 건의 거래를 처리하는 수준으로 확장된다. 인도는 화폐개혁 당시 450억 달러 치의 현금을 폐기하며 경제적인 손실을 보았지만, 결과적으로 새로운 디지털 결제 시스템이 자리 잡으며 새로운 경제적 이익을 얻는 계기가 됐다.

인도 정부는 한 걸음 더 나아가 세제도 개혁했다. 인도의 세제는 복잡하기로 유명하다. 인도 역시 미국과 같은 연방제 국가이기 때문에, 연방정부(중앙정부)와 주정부(지방정부) 모두가 세금을 징수하고 있다. 인도에는 28개의 주가 있는데, 각각 고유한 세법이 있다. 게다가 인도에는 매출세, 부가가치세, 지역 간 운송 등 17개의 세목이 있어 납세자조차 어떤 세금을 납부하는지 이해하지 못할 때도 많다. 인도는 이렇게 복잡하고 어렵기만 했던 세금제도를 대대적으로 개혁했다.

2017년 7월, 인도 정부는 17개의 세목을 통합간접세GST라는 단일세제로 통합한다. 기업 세제를 단순화해 투명성을 높이겠다는 의도였다. 그리고 한 달 후, 백만 개의 회사가 새로운 세제 시스템에 등록했다. 통합간접세는 세무 행정을 더욱 간소화하고, 중소기업들의 불필요한 행정비용의 낭비를 방지하는 결과를 가져왔다.

인디아 스택은 중구난방식으로 존재하던 중개인의 입지를 크게 줄였다. 또한 관료의 부정부패를 줄이고, 공공서비스의 품질도 제고했다. 더 많은 사람이 연금 혜택을 받게 되었으며, 현재 정부는 2,500만 가구의 은행 계좌로 연료 보조금을 직접 입금한다. 이에 따라 이전에 비해 은행은 훨씬 더 많은 현금(유동성)을 지니게 되었으며, 중소기업 대출 규모는 역대 최고 수준이 되었다.

모바일 뱅킹이 온다

은행 지점을 운영하려면 인건비나 임대료와 같은 고정비용이 들어간다. 이러한 비용을 생각한다면 은행이 시골 오지마을에까지 지점을 설치하기란 사실상 불가능에 가깝다. 특히 작은 지방의 소도시에서는 은행과 소비자 모두 서로에 대한 불만이 있다. 은행 입장에서 보면 고객의 신원이 확인되지 않을 때가 많고 담보가 없을 때도 부지기수다. 고객 입장에서는 은행 방문이 불편하고, 은행 계좌 개설 시 보증금을 요구할 때가 많다(외국에서는 은행 계좌를 만들려면 일정 금액 이상을 예금해 두도록 요구하는 경우가 있다-옮긴이). 그 결과, 농촌 지역의 사람들은 제도권의 금융기관을 이용하기가 원천적으로 어렵다.

시골 지역이 제도권 금융기관으로부터 배제되자, 서민금융기관 MFI이 등장했다. 이 기관은 금융 소외 계층에 서민금융(마이크로 파이낸스, 소액 대출)을 제공하는 기관으로 방글라데시의 '그라민 은행Grameen Bank'이 대표적이다. 그라민 은행은 담보가 부족한 저소득층에게 은행 서비스와 대출을 제공한다. 서민금융기관은 대출, 저축, 보험 등의 기본적인 금융 서비스를 대량으로 공급해 수백만 명의 사회적 약자에게 금융포용과 사회적 통합을 구현하고 있다. 하지만 서민금융기관이 전통적인 금융기관의 부족한 점을 보완하고 있지만, 여전히 많은 사람이 금융 서비스를 누리지 못하는 것이 현실이다.

다행히 이동통신 기술과 모바일 뱅킹 기술이 확대된 이후 서민 금융기관은 점차 확대될 것으로 보인다. 개도국의 이동통신시장은 통신사 간의 경쟁이 치열해 국민에게 통신 서비스가 빠르게 보급되었다. 인도에서는 1995년 처음 2개의 이동통신사 영업에 대한 허가가 떨어졌다. 2001년에는 영업 중인 이동통신사가 4개 이상으로 늘어나자 덩달아 이용자도 증가했다. 2018년 기준, 인도의 휴대전화 사용자는 10억 명 이상이다. 이는 중국에 이어 두 번째 규모이며 중국과 인도에서 이동통신 서비스가 커버하는 범위는 계속 늘어나고 있다.

은행 서비스를 이용하지 못하는 금융 소외 계층도 대부분 휴대전화를 소유하고 있다. 통계적으로 보면 2017년 기준, 전 세계의 금융 소외 인구는 17억 명이지만, 이 중 11억 명은 휴대전화를 소유하고 있다. 그 절반이 살고 있는 7개 국가에서 휴대전화 보급률은 약 50%다(파키스탄은 예외). 중국에서는 은행 서비스를 이용하지는 않지만 휴대전화를 가진 비율은 82%에 달한다.

이와 같은 높은 휴대전화 보급률은 금융 서비스의 보급에도 긍정적인 영향을 미칠 것이다. 인도네시아 성인의 33%는 금융기관을 이용하는 데 가장 큰 어려움으로 지점과의 먼 거리를 꼽았다. 그러나 인도네시아인의 69%는 휴대전화를 가지고 있어 앞으로 모바일 뱅킹 기술이 확산된다면 은행을 보다 편리하게 이용하게 될 것이다.

아마도 앞으로는 개도국의 핀테크 도입률은 점차 더욱 높아질 것이다. 2017년 핀테크 도입률은 평균 46%였다. 중국과 인도는 각각 69%와 52%로 세계에서 가장 높다. 반면 호주, 캐나다, 홍콩, 싱가포르, 영국, 미국에서는 84%가 핀테크 서비스에 대해 들어본 적이 있다고만 말했다.

핀테크가 개도국에서 빠르게 보급될 수 있었던 것은 새로운 기기나 기술에 익숙한 사람들이 많다는 점을 공략했을 뿐만 아니라, 금융 소외 계층에게 필요한 서비스를 제공했기 때문이다. 핀테크가 빠르게 성장하는 국가인 남아프리카 공화국, 멕시코, 싱가포르는 대출, 재무설계 부문 등에서 중요한 핀테크 플레이어가 될 가능성이 크다. 이처럼 핀테크 서비스의 빠른 확대는 모바일 뱅킹 서비스가 급속도로 확산되고 있다는 것을 뜻한다.

모바일 금융 확산을 위한 여건은 지금으로도 충분하다. 그러나 오프라인 서비스를 완전히 탈피한 금융 서비스가 탄생하기 위해서는 다음과 같은 요소가 필요하다.

1. 물리적 인프라 : 전기, 모바일 및 인터넷 네트워크
2. 기반 기술 : 휴대전화 애플리케이션, 보안 기술
3. 금융기관 : 소외 계층을 위한 상품과 서비스를 제공하는 은행 및 보험 회사
4. 정부 규제 : 통신, 은행 및 보험 부문에 대한 감독

어떤 핀테크 산업이 유망할까?

다양한 핀테크 서비스는 개도국에서 뚜렷하게 나타나고 있다. 즉, 전통적인 금융 시스템 대신 핀테크를 가장 먼저 도입한 소위 '얼리 어답터'들은 개도국이었다.

왜 개도국에서 가장 빠른 반응을 보였을까? 이는 크게 2가지 측면에서 설명된다[그림 6-3].

첫째, 신흥 시장에는 일반적으로 새로운 기기와 기술에 익숙한 젊은 세대가 많다. 실제 핀테크를 활용하는 세대도 2030의 젊은 세대이다. 2017년에 핀테크 사용자의 48%는 25세에서 34세 사이였다. 그리고 핀테크 사용자의 41%는 35세에서 44세였다. 또한 이 사용자 중 13%는 실제 5개 이상의 다양한 핀테크 서비스를

[그림 6-3] 디지털 금융 서비스 사용률로 살펴본 국가별 핀테크 도입률

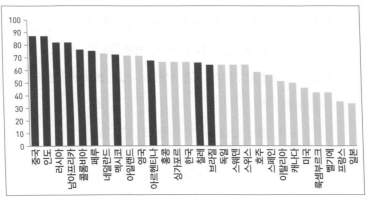

출처: Ernst & Young, "Global FinTech Adoption Index 2019," https://www.ey.com/enom/ey-global-fintech-adoption-index.

사용하는 것으로 나타났다.

둘째, 일부 신흥국에서는 화폐개혁이 이루어지는 등 현금 유통을 단속하고 있다. 이에 대한 반작용으로 핀테크 기술의 도입에 앞장서고 있다. 모바일 기술이 전통적인 금융 시스템에 비해 편리하다는 것도 이러한 추세를 가속화한다. 미국, 유럽 등 선진국은 이미 신용카드와 은행 계좌를 중심으로 결제망이 구축되어 있다. 그러나 아이러니하게도 기존의 낡은 결제망 시스템은 새로운 핀테크 서비스의 도입을 가로막는 요인이 되고 있다.

지금 가장 인기가 많은 핀테크 앱은 주로 사람들의 '간편결제'를 돕는다. 그러나 앞으로 핀테크 서비스는 그 범위를 넓혀 갈 것이다. 핀테크가 보험, 대출, 투자 및 저축, 재무설계, 전자상거래 등에서도 기존의 금융기관을 위협하는 날이 올 것이다.

핀테크로 현금 대신 간편하게 결제

결제의 가장 보편적인 수단은 은행 계좌다. 그러나 핀테크는 은행 계좌 없이도 상거래와 그에 따른 지급결제가 가능하다(우리에게도 카카오페이, 네이버페이와 같은 간편결제는 매우 익숙한 서비스가 되었다-옮긴이). 간편결제가 대중화되자 이제는 제도권 금융회사도 각종 페이 서비스를 제공하고 있다.

과연 간편결제 서비스는 언제부터 어떻게 시작된 것일까? 사실, 간편결제는 국제 송금 분야에서 기원을 찾을 수 있다.

2016년, 글로벌 해외 송금액은 5,830억 달러였다. 세계은행에 따르면 2012년 미국에서 멕시코로 송금된 자금은 230억 달러였으며, 중국(130억 달러), 인도(119억 달러), 필리핀(106억 달러)이 그 뒤를 이었다. 국제 송금의 막대한 규모를 감안하면, 핀테크 기업이 국제 송금 분야부터 앞다투어 투자하기 시작한 것은 어찌보면 당연한 결과로 보인다.

1851년 전보회사Telegram company로 시작한 웨스턴 유니온Western Union은 오늘날 가장 광범위한 지역으로 송금 서비스를 제공하는 회사가 되었다. 이 회사는 200개 이상의 국가로 송금할 수 있으며, 130개 이상의 통화로 거래하는 50만 명의 에이전트를 보유하고 있다. 웨스턴 유니온의 고객은 온라인과 앱을 활용하여 은행 계좌나 선불카드로 직접 송금할 수 있다. 2016년 웨스턴 유니온은 800억 달러에 달하는 송금 거래를 성사시켰으며, 거래 건수는 2억 6,800만 건에 달한다. 이 회사는 54억 달러의 매출을 기록하고 있으며, 글로벌 송금 시장의 약 25%를 장악하고 있다.

현금 지급 대신 핀테크를 이용해 간편결제 서비스를 활발히 이용하고 있는 국가의 사례를 꼽자면 역시 인도다. 최근 인도는 통신기업 및 비은행 금융회사에 지급 결제 인가를 내주었는데 인도의 금융 소외 계층에게 더 많은 금융 서비스를 제공하기 위해서다. 이로 인해 페이티엠Paytm, 모비크위크MobiKwik, 프리차지

Freecharge 같은 간편결제 앱이 인도에서 유행하기 시작했다. 인도의 거대한 시장 규모를 감안하면, 글로벌 간편결제 서비스인 구글페이, 삼성페이, 아마존페이 등도 모비크위크의 뒤를 따를 것으로 예상된다.

인도에서 2억 명 이상의 사용자를 보유하고 있는 메신저 서비스인 와츠앱WhatsApp도 곧 간편결제 사업에 뛰어들 것으로 보인다. 인도의 국민 메신저가 된 와츠앱의 경우 다수의 P2P 결제(개인 간 송금)와 가맹점 결제를 주도할 수 있는 가장 인기 있는 플랫폼이 될 것이다.

인도는 현금에 기반한 경제 시스템을 갖춘 국가다. 하지만 앞서 이야기했듯이 현금의 사용은 많은 불편과 위험을 야기한다. 이로 인해 페이티엠은 비현금 전자결제 서비스를 시작하면서 고객의 편의성을 높이는 데 주력했다. 전화 사용료를 지불하기 위해 고객들은 신용카드나 인터넷 뱅킹을 사용하는 것이 일반적이었지만, 페이티엠은 휴대폰 번호와 페이티엠 지갑만 연결하면 통신요금을 지불할 수 있는 서비스를 만들었다. 대부분의 인도인은 속도가 느린 보급형 스마트폰을 사용하고 있으며, 통신망 상태가 양호하지 않기 때문에 페이티엠은 이를 감안해 매우 간단한 플랫폼을 만들었다.

특히 페이티엠이 성공을 거둔 구성원은 18~45세의 부유한 사람들이다. 이들이 주로 휴대전화를 소유하고 사용하는 계층이었기 때문이다. 인도인들은 대부분 통신요금을 선불요금제로 가입하고 있는데, 선불요금제에 가입한 사람들도 주된 고객으로 편입되었다. 페이티엠 서비스가 시작되자 사람들은 휴대전화 요금제를 선택하기 위해 더 이상 멀리 떨어진 통신사 사무소로 이동할 필요가 없어졌다. 한편 페이티엠은 이 외에도 내 손안에서 할 수 있는 다양한 서비스를 제공했다.

페이티엠은 인도에서 디지털 결제가 인기를 얻으면서 성장하기 시작했는데 이러한 성장세를 활용하여 더 다양한 사업에도 진출했다. 위성방송Direct-to-home 서비스의 요금 납부 기능을 추가했고, 온라인 여행사의 성장세를 예측해 버스 티켓 판매도 시작했다. 나아가 공과금 지불로도 사업영역을 확장했다. 2013년까지 페이티엠은 휴대전화를 통해 600만 건의 공과금 거래를 처리했으며 110억 달러의 수익을 창출했다. 또한 페이티엠은 1천억 달러에 달하는 대학 학자금 납부 사업에도 진출했다. 처음에는 10개의 학교와 8개의 대학으로 학자금 납부 서비스를 시작했으나, 2017년에는 2만 5천 개 캠퍼스의 학자금을 페이티엠으로 납부할 수 있게 되었다. 심지어 페이티엠은 인도의 도로교통공사와 협력하여 무선 통행료 지불 장치를 만들기도 했다.

승승장구하던 페이티엠은 우버를 만나면서 거대한 전환점을 맞이하게 된다. 2014년 우버는 결제 수단으로 페이티엠을 채택했고 많은 우버 사용자가 페이티엠에 가입하게 되었으며, 두 회사의 제휴로 막대한 이익이 발생되었다. 페이티엠을 사용하는 우버 고객은 2014년 말 20만 명이었지만, 2016년에는 530만 명으로 급증한다. 그 후 페이티엠은 메루캡스Meru Cabs, 엠택시M-taxi, 주그누 Jugnoo와 제휴하여 서비스를 확장하게 되었다. 2015년 페이티엠은 별도의 수수료를 받지 않고 신속하게 자금을 송금할 수 있는 계좌이체 서비스도 시작한다. 이 서비스의 목적은 수수료를 통해 돈을 벌겠다는 것이 아니라, 현금을 페이티엠으로 대체하여 고객 기반을 넓히겠다는 의도였다.

페이티엠이 맞이한 두 번째 전환점은 QR코드였다. 알리바바와 그 자회사인 앤트파이낸셜은 페이티엠의 성상세를 예측하고, 막대한 투자를 했는데, 이때 중국에 이미 보편화된 기술이었던 QR코드를 도입했다. 각 소매점에는 QR코드가 배치되었으며, 고객이 QR코드를 스캔하기만 하면 자금을 결제할 수 있도록 만들었다.

페이티엠이 시작한 QR코드 모델은 고객과 판매자 모두에게 이득이었다. 페이티엠 플랫폼 내에서 자금을 이체할 때 페이티엠은 별도의 수수료를 부과하지 않았다. 반면 페이티엠에 충전해 둔 자금을 은행 계좌로 이체할 때는 2~2.5%의 수수료가 부과되었다. 2016년 말까지 페이티엠은 114만 개의 소상공인들에게 QR코드 네트워크를 설치하여 500만 건의 거래를 처리했다. 2018년의 평균 일일 거래 수는 500만 건이었고, 한 사용자가 1주에 페이티엠을 사용하는 건수는 약 18건이었다. 700만 명 이상의 소매업체가 페이티엠 가맹점으로 등록했으며, 2018년 현재 비자카드나 마스터카드 가맹점의 75%가 페이티엠 가맹점으로 등록되어 있다.

2015년 페이티엠은 '지불은행Payment bank'으로 인가를 받게 된다. 지불은행이란 은행을 이용하지 않는 고객에게 은행 서비스를 제공하기 위해 인도 정부가 신설한 새로운 은행업 인가 단위다. 이 은행은 예적금 계좌(최대 10만 루피의 예금), 당좌예금 계좌, 송금 서비스, 뮤추얼 펀드 판매, 보험 및 연금상품 판매 등의 서비스를 제공하고 있다.

한편, 중국에서도 온라인 전자상거래와 SNS는 빠르게 성장했다. 중국은 대부분의 거래에서 통용되는 지급결제 서비스를 제공한다. 저소득층이든, 고소득층이든, 농촌이든, 도시든 가리지 않고 결제 애플리케이션을 사용하는 것이다. 대표적으로 앤트파이낸셜의 알리페이와 텐센트의 텐페이tenpay가 있다.

대체로 간편결제 서비스에 대한 투자는 위험이 낮은 반면, 혁신에 뒤따르는 효율성 개선과 비용 절감 효과는 엄청났다. 이는 개도국에는 결제나 송금을 원하는 사람들의 수요가 엄청났고, 이 수요가 갈수록 커졌기 때문이다.

결제 분야의 대표적 사례는 케냐의 엠페사다. 케냐인의 대다수는 은행 계좌가 없었고, 주로 급여를 현금의 형식으로 받았다. 설령 은행 계좌가 있더라도 비싼 비용 때문에 송금도 부담스러웠다.

멀리 떨어진 가족들에게 생활비를 송금하려면 비싼 수수료를 감당해야 했다. 그래서 케냐인들은 직접 현금을 운반했다. 개인이 운영하는 미니버스인 '마타투스Matatus'의 운전사나 기차 승무원에게 돈을 배달해 달라고 요청하는 것이다. 그러나 모르는 사람에게 현금 배달을 맡긴다는 것은 위험천만한 일이다. 당연히 배송 도중에 도난이나 분실되는 일이 많았다.

금융 서비스가 불안정했던 케냐에 엠페사가 자리를 잡을 수 있었던 것은 케냐 사람들에게 널리 보급되어 있던 모바일 기술 덕분이었다. 게다가 휴대전화 구입과 사용도 저렴했다. 통화 비용은 분당 2~4센트였으며, 문자메시지 비용도 선당 1센트였다. 저렴한 비용으로 극빈층도 휴대전화를 사용했으며, 2000년까지 대다수 케냐 국민은 휴대전화를 소유하게 된다. 이로 인해 케냐는 유선전화 단계를 건너뛰고 바로 무선통신(셀룰러) 기술 단계로 진입했다.

처음 사파리콤Safaricom(보더폰의 케냐 자회사)은 스마트폰이 아닌 일반 휴대전화로도 작동되는 금융 서비스를 만들고자 했다. 그런데 이들이 애초 의도한 것은 송금이 아닌 소액 대출 서비스였다. 이들의 의도는 다음과 같았다.

"원래 우리는 휴대전화를 이용한 소액 대출에 대한 아이디어가 있었다. 이 아이디어를 나이로비 북쪽(티카) 지역에서 처음으로 시험해 보았다. 그런데 재미있는 점은, 대출을 받은 사람들이 이 시스템을 활용해서 멀리 떨어진 사람들에게 돈을 보내고 있었다는 것이다. 케냐에는 제대로된 은행 송금 시스템이 없었던 탓이다. 이제 와 돌이켜 보면, 우리가 송금 시스템을 만들어낸 것은 우연이었다. 우리는 실수로 케냐 금융 시스템의 큰 문제점을 건드렸고, 그때부터 현재의 이체 시스템에 본격적으로 뛰어들었다."

우연히 시작된 송금 서비스를 시작으로 케냐 중앙은행은 2007년 사파리콤과 협력하여 엠페사를 출시한다. 케냐 중앙은행은 새롭게 등장한 결제 방식에 대해서는 느슨한 규제를 적용했다. 새로 등장한 시스템에 규제부터 들이댄다면 혁신이 저해될 것이라 우려했기 때문이다. 케냐 중앙은행은 초기 단계인 엠페사 실험을 면밀히 살펴보고, 이후 관련 규정을 정비하기로 했다.

케냐도 사파리콤에 요구 사항이 있었다. 케냐 중앙은행이 협조한 대가로, 사파리콤은 엠페사에 충전된 자금을 케냐 시중은행에만 예치해야 했다. 그리고 이 충전금 잔액의 일부는 공공의 목적을 위해 활용되고 있다. 사파리콤은 중앙은행과의 협력을 통해 보다 현실성 높은 금융 서비스를 시작할 수 있었고, 이는 금융포용에 긍정적인 영향을 미치고 국민의 빈곤을 크게 완화했다.

케냐의 모든 국민은 유효한 ID와 전화번호만 있으면 엠페사에 가입할 수 있다. 사람들은 문자메시지를 통해 엠페사 계정에서 돈을 입·출금할 수 있으며 SIM 카드를 활용해 거래를 완료할 수도 있다. 만약, 어떤 회사가 엠페사 비즈니스 계정을 가지고 있다면 소비자는 휴대전화로 구입대금을 지불할 수도 있다. 엠페사는 충전된 자금에 대해 이자를 지급하지는 않지만, 송금이나 결제와 관련해서 매우 낮은 수수료를 부과하고 있다.

사파리콤이 엠페사를 출시한 해의 가입자수 목표는 35만 명이었다. 그러나 실제 가입자는 120만 명에 이르렀다. 불과 3년 만에 900만 명의 고객(케냐 성인 인구의 40%)이 엠페사에 가입한 것이다. 2017년에는 10개국에 3천만 명의 사용자를 확보했다. 나아가 엠페사는 국제 송금, 대출과 의료 등 다양한 서비스를 제공하기도 했다. 엠페사 시스템은 2016년에 초당 최고 529건의 거래를 처리할 수 있었으며, 처리한 전체 거래는 약 60억 건에 달했다.

엠페사의 예상치 못한 성공으로 인해 여러 분야에서는 엠페사의 사회적·경제적 영향에 관한 연구가 다양하게 이루어졌다. 여러 연구의 공통된 결론은 엠페사가 케냐의 금융포용에 긍정적이었다는 것이다. 2009년 엠페사는 서비스 가입자뿐만 아니라, 서비스에 가입하지 않은 사람에게도 11가지 종류의 긍정적인 영향을 미친 것으로 확인되있다. 화폐순환을 촉진시키고, 쉽고 빠른 거래를 제공했으며, 안정적으로 화폐를 사용하도록 유도했다. 또한 인적자본을 축적하고, 사업 확장과 사회적 자본 축적에도 도움을 주어 고용 기회를 증가시켰다.

케냐의 농촌 지역에서는 웨스턴 유니온처럼 은행 송금을 대체할 수 있는 서비스가 부족했던 탓에 엠페사의 진가는 도시보다 농촌 지역에서 더 빛을 발하게 된다. 시골 사람들은 은행 서비스를 받을 수 있는 '뱅커블Bankable'임에도 불구하고, 은행 지점과 멀리 떨어져 있어 엠페사를 활용할 수밖에 없었다.

엠페사는 거래를 더 안전하게 만들고 사람들이 예산 편성, 소득과 지출 간의 균형 유지, 자금 저축 등과 같은 새로운 재무관리 기법을 사용할 수 있도록 도왔다. 이러한 모바일 머니 서비스는 약 19만 4천 명의 케냐 국민들을 극심한 빈곤에서 벗어날 수 있도록 했고, 18만 5천 명 여성이 농업이 아닌 다른 직업을 가질 수 있도록 도움을 주었다.

대출자와 차입자를 연결해 주는 P2P 플랫폼

핀테크는 대출 분야에서도 금융 소외 계층의 삶을 바꾸고 있다. 대부분의 은행은 저소득층에게 대출을 제공하는 것을 꺼린다. 이들이 저신용자이기 때문이다. 이들은 담보를 제공할 역량도, 보증인을 구하기도 어렵다. 제도권의 은행은 매우 보수적이어서 고신용자를 위한 대출에 집중할 수밖에 없다. 이처럼 저소득층이 제도권 금융회사로부터 대출을 받기 어려워지자 불법 사금융업자의

'약탈적 대출'이 생겨났다.

하지만 핀테크가 대중화되면서 이제 저소득층을 위한 대출에 작은 희망의 빛이 보이기 시작했다. 핀테크는 저신용자나 신용 기록이 없는 신파일러Thin-filer(신용평가가 어려울 만큼 금융거래 정보가 부족한 사람-옮긴이)들을 위한 신용평가 방식을 완전히 바꿀 것이다. 과거의 상품 구매 내역, 통신사 데이터, 온라인 행동 분석 등과 같은 보완적 데이터를 활용해 기존의 신용평가 시스템을 보강하고, 이 보완 데이터를 통한 새로운 분석기법으로 개인의 신용도 평가를 보다 정교하고 포괄적으로 만들 것이기 때문이다. 디지털 거래가 증가함에 따라 더 많은 데이터가 신용평가 시스템에 축적될 것이고, 이 데이터들은 전통적인 은행처럼 대출 상환 여부만이 아닌 다양한 변수를 고려해 신용평가 점수를 산정할 것이다. 이는 은행 대출을 받지 못하는 사람들의 신용점수를 보다 공정하게 평가할 수 있다.

핀테크로 인해 사람들에 대한 신용점수 계산이 수월해지자 새로운 사업모델이 탄생하게 되었다. 바로 대출자와 차입자를 직접 연결하는 P2Ppeer-to-peer 금융이다. P2P 대출은 제도권 금융기관을 통하지 않고, 저축자와 차용인을 직접 연결하는 비즈니스다. P2P 대출기관은 개인의 저축을 모아 차용인에게 직접 전달하는데, 이때 P2P 플랫폼은 차용자에 대한 정보를 수집하고 위험을 평가한다. 그리고 비슷한 신용도를 지닌 차용인을 다양한 그룹으로 묶어 대출자와 연결하는데 이때 대출에 따른 디폴트 위험은 대출자가 부담하게 된다.

P2P 플랫폼은 기존의 금융기관보다 운영비용이 저렴하다. 별도의 오프라인 지점이 없고, 신용평가가 자동화되며, 자금을 모으는 방법이 전산화되어 있기 때문이다. 기본적으로 들어가는 비용이 적기 때문에 소액 대출도 은행보다 수월하게 제공할 수 있다. 차입자의 신용점수에 따라 적당한 이자 수준이 책정되면 대출자나 차입자 모두 만족하는 거래가 이루어진다.

그렇다면 P2P를 수요하는 측면에서는 어떨까? 이용자 역시 만족스러운 서비스다. 저소득층과 농촌 지역에 사는 사람들은 제도권 금융기관에 돈을 저축할 수 없는 경우가 많다. 그렇다고 제도권 외의 금융 상품을 이용할 수도 없다. 이런 투자상품은 원금이 보장되지 않으며 부도의 위험을 수반하는 경우가 많기 때문이다. 따라서 P2P 대출은 금융 소외 계층에게는 매우 매력적인 대안이다. P2P 대출은 다른 상품에 비해 상대적으로 안전하며, 더 높은 수익률을 노려볼 수 있어서 부유층도 P2P 대출을 하나의 투자 옵션으로 생각할 정도다.

그러나 P2P 대출 비즈니스를 하려면 안정적인 지급결제 인프라를 구축해야 한다. 인도의 '페이티엠'은 현금 경제를 디지털 경제로 전환한 대표적인 사례다. 페이티엠은 금융 소외 계층을 위한 플랫폼이 어떻게 구축되어야 하는지를 잘 보여 주는 사례가 된다.

대중화된 결제 플랫폼의 그다음 행보는 아마도 P2P 대출 플랫폼으로의 진화일 것이다. 다수 고객 데이터를 수집해 신용평가를 할 수 있다면, 대출자와 차입자를 연결하는 것은 그리 어려운 일이 아니기 때문이다. 아마도 페이티엠은 이러한 시나리오를 염두에 두고 있을지도 모른다.

농촌의 금융 지형을 뒤바꿔 놓은 전자상거래

핀테크의 혜택을 체감할 수 있는 또 다른 영역은 전자상거래다. 전자상거래는 시공간의 제약을 받지 않기 때문에 소규모 비즈니스에 특히 유용하다. 플랫폼 가맹점(소상공인)은 오프라인 매장 마련에 필요한 고정비용(임대료, 직원 채용 등)이 들지 않는다. 마케팅 비용도 저렴하다. 소상공인들은 검색엔진, SNS, 온라인 리뷰를 활용할 수 있다. 이런 서비스는 중국의 독특한 문화를 만나 시너지 효과를 낸다.

중국에서는 동네 사람들끼리 돕는 문화가 있다. 이들은 온라인으로 상품을 판매하는 방법을 서로에게 알려 준다. 중간 규모의 마을이라면 공장을 함께 세우기도 한다. 알리바바의 전자상거래 플랫폼에 자기 마을의 상품을 업로드하면 엄청난 수익을 창출할 수 있기 때문이다. 알리바바도 이러한 추이가 계속 유지되기를 바란다. 알리바바는 2019년에 16억 달러를 투자하여 현縣(우리의 군郡에 해당함-옮긴이) 단위로는 1천 개, 미을 단위에서는 10만 개의 서비스 센터를 설립할 계획이다. 2017년 마을 서비스 센터의 수는 3만 개 이상으로, 2배가량 증가했다.

알리바바의 경쟁업체인 위챗도 농촌 주민이 온라인 상거래를 할 수 있도록 돕고 있다. 판매자는 사진과 상품 설명을 게시하고, 은행 계좌와 연결된 QR코드를 통해 상품을 판매한다.

전자상거래는 소비자에게도 이점이 있다. 저렴한 가격으로 다양한 제품과 판매자를 연결하기 때문이다. 또한 판매자에 대한 상세한 정보가 제공되어 정보의 비대칭도 해소된다. 예를 들어, 인도의 시골 사람들은 인터넷 키오스크를 사용해 가격 정보를 찾고, 보험에 가입하고, 비료와 종자를 사고, 농업 전문가와 상담하기도 한다. ITC와 같은 기업은 키오스크를 제공하고 농부로부터 직접 수확물을 구매하기도 한다. 이러한 유형의 기업식 농업은 농촌 지역의 경제적 변화를 이끌고 있다. 전자상거래와 디지털 비즈니스는 농촌 인구의 모바일 지갑(간편결제) 사용을 획기적으로 늘렸다. 모바일 지갑과 같은 디지털 결제 방식은 비즈니스 기회를 확대하고, 금융포용을 개선한다.

이러한 핀테크 서비스가 대중화될 수 있는 또 다른 지역이 아프리카다. 아프리카 전자상거래 업체 주미아Jumia는 물류 인프라와 결제 시스템의 구축이 대규모 전자상거래에 어떠한 영향을 미치는지를 잘 보여 주는 사례다.

2015년, 나이지리아 국민의 98%는 노천 시장과 노점상 같은 재래시장에서 물건을 샀다. 나이지리아에서 현대식 마트가 건립되는 것은 쉬운 일이 아니었다. 부동산 비용이 높을 뿐만 아니라, 토지 소유권 등기도 어려웠고, 전반적인 인프라 역시 부족했다. 대부분 중산층은 필요한 물건을 외국에서 수입해 사용했다. 그러나 나이지리아 통화인 나이라화가 약세를 보이면서 수입 비용이 급격히 상승했다.

또한 나이지리아는 도로망이 제대로 갖추어지지 않은 곳이 많았다. 도로는 수시로 정체되었고, 작은 마을까지 도로가 연결되지도 않았다. 또한 범죄와 사기가 횡행해 고객들은 전자 방식의 상거래를 신뢰하지도 않았다. 나이지리아 사람의 대부분은 전화나 인터넷을 통한 비대면 거래보다 직접 거래를 선호했다. 간혹, 온라인으로 상품을 주문하더라도 상품이 제대로 도착했을 때 후불로만 결제하는 관행이 있었다.

이러한 현실에서 주미아는 트럭, 배달 밴, 오토바이로 자체 전자상거래 물류팀을 구성했다. 회사는 1,500명 이상의 직원을 고용했고, 작업자들은 메인창고에서 상품을 분류, 포장한 다음 픽업 스테이션Pickup station으로 제품을 배송했다. 2015년 말까지 주미아는 농촌 지역에서는 5일 이내 배송, 도심에서는 익일 배송 서비스를 시작했으며, 100개의 픽업 스테이션을 설치했다.

주미아는 태블릿으로 방문판매를 하는 에이전트 그룹J-Force을

만들어 상품 구매를 유도하기도 했다. 대신 에이전트에게는 20%
의 수수료를 제공한다. 주미아는 이 에이전트 그룹을 통해 브랜드
인지도를 높이고, 고객의 니즈를 발 빠르게 파악할 수 있었으며
설립 4년 만에 아프리카 최고의 전자상거래 기업이 되었다. 아프
리카 최고의 전자상거래업체로 등극한 이후 주미아에 대한 글로
벌 투자자들의 투자도 이어졌다. 골드만삭스, AXA, 로켓 인터넷
이 주미아에 3억 달러를 투자했다. 2016년까지 이 회사는 14개
아프리카 국가에서 사업을 운영하고 있으며, 회원 수는 약 300만
명이다. 이로써 주미아는 설립 연도 10년 이하, 기업 가치 1조에
달하는 아프리카의 유일한 유니콘 기업이 되었다.

그러나 주미아도 많은 문제를 안고 있었다. 재고비용과 배송비
용으로 인해 수익을 내지 못했던 것이다. 주미아는 본격적으로 수
익을 내기 위해 사업을 확장하기로 결심한다. 가장 손쉬운 모델은
알리바바와 같은 전자상거래 비즈니스였다. 알리바바가 중국에서
오픈 플랫폼 시장으로 성공한 것처럼, 나이지리아의 알리바바를
꿈꾼 것이다. 자사의 플랫폼을 다른 판매자들에게 개방하고, 각자
의 판매자가 재고를 관리하는 방식이다. 주미아의 역할도 더는 재
고관리가 아닌, 결제나 물류 기능을 주된 사업으로 삼는다. 개방
형 마켓플레이스로 전환하여 재고비용을 획기적으로 줄이겠다는
의도다.

주미아의 비즈니스가 점차 커지자, 주미아 페이도 출시하게 된다. 이 회사의 목표는 아프리카 전역으로 자사의 결제 서비스를 확대하는 것이다. 여기에는 고객(소비자)과 판매자가 대출을 받고, 보험에 가입하는 것까지 포함한다. 주미아 렌딩 서비스Jumia Lending Service는 다른 금융기관에 자사가 축적한 데이터를 제공하기도 한다. 이는 자사 플랫폼에 소속된 가맹점의 신용점수를 판단하여 대출을 실행할 수 있는 기본적인 데이터다.

주미아의 사례는 개도국 시장에서 전자상거래, 결제, 물리적 인프라, 배송과 같은 요인이 어떻게 얽혀 있는지를 보여 준다. 즉, 농촌 지역에 금융 서비스를 공급하려면 전자상거래와 같은 상업 발전도 수반되어야 한다는 점을 시사한다.

세계에서 가장 큰 온라인 쇼핑 생태계를 만든 알리바바

알리바바는 빅데이터, 모바일 기술, 핀테크를 어떻게 하나로 묶어 시너지를 내는지 보여 주는 대표적인 기업이다. 알리바바가 구축한 시스템은 단일 회사가 만들 수 있는 가장 진보된 경제 생태계일 것이다.

알리바바가 물류 전문성을 기반으로 진출한 지역은 농촌이었다. 지역 농산물을 온라인 장터에 올려 판매하도록 유도한 것이다. 이를 위한 첫 번째 전략은 지역 주민에 대한 정보 제공이다. 지역 식료품점에 '농촌 서비스 센터'를 두고, 이곳에 컴퓨터를 설치했다. 또한 타오바오(알리바바가 운영하는 오픈마켓-옮긴이)를 위해 청소년들을 고용하기도 했다. 이들은 기업인이 온라인 플랫폼을 사용할 수 있도록 돕고, 소비자와 소비자 간의 직거래(C2C)를 촉진했다. 이를 통해 농촌 경제는 주류 경제에 쉽게 진입할 수 있었으며, 다양한 상품을 접할 수 있는 좋은 통로를 마련하게 되었다.

두 번째 전략은 지역 농산물의 다이렉트 판매였다. 타오바오는 농부와 소비자를 직접 연결하는 전략을 사용했다. 이를 통해 농촌 판매자들은 중개상을 통하는 것보다 더 나은 가격을 받을 수 있었다. 그리고 이러한 사업모델은 시골 청년들의 도시 이주를 막는 효과도 있었다. 시골의 청년들이 고향에서도 충분한 돈벌이로 자신의 꿈을 펼칠 수 있었기 때문이다.

알리바바 그룹이 2004년에 설립한 모바일 및 온라인 결제 플랫폼인 알리페이는 현금결제를 대체하기 위해 출시되었다. 알리페이는 거래대금을 일시적으로 보관하여 결제의 안전성을 보장하는 에스크로Escrow 방식으로 작동했다. 이는 알리바바의 온라인 구매자와 판매자 간의 신뢰를 구축하는 기초가 된다. 알리바바가 점차 세계 시장으로 진출하면서, 알리페이의 역할도 바뀌었다. 알리페이는 금융거래 내역과 빅데이터를 분석해 신용 등급을 산출하고, 소비 패턴을 이해하고, 소액 대출을 제공하는 서비스로 진화하게 된다. 2018년까지 알리페이는 소비자 대부분의 금융 니즈를 충족시키고 있다. 알리페이가 서비스하는 항목은 다음과 같다.

1. **결제 분야:** 알리페이 사용자는 약 3억 명, 제휴한 금융기관은 200개 이상, 하루 거래량은 8천만 건인 세계 최고의 제3자 결제 플랫폼
2. **모바일 지갑:** 쇼핑 결제, 신용카드 대금 지급, 자금 이체 및 청구서 결제 제공(사용자 1억 9천만 명)
3. **자산관리:** 중국에서 가장 큰 MMF를 운영(사용자 1억 2,500만 명, 자산 규모 840억 달러)
4. **투자 및 금융 상품:** 개인과 소기업, 중소기업을 대상으로 인터넷 금융 서비스 제공
5. **대출(여신):** 소기업 및 개인 자영업자들에게 온라인 소액 대출 제공
6. **마이뱅크**MYBank**:** 개인과 중소기업, 영세상인들에게 대출 등 은행 서비스를 제공할 수 있는 마이뱅크 설립 및 은행인가

알리페이가 금융업에 진출하게 된 배경에는 중국의 급격한 도시화가 있다. 이 도시화로 인해 중국 인구의 46%만이 시골 마을에 남게 되었으며, 이는 결국 농촌을 열악하게 만들었다.

인구가 빠져나간 농촌은 마치 유령도시 같았다. 제대로 된 기반 시설이 갖춰지지 않은 곳이 많았으며 기본적인 금융 서비스조차 받지 못하게 되었다. 바로 그 시점, 알리페이라는 새로운 히어로

가 등장했다. 알리페이가 모바일로 간편결제와 대출 등의 서비스를 제공하자, 농촌 소득은 증가했으며, 지역 경제도 성장하기 시작한다. 알리페이의 사업모델은 농촌 지역이 어떻게 돈을 벌어야 하며, 어떻게 소비해야 하는지에 대한 기존의 생각을 완전히 바꾸어 놓았다.

알리페이가 만들어낸 가장 놀라운 결과는 중국 서부에 위치한 낙후된 지역에서의 알리페이 사용빈도수가 상당히 높다는 것이다. 심지어 이들 지역에서의 알리페이 사용도는 중국의 고소득 지역보다도 높게 나타난다. 그 결과 2011~15년 사이, 상하이(1위)와 티베트(최하위) 간의 금융포용성 격차는 4.9배에서 1.5배로 줄어들었다.

알리바바는 동남아시아에서도 같은 서비스를 출시했다. 2016년, 알리바바는 동남아시아 6개국의 전자상거래 플랫폼인 라자다Lazada를 인수했는데 이는 동남아시아 수입상들이 중국 판매자와 신뢰 관계를 구축하는 데 큰 기여를 했다.

알리바바는 라자다의 입지 강화를 위해 새로운 결제 방식을 도입했는데 바로 온라인상에서 신용카드 결제를 가능하게 하는 PGPayment Gateway 방식이다. 본래 동남아시아 사람들은 ATM을 통한 보증 방식 또는 착불결제 방식에 익숙해 있었다. 소비자의 2~11%만이 온라인 결제를 사용했고, 70~80%는 은행 계좌도 없었다. 이러한 상황에서 라자다는 신용카드가 없더라도 온라인에서 안전하게 결제할 수 있는 헬로페이^{HelloPay}라는 PG를 설립했다.

라자다는 아마존의 동남아시아 진출을 견제하기 위해 넷플릭스, 우버와도 제휴를 맺었다. 이들의 서비스를 하나의 플랫폼으로 통합한 '라이브업$^{Live-up}$'이라는 서비스를 개시한 것이다. 라이브업을 통해 넷플릭스, 우버, 우버이츠와 타오바오에 할인 혜택을 제공했으며, 고객들에게 다양한 제품과 서비스를 제공하고 있다.

라자다의 사업모델 확장은 농촌 지역에서 어떻게 전자상거래 생태계가 구축되는지를 보여 준다. 라자다 플랫폼은 본연의 기능과 더불어 운송^{Uber}, 엔터테인먼트^{Netflix}, 결제^{HelloPay}를 결합하여 하나의 종합 서비스 생태계를 만들어냈다.

이제 세계 경제는 현금 경제에서 디지털 경제로 놀라운 대이동을 시작했다. 이미 여러 나라에서 현금은 서서히 사뒤를 감추기 시작했고 손안의 간편 결제로 모든 경제 시스템을 원활히 이용하고 있다. 아담 스미스가 '보이지 않는 손'으로 시장을 정의했듯이, 현재 경제는 실물 경제에서 디지털 경제로 역시 제2의 보이지 않는 손에 의해 빠르게 변화되고 있다. 이는 자연스러운 흐름이 되었고, 이제 우리에게는 이를 대비할 인프라를 구축할 일만 남았다.

핀테크를 통해 가난을 해결하고 싶다면 정부의 노력이 동시에 필요하다.
금융포용에 기여할 기술을 개발하고, 사회적 자원을 동원하는 데 필요한 것은
바로 정부의 힘이다. 중국과 인도 정부 역시 경제 정책의 핵심 목표로
'금융포용과 평등'을 들고 있다.

7장

디지털 인프라가
경제 성장을 촉진한다

전기, 수도, 도로, 의료, 연금 등과 같은 공공서비스는
계층 간의 불평등을 줄이고, 국민의 편의성을 높인다.
그러나 서비스 제공이 비효율적으로 이루어질 때가 많다.
이번 장에서는 정부와 경제 성장 간의 상호작용을 살펴볼 것이다.
경제 성장을 촉진하기 위해 정부가 핀테크를 어떻게 활용해야 하는지,
어떠한 디지털 인프라를 구축해야 하는지도 논의할 것이다.

정부와 경제가
서로 윈윈하는 법

　　　　　사람들의 욕구에도 단계가 있다는 매슬
로Maslow의 욕구단계설은 정부에도 적용된다. 경제 성장의 낮은
단계에서 정부의 역할은 기본적인 의식주 충족이다. 그러나 경제
가 발전함에 따라 더 나은 삶을 보장하는 것이 정부의 존재 이유
이자 의무가 되었다. 지금부터는 변화하는 정부의 역할을 더 잘
이해하기 위해 정부가 성장하는 단계를 살펴보자.

매슬로의 욕구단계설과 정부의 역할

　정부의 가장 초보적인 모습은 '최소국가Minimum state'이다. 최소
국가에서 정부는 폭력과 범죄로부터 국민을 보호하는 역할을 하
는데 주로 외부의 위협에서 국민을 보호하고, 피해입은 국민에게

는 보상과 배상을 한다. 한마디로 치안(경찰 및 사법), 안보(군사), 화폐 발행 등의 주권적 기능이 정부의 주된 역할인 것이다. 이러한 정부의 모습은 저소득 국가에서 흔히 관찰된다. 일반적으로 최소국가 단계에서 정부가 사용하는 예산은 GDP의 17% 미만이다.

그 위의 단계가 '개발국가Deveopmental state'다. 이 단계에서는 국가 주도로 경제 개발이 이루어지고 산업 발전을 위해 예산이 집중적으로 투입된다. 물론 항상 정부가 경제 주도권을 쥐는 것은 아니다. 경제 성장에 따라 민영화가 이루어지기도 한다. 시장 원리가 확산되면서 정부의 역할이 점차 줄어드는 것이다. 개발국가는 중국, 일본, 한국, 싱가포르를 포함한 여러 동아시아 국가의 경제 성장 단계에서 관찰된다.

그 위의 단계가 '복지국가Welfare state'다. 정부가 금전적·물리적·사회적 지원 프로그램을 통해 국민의 복리후생에 책임을 지는 국가를 말한다. 이 단계에 있는 정부는 소득 불평등을 최소화하는 평등사회를 설계하기 위해 노력하기 때문에 정부의 주된 관심사는 교육, 주택, 의료, 보험, 취약계층 지원, 노동 등에 머문다. 프랑스, 덴마크, 스웨덴을 비롯한 대부분의 선진국에서 관찰되는 형태다. 물론 나라마다 복지국가의 형태는 다를 수 있다. 복지국가를 조금 더 세분화하면 보수, 자유, 사회민주주의라는 3가지 유형으로 나눌 수도 있다.

위와 같이 정부의 형태가 성장함에 따라 공공 지출 규모도 커지는 것이 일반적이다. 바그너의 법칙Wagner's law에 따르면, 산업화에 따라 공공 지출의 규모도 커진다. 산업화가 진행됨에 따라 자유 시장경제는 한계를 보이게 되며, 이에 따라 국민들의 복지 수요가 강해지기 때문이다. 바그너는 공공 지출 증가의 원인으로 3가지 이유를 든다. 사회적 기능 강화, 행정과 보호 기능 강화, 복지 기능 강화다.

한편, 내생적 경제 성장 모델에 따르면 정부 지출은 경제 성장에 긍정적인 영향을 미칠 수도 있다. 이 성장 모델에 따르면 재정 정책(조세 및 지출)과 같은 공공 재정 투입은 경제 성장에 영향을 미친다. 예를 들어, 정부 지출을 연구개발이나 교육자금에 사용하면 경제의 혁신 가능성이 올라가는 것이다. 로버트 배로Robert Barro는 이 모델에 따라 경제 성장은 경제 내부에 존재하는 힘의 결과라 주장한다.

일반적으로 경제 성장 단계에 있는 개도국은 경제적 자원을 생산을 위한 '투자'에 투입하고 있다. 그러나 이 자원을 '복지'에 투입하기 위해서는 일정 수준 이상으로 성장해 국가 내에 여유자금이 존재해야 한다. 재미있는 연구결과 중 하나는 저소득 국가는 정부 지출이 커질수록 경제 성장률이 높은 경향을 보였지만, 고소득 국가는 그 반대의 움직임을 보였다.

일반적으로 경제가 성장할 때 정부 지출 규모는 증가하는 경향이 있다. 이는 바그너의 법칙에서 설명하는 바와 같은 현상이다. 만약 세수만 충분히 뒷받침된다면 정부 지출은 GDP의 증가 속도보다 빠르게 증가할 수도 있다. 경제 성장과 정부 지출은 보통 로 그함수의 모양으로 그려지는데, 이는 두 변수가 높은 상관관계가 있다는 것을 뜻한다.

1인당 소득 수준에 따라 국가를 분류할 수도 있다. 첫째, 1인당 GDP가 1천 달러 미만인 저소득 국가 내에서 정부 지출은 GDP(GDP의 평균 17% 수준)보다 빠르게 증가한다. 둘째, 1인당 GDP가 1천~1만 2천 달러 사이인 중간소득 국가의 경우 정부 지출은 GDP의 30~40% 사이에서 머문다. 유럽 대륙의 국가들은 일반적으로 이 범주의 상한선(약 40%)까지 증가했다. 반면 미국, 캐나다, 호주, 영국과 같은 앵글로색슨 국가는 이 범위의 하단(약 30%)에 있다.

대체로 경제 성장과 정부의 역할은 정(+)의 관계를 보인다. 혹은 서로를 촉진하는 상호인과적인 관계일 가능성도 있다. 더 많은 투자 지출을 통해 경제 성장을 촉진할 수도 있고, 반대로 더 높은 성장은 더 많은 세수를 창출해 투자를 뒷받침하기도 한다. 그러나 이러한 선순환에는 반드시 전제조건이 뒤따른다. 어떤 국가든 선순환이 시작되려면 '초기충격'이 필요하다는 것이다.

사회보장만으로 불평등을 줄일 수 있을까?

오늘날 전 세계 인구의 39%가 적절한 의료 서비스를 받지 못하고 있다. 특히 저소득 국가는 의료 서비스 부족이 심각해 국민의 90%가 제대로 된 의료 서비스를 받지 못한다. 마찬가지로 65세 이상의 절반 이상은 연금을 받지 못한다. 생계 유지를 위해 누군가에게 의지해야 하는 상황이다. 포괄적 사회보장제도의 부재는 특히 7억 명 이상의 노동자가 비공식 경제에서 일하고, 극심한 가난 속에서 살며, 하루 1.25달러 이하로 생활하는 저소득층에게 심각한 피해를 준다.

오늘날 대부분의 신흥 경제국은 이전보다 노령인구의 비중이 높아졌다. 이들은 주로 비공식적 경제 부문에 종사하고 있으며,

[그림 7-1] 의료비용 지출 규모

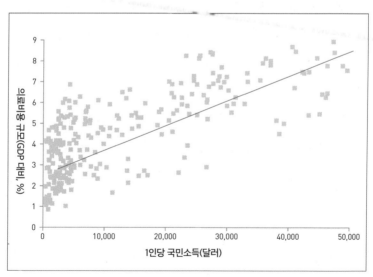

출처: Laboure and Taugourdeau, "Does Government Expenditure Matter," 203-15.

소득과 부의 불평등도 높다. 예컨대 중국은 1979년에 1가구 1자녀 정책(30년 넘게 지속하다가 2016년 두 자녀 정책으로 전환)을 도입했으나, 동시에 평균수명도 크게 증가했다. 자녀는 줄었는데 노인은 많아졌다는 뜻이다. 5년 후 중국은 산아제한 규제를 완화해 세 자녀까지 허용했다가 2021년 더 이상 산아제한 규제를 시행하지 않기로 했다. 앞으로 중국의 노인부양 비율은 2017년 15%에서 2050년 44%로 증가할 전망이다.

고령화에 따라 연금의 중요성도 더욱 커지고 있다. 연금이 경제 발전에 기여하는 통로는 다음과 같은 4가지다. 첫째, 최저생계 보호 기능이다. 노령층의 소득을 보장하고, 은퇴 이후의 경제적 빈곤을 예방한다. 둘째, 생산적 기능이다. 연금자산으로 관리되는 자금은 생산적 분야에 투자된다. 셋째, 세대 간 소득 격차의 위험과 소득을 이전하는 기능이다. 젊은 세대와 노령 세대 간의 소득 격차를 줄여 소득을 재분배하는 것이 연금의 역할인 것이다. 마지막은 돌봄 비용 감소다. 노인에 대한 돌봄 의무가 줄어든다는 것은, 일반적으로 여성에게만 주어지던 의무를 완화한다는 것이다. 이는 양성평등을 제고하고, 모든 가족 구성원에게 교육의 기회를 제공하는 결과를 낳는다.

하지만 중국, 인도 등에서는 여전히 연금제도가 충분히 갖추어지지 않았다. 그리고 이는 이 국가들의 불평등을 증가시키는 요인이 되고 있다. 많은 개도국에서는 농촌 지역의 노인 인구, 비공식

부문에 종사하는 노동자, 이주 노동자 및 저소득층 등은 연금의
혜택에서 배제되어 있다.

물론 중국, 인도 등의 신흥 경제국에서의 연금 서비스는 최근
들어 확산세로 접어들었다. 이들 국가는 경제 성장에 따라 대규모
의 농촌 지역 사람들이 도시로 이주했으며, 이에 따라 연금 가입
자도 2006년 11%에서 2010년 21%로 증가했다. 겉으로 보면 큰

[표7-1] 라틴아메리카의 사회보장급여 수준과 노인빈곤율(%)

65세 이상 인구의 빈곤율			
	사회보장급여		빈곤율 감소 정도
	지급 이전	지급 이후	
아르헨티나	64.5	17.1	72.6
브라질	67.8	16.9	75.1
칠레	52.8	15.0	71.6
콜롬비아	64.2	47.0	26.8
코스타리카	52.7	28.7	45.5
멕시코	70.5	53.2	24.5
우루과이	67.0	4.9	92.7
평균	62.8	26.1	58.4
중위값	64.5	17.1	71.6

출처: UN Research Institute for Social Development, based on Victor E. Tokman, "Insercion
Laboral, Mercados de Trabajoy Proteccion Social," Serie Financiamiento del Desarrollo 170
(2006); Andras Uthoff and N. Ruedi, "Diferencias en la Efectividad de la Politica Social
para Atenuar la Incidencia de la Pobreza: Un Analisis a Partir de las Encuestas de Hogares"
(paper presented at Politicas Hacia las Familias, Proteccion, e Inclusion Sociales, 2005).

발전이다. 그러나 연금수급인구가 수치상으로 증가함에도 불구하고 실제로는 많은 문제가 있다. 노동자들은 은퇴 시까지 꾸준히 연금을 납입하지 않고 중간에 계약을 해지할 때가 많았다.

라틴 아메리카에서는 노인 빈곤 감소 정책으로 사회보장급여를 높이는 정책을 사용하고 있다[표 7-1]. 사회보장급여는 연금과 달리 자신이 기여금을 내지 않더라도 기본적인 급여가 지원되는 방식이다. 이러한 비기여 기반의 사회연금은 빈곤 감소와 부의 재분배를 위해 효과적인 방식이라고 평가받기도 했다. 그러나 비기여 방식에도 문제는 있다. 재정에 부담을 주어 그 보장 범위가 좁으며, 지속 가능성에도 의문이 드는 것이 사실이다.

정부가 제대로 일하려면 인프라 구축이 먼저

정부가 효과적으로 일하기 위해서는 금융 인프라 구축이 우선되어야 한다. 제대로 된 금융 인프라가 없다면 정부의 공공서비스를 효과적으로 저소득층에 전달하기 어렵다.

세계은행에 따르면 브라질에서 사회보험Social insurance(우리나라의 국민연금, 건강보험, 고용보험, 산재보험과 같이 정부가 제공하는 기본적인 보험 서비스를 뜻함-옮긴이) 서비스에 가입된 사람들은 약 30%다. 그러나 소득 하위 20%에서는 가입된 사람이 약 12%에 불과하다. 그나마 중국은 조금 나은 경우다. 전체 인구의 35%가 사회보험 서비스를 누리고 있으며, 소득 하위 20% 인구의 33%가 이 서비스에 가입되어 있다. 그러나 정부의 사회보험 지출 규모는 낮다. 브라질과 중국은 전체 공공보험 지출의 1%와 2%만 사회보험에 지출하고 있다[그림 7-2].

[그림 7-2] 소득 하위 20%와 전체 인구에 대한 사회보험 지출 규모

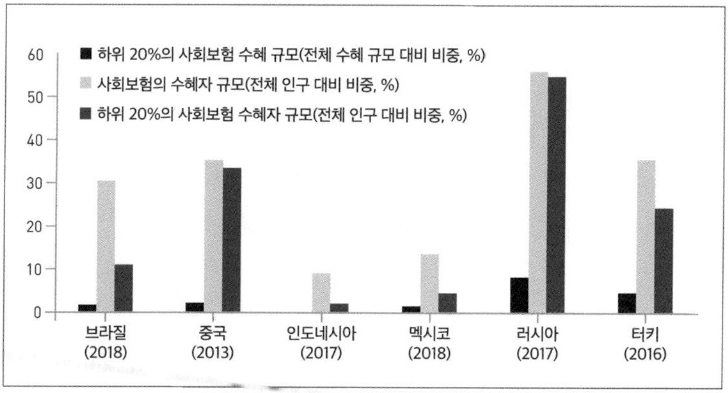

출처: World Bank, "World Development Indicators".

사회복지 프로그램은 기초 인프라(기본 편의시설, 도로, 전기, 수도, 초등 및 중등 교육, 기본 건강관리, 공중보건 서비스 포함, 내부 보안)가 갖추어졌을 때 효과를 발휘한다. 공식적인 신분증도 대표적인 인프라 중 하나다. 신분증이 없어 제대로 된 실명 확인이 불가능한 상황이라면 공공서비스의 보급이 원활히 이루어지지 못할 것이다. 실제로 개도국에서 이러한 일은 비일비재하다. 2017년 세계 성인 17억 명 중 19%가 은행 계좌를 개설하는 데 필요한 기초 서류를 갖추지 못하고 있다. 제도권 금융회사로의 진입 자체가 불가능한 것이다. 따라서 수급 대상자가 누구인지에 대한 기초 데이터를

수집하는 것이 소득 재분배 정책의 첫걸음이다.

관료들의 부패도 소득 재분배를 가로막는 장애물이 된다. 관료들의 부패는 재분배 정책으로 인한 정책 효과를 무위로 만들어 버릴 정도로 막대한 손실을 초래한다. 비도덕적인 관료들로 인해 복지 자금이 엉뚱한 곳에 전달되기도 하고, 자신의 호주머니로 들어가기도 한다. 만약 정부가 저소득층에 대해 복지 서비스를 효과적으로 전달하고자 한다면 이러한 문제부터 해결해야 할 것이다. 그리고 바로 핀테크가 이러한 문제의 해결책이 될 수 있다.

핀테크와
금융 서비스의 유형

핀테크를 통해 가난을 해결하고 싶다면 정부의 노력이 동시에 필요하다. 금융포용에 기여할 기술을 개발하고, 사회적 자원을 동원하는 데 필요한 것은 바로 정부의 힘이다. 중국과 인도 정부 역시 경제 정책의 핵심 목표로 '금융포용과 평등'을 들고 있다.

디마지오Paul DiMaggio는 기술 변화와 사회 발전이 일방향적인 관계가 아니라고 주장한다. 기술이 사회를 변화시키지만, 반대로 사회가 기술을 알맞게 변형시키기도 한다는 것이다. 기술 발전의 초기 단계에서 기술은 특정 집단의 요구에 따라 생겨난다. 그러나 시간이 지나면서 일반인들의 취향에 맞도록 기술의 용도가 완전히 변화하는 경우를 쉽게 찾아볼 수 있다.

대표적인 사례가 바로 전화기이다. 전화는 애초 업무용 연락 수단인 비즈니스를 위한 도구였을 뿐이다. 그러나 시간이 지나면서 전화기는 사교용 도구로 변화했다.

한편 디마지오는 인터넷 기술은 매우 유연한 특징이 있다고 주장한다. 처음의 개발 용도와 달리 인터넷은 현실 세계의 다양한 문제를 해결하기 위한 수단으로 활용될 수 있다는 의미다. 디마지오는 아래와 같이 블록체인과 핀테크라는 기술이 어떻게 공공서비스를 개선하는 데 활용될 수 있는지 설명한다.

거래의 판을 바꿔 버리는 블록체인 기술

수많은 핀테크 기술 중에서 신흥 시장에서 활용될 여지가 많은 기술은 '블록체인'이다. 블록체인은 '분산된 신뢰'를 생성하는 시스템인 분산원장 기술^{DLT}이다. 모든 거래 내역이 기록된 공개 장부이므로 위·변조가 불가능하며, 기존의 중개 기관 없이 신뢰를 보장할 수 있다. 계약적 신뢰 요소(계약, 승인, 지급 약속 등)를 생성하기 때문에 그 힘은 강력하며, 여러 상거래와 금융거래에 적용되던 질서를 근본적으로 바꿀 수 있다.

금융거래를 하거나 사회복지 자금을 받기 위해서는 실명 확인 절차KYC, Know Your Customer를 거쳐야 하지만, 개도국의 저소득층에게는 자신이 누구인지 증명하는 것조차 쉽지 않다. 하지만 블록체인 기술은 '신분 확인' 영역의 솔루션을 제공한다. 블록체인 기술로 신분을 증명해 소외된 계층을 법의 테두리 안으로 끌어들이는 것이다. 그 외에 블록체인은 다음과 같은 영역에서 활용 가능하다.

1. **법적 신원 증명**: 금융포용을 실현하기 위한 가장 필수 요소다. 만약 법적 신원 증명이 이루어지면, 블록체인은 이를 전 세계적으로 통용되는 글로벌 신원으로 만들 수도 있다. DLT는 정보를 암호화할 뿐만 아니라, 사실관계를 검증하기 때문에 여권과 같은 다양한 형태의 신원을 생성하는 데도 사용할 수 있다.

2. **자산 소유권을 증명하는 소유 증서**: 개도국에서는 자산에 대한 소유 증명(부동산 등기 등) 제도가 잘 갖추어져 있지 않다. 게다가 신흥 경제국에서는 인구가 빠르게 증가해 토지에 대한 소유권이 분쟁거리가 되는 경우가 많다. 이러한 다툼에서는 일반적으로 약자가 불리하다. 그러나 블록체인은 새로 취득한 토지에 대해 위조할 수 없는 소유권을 기록할 수 있으며, 이는 저소득층에게 유리한 기술이 될 것이다.

3. **의료 기록**: 신흥 경제국에서 저소득층에 대한 의료 기록은 남아 있지 않다. 그러나 블록체인 기술을 사용하면 개인정보 유출에 대한 우려 없이, 의료 기록(한 번 생성된 경우)을 저장할 수 있다.

4. 스마트계약: 스마트 계약이란 계약의 체결, 확인, 집행 등의 절차가 컴퓨터 프로토콜에 의해 이루어지는 것을 말한다. 계약을 담당하는 중개자 없이도 양 당사자 간의 요구가 자동으로 계약으로 만들어진다. 중개자가 없어도 계약이 자동으로 체결되는 스마트계약은 신뢰성과 추적 가능성이 높으며, 당사자 일방의 의사에 따라 조작이 불가능하다. 블록체인은 스마트계약을 현실화하는 기술이 될 수 있다. 블록체인을 활용하면 소유 증서, 영수증, 공증 등을 영구적으로 저장할 수 있으며 블록체인 시스템을 통한 자산과 권리의 양도, 상속 등도 가능하다. 이러한 변화는 전통적인 법률 관계를 담당하는 변호사와 법률전문가, 행정기구의 역할을 근본적으로 바꾸어 놓을지도 모른다.

5. 결제: 블록체인을 활용하면 결제나 송금을 할 때 은행을 통하지 않고도, 스마트폰과 인터넷만 있다면 처리할 수 있게 된다.

'빌딩 블록 디지털 지갑Building Block digital wallet' 사업은 난민 지원을 위해 블록체인이 활용된 대표적 사례다. 이 사업은 2017년 요르단의 난민 캠프에서 시작되었다. 난민들은 자신의 홍채를 스캔하여 그 기록을 UN 데이터베이스에 저장한 뒤 이를 기반으로 디지털 지갑을 만든다. 그러면 UN은 난민들의 디지털 지갑에 생활비를 이체하게 된다. 만약 난민들이 물건을 구입한다면, 자금은 계정에서 차감된다. 이 프로세스는 세계식량계획WFP의 이더리움 블록체인 시스템에 의해 이루어진다.

공식적인 신분증이 없는 난민들은 개인정보를 휴대전화에 저 장할 수도 있다. 주거지에 관계없이 자신의 신분, 가족 관계, 학력 및 신용점수 등 개인정보를 증명할 수 있는 것이다. 만약 암호화 기술을 사용하면, 개인정보 유출에 대한 걱정도 없앨 수 있다. 이 러한 블록체인 신분 증명 방식은 기록에 기반한 과거 방식보다 사 용하기 쉽고 안전하다. 나아가 중앙집중식 기록 보관의 해킹과 같 은 공격에 대해서도 자유롭다.

2017년 유엔 세계식량계획은 빌딩 블록을 활용하여 13억 달러 이상을 지급했다. 이 기술로 모든 난민의 구매를 집계한 다음, 참 여 상점과 누적된 금액을 직접 결제하게 되어 중개인의 부정을 방 지할 수 있다.

블록체인을 사용함으로써 자금 이체와 관련한 은행 수수료도 98%나 줄어들었다. 이로 인해 절약된 수백만 달러로 지원 프로그 램 확장이나 도움이 필요한 사람들에게 더 많은 혜택을 제공할 수 있게 됐다.

정부 보조금 지급이 디지털화된다면

핀테크는 정부와 개인을 직접 연결할 수도 있다. 임금 지급, 연 금 지급, 건강보조금, 실업수당, 장애수당 등은 G2P^{Government to}

^{person} 애플리케이션으로 지급 가능하다. 공공 지원금을 디지털화하면 저소득층의 사회복지 프로그램 등록을 간편하게 할 수 있으며, 정부 입장에서도 G2P 앱을 더욱 널리 보급하는 효과를 얻는다. 예컨대 남아공 정부는 복지 자금을 현금으로 지급할 때보다 40% 저렴한 비용이 드는 디지털 방식을 채택했다. 비용이 저렴해지자 서비스의 수혜 계층이 확대되었고 금융 소외 계층의 60%가 복지 자금을 추가로 받을 수 있게 되었다. 사회복지 자금의 디지털 지급이 보편화하자 공과금 이체와 같은 새로운 서비스도 생겨났다.

공공 보조금의 디지털화는 은행 계좌를 폭넓게 보급할 가능성도 크다. 전 세계적으로 볼 때, 약 8천만 명은 정부 보조금 수령을 위해 은행 계좌를 최초로 개설한 사람들이기 때문이다.

향후 5년 동안 인도의 아드하르는 15억 달러 이상을 절감할 것으로 기대된다. 단순히 은행 계좌를 개설할 때 간편하다는 측면 이외에도 아드하르에 기반한 전자 신원 증명^{e-KYC}은 종이서류보다 훨씬 효율적이다. 이제 인도에서 아드하르는 결혼, 학교 입학, 출생, 의료, 보험, 차량 및 재산 등록, 은행 계좌, 디지털 지갑 등을 처리하기 위한 필수 플랫폼이 되었다.

핀테크를 활용해 사회복지, 연금, 의료와 같은 공공서비스에 대한 정보를 공유하는 것도 가능하다. 만약 연금에 대한 '온라인 상황판'을 만들면 많은 사람이 공적·사적 연금에 대한 정보를 쉽게 얻을 수 있다.

정부의 보조금 지원이 디지털화될수록 많은 국민이 디지털 형태의 서비스로 혜택을 누릴 것이다. 그러나 여전히 현금으로 정부 보조금을 지원받는 인구의 비중이 크다. 전 세계적으로 계좌 소유자의 2%인 9천만 명이 정부 보조금, 연금, 임금 등을 현금으로 수령하고 있다. 이 수치는 에티오피아에서 12%, 필리핀에서 14% 정도이다.

성공적인
핀테크 생태계를 위한 비결

　　지금부터는 정부가 핀테크 정책을 추진하는 데에 있어서 반드시 필요한 요인을 살펴보고자 한다. 여기서는 세계에서 가장 큰 핀테크 서비스 중 하나인 위챗의 사례를 들여다 볼 것이다. 소셜미디어 및 채팅 앱인 위챗은 2020년 월간 활성 사용자 수가 12억 명 이상이었다. 이는 유럽 전체 인구보다 많은 숫자다.

　현재 위챗은 중국에서 가장 큰 소셜 앱으로서, 단일 디지털 아이덴티티를 만들어 놓았다. 위챗은 페이스북, 트위터, 왓츠앱, 징가, 인스타그램, 애플페이가 모두 하나의 플랫폼에서 굴러가는 것과 같은 시스템이다. 인스턴트 메시징, 음식 배달, 진료 예약, P2P 결제, 은행 송금, 자산관리 서비스를 제공해 수많은 이용자 데이터를 모을 수 있는 만큼 데이터 분석을 통해 더 많은 서비스를 개발하고 경쟁우위를 높일 수 있다. 이제부터는 위챗의 위대한 전략을 자세히 살펴보도록 하자.

위챗은 어떻게 세계 최대 핀테크가 되었을까?

위챗은 통신, 금융 서비스에서 출발했지만 의료, 보험, 식품, 엔터테인먼트 등으로 비즈니스를 확대했다. 위챗이라는 브랜드 내에서 다양한 서비스가 제공되자, 고객들은 위챗을 더욱더 신뢰하게 되었다. 또한 위챗이 수집한 고객 데이터는 가입자들의 소비 및 지출 패턴에 대한 객관적인 분석을 제공하기도 한다. 그러나 모든 플랫폼이 위챗처럼 되기는 어렵다. 위챗처럼 우리 삶의 가치를 높이는 핀테크 모델을 구현하기 위해서는 이를 뒷받침할 수 있는 기본적인 경제 생태계도 존재해야 한다. 기본적인 경제 생태계가 갖추어야 할 기준은 아래와 같다.

첫째, 핀테크 생태계에는 전기, 컴퓨터, 전화가 있어야 한다. 컴퓨터, 전화 네트워크를 작동시키기 위해서 전기 공급도 안정적이어야 한다. 선진국에서는 당연한 일일지 모르지만 신흥 경제국, 특히 농촌 지역에서 이러한 인프라는 당연한 것이 아니다. 아프리카에서 모바일 장치의 보급은 15년 동안 0명에서 9억 명으로 증가했지만, 5억 명의 사용자는 여전히 정기적으로 전기를 사용하지 못하고 있다.

둘째, 핀테크가 다른 금융 서비스와 협력할 수 있어야 한다. 일반적으로 핀테크 솔루션은 은행, 보험, 자산관리사를 대체할 수 없다. 핀테크의 주된 기능은 서비스의 유통을 촉진하거나, 사람 간의 격차를 해소하는 것이다. 핀테크는 은행, 보험회사, 자산관리회사, 신용조사 기관 등을 포함하는 금융산업의 일부일 때 성공할 가능성이 높다. 핀테크는 다양한 제품과 서비스에서 원활하게 작동하는 데이터 수집 시스템, 데이터 보안 및 개인정보 보호 플랫폼, 공시 규정 등의 광범위한 인프라를 활용할 수 있을 때 제대로 작동한다.

셋째, 시장 수요가 충분해야 한다. 일반적으로 핀테크는 온라인 소매 시장에서 결제 기능을 담당하는 경우가 일반적이다. 그러나 신흥 경제는 주로 현금을 기반으로 하여 온라인 상거래가 활성화되지 못할 때가 많다. 물론 중국과 같이 신흥 국가에서도 온라인 상거래가 확산되기도 하며, 중국에서는 결제로 시작한 핀테크 업체가 다른 사업으로 확장하는 경우를 쉽게 볼 수 있다.

알리페이는 처음에 알리바바 쇼핑몰의 결제 수단에 불과했다. 그러나 2013년 위바오 머니마켓Yu'e Bao money market은 알리페이 지갑Alipay wallet과 통합되었다. 이는 투자자에게는 이자를 지급하고, 고객에게는 소액 투자의 기회를 제공하는 기회가 되었고 이로 인해 알리페이는 오늘날 세계에서 가장 큰 투자상품 중의 하나가 된 것이다.

위챗페이는 게임 및 SNS의 인앱결제 서비스로 시작했다. 그 후 위챗페이는 택시요금 결제에 활용되었다. 대표적인 설문조사에 따르면 2018년까지 중국 시민의 거의 92%가 위챗의 모바일 기반 결제 시스템을 사용하여 소매 결제를 하고 있다.

인도의 페이티엠도 선불 SIM 카드에 대한 충전 서비스로 시작했다. 그러나 이후 쇼핑, 위성TV, 택시에 이르기까지 모든 것에 대한 결제 서비스를 제공하게 되었고 현재 페이티엠은 대출 서비스를 제공하기 위해 은행을 설립하는 단계에 이르렀다.

넷째, 스마트한 규제 환경이 필요하다. 전자상거래 소비자 보호, 분쟁 해결 및 계약을 위해서는 기본적인 법적 인프라가 필요하다. 법적 인프라는 핀테크를 보호해 지속 성장을 가능하게 하고, 혜택을 모두에게 전달하는 규제를 제공해야 한다.

중국 역시 핀테크 산업의 발전과 규제 사이에서 절충점을 찾고 있다. 중국에서 핀테크 산업이 급속도로 성장함에 따라 사건 사고도 빈번했다. 가짜 QR코드가 만들어졌고, QR코드 유출과 사기 사건도 있었다. 이에 중국은 핀테크 생태계에도 아래와 같은 규제를 적용하기 시작했다.

중국이 도입한 대표적인 규제는 청산 방식이었다. 2018년 6월부터 중국의 간편결제 사업자들은 차이나 네츠 유니온China Nets Union이라는 청산기구를 통해 모든 결제를 처리해야 한다. 또한 간편결제업자들이 충전금 중 현금으로 보유해야 하는 비율(유보 비율)을 인상했다(향후에는 100%까지 상향할 것으로 예상된다). 마지막으로 중국 인민은행은 사기 방지를 위해 QR코드에 지불 한도를 설정하기도 했다.

다섯째, 디지털 지식을 갖춘 소비자가 필요하다. 만약 소비자가 디지털과 금융 지식이 풍부하면 핀테크 서비스는 훨씬 더 빠르게 보급될 것이다. 핀테크가 신흥 시장에서 성공한 비결은 높은 젊은 세대 비율이었다. 젊은 세대는 노령층에 비해 금융 니즈가 높으며, 핀테크와 같은 새로운 기술에도 친화적이다. 또한 신흥국은 일반적으로 선진국보다 개인정보의 보호 수준이 낮다. 신흥국에서는 개인정보 침해나 데이터 유출에 덜 민감했기 때문에 핀테크가 빠르게 확산될 수 있었다.

여섯째, 정부도 디지털 혁신을 지원해야 한다. 정부의 혁신 의지가 적극적일 때 강력한 생태계가 형성된다. 인도의 아드하르 사례에서처럼 정부가 디지털 혁신의 키를 쥐고 있는 경우가 많다. 정부만이 추가적인 핀테크 서비스를 위한 플랫폼을 시민들에게 제공하면서 신원 증명 및 지급결제의 디지털화를 주장할 수 있다.

더욱
복잡해지는 규제

핀테크라는 새로운 금융기술의 등장은 금융 안정을 중요시하는 금융 당국에 큰 도전 과제다.[77] 핀테크는 금융에만 국한되는 비즈니스가 아니라 통신, 은행, 상품시장 등에 걸쳐 있는 비즈니스이기 때문에 어떻게 규제를 설계해야 하는지 파악하기가 어렵다. 핀테크를 구동하는 데는 인공지능, 빅데이터, 분산원장 기술 등 다양한 기술이 관련돼 있어 이 또한 규제의 어려움을 더한다. 게다가 간편결제, 가상자산 등 새롭게 등장한 금융 서비스와도 얽혀 있다.

안전하고 효율적인 금융 시스템을 유지하기 위해 금융 규제는 앞으로 더 복잡해짐 가능성이 크다. 금융의 모습은 지금과는 완전히 다른 모습으로 진화해 가기 때문이다. 새로운 디지털 통화가 등장하고, 새로운 청산 시스템이 생겨날 수도 있다. 또한 은행을 대체하는 새로운 기술이 등장할지도 모른다. 역사는 많은 핀테크 아이디어가 성공하기도 전에 실패했음을 보여준다. 이러한 뼈아픈 실패를 겪은 정부는 오직 규제만으로 금융 소비자를 보호하고 시스템의 안정을 가져올 수 있을 것이다.

금융 당국은 빠르고 복잡하게 변화하는 지금의 트렌드를 이해하고, 리스크와 혁신 간의 균형점을 찾아야 한다. 아래 [그림7-3]은 핀테크 생태계를 이해하기 위한 구성 요소를 보여 준다.

혁신과 규제는 서로 영향을 주고받는다. 은행과 정부가 어떠한 비전을 공유하느냐에 따라 규제가 금융 혁신을 촉진하기도 하며, 반대로 저해하기도 하는 것이다. 규제를 통한 압박은 혁신 추진에 도움이 되기도 하지만, 관료주의는 혁신을 가로막는 장벽이 되기도 한다. 다음은 금융 당국인 중앙은행이 역동적인 핀테크를 규제

[그림 7-3] 핀테크 생태계를 구성하는 요소

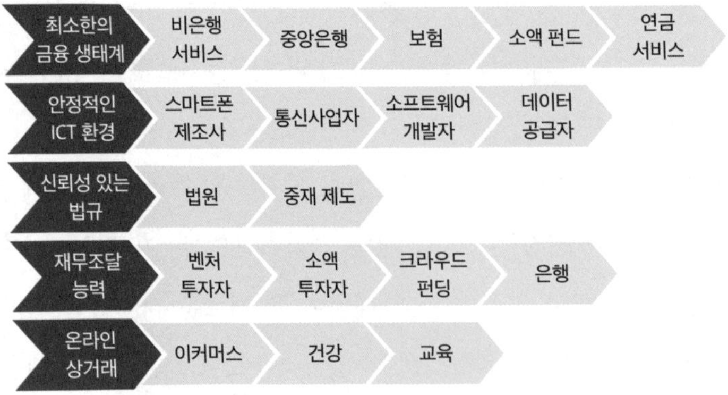

최소한의 금융 생태계	비은행 서비스	중앙은행	보험	소액 펀드	연금 서비스
안정적인 ICT 환경	스마트폰 제조사	통신사업자	소프트웨어 개발자	데이터 공급자	
신뢰성 있는 법규	법원	중재 제도			
재무조달 능력	벤처 투자자	소액 투자자	크라우드 펀딩	은행	
온라인 상거래	이커머스	건강	교육		

하기 위해 사용할 수 있는 접근법이다.

1. **시험하고 배우기**: 규제 당국은 규제 프레임워크를 시범적으로 만들어본 다음, 그에 수반되는 부작용을 연구해야 한다. 이를 통해 계획을 보다 광범위하게 구현하기 전에 소규모로 문제를 해결하는 방법을 결정할 수 있다. 유럽연합은 크라우드 펀딩과 블록체인 기술을 도입할 때 이 전략을 따랐다. 또한 케냐, 인도네시아, 필리핀 정부도 이러한 접근법을 따랐다.

2. **기다리고 관찰하기**: 기술의 변화를 꾸준히 따라가다 필요할 경우 기술을 사용해 조직 내부의 변화를 일으킨다. 이 전략의 좋은 사례가 중국의 알리페이다.

3. **규제 샌드박스**Regulatory sandbox: 공식적인 규제 면제 이외에도 규제 당국과 기업가 간에 이루어지는 모든 의사소통이 포함된다. 그 의사소통을 통해 다른 이해관계자들도 아이디어를 얻고 학습할 수 있기 때문이다. 핀테크 규제 샌드박스는 유럽과 아시아 국가에서 대부분 시행 중이다. 호주, 영국, 싱가포르, 중국, 인도, 멕시코, 러시아가 이 접근법을 채택했다.[28]

규제 당국이 해결해야 할 또 다른 이슈도 있다. 바로 데이터 윤리와 금융 윤리의 문제다.

데이터 사용과 금융에 관한 윤리

모든 시스템이 제대로 작동하려면 신뢰가 바탕이 되어야 한다. 핀테크 시스템도 마찬가지다. 신뢰를 얻기 위해서는 핀테크를 구성하고 있는 데이터와 금융 분야에 대한 올바른 윤리가 필요하다. 만약 부정한 목적으로 데이터를 수집하면 윤리적으로 지탄받을 수 있다. 그러나 동일한 데이터를 수집하더라도 소외 계층에 대한 맞춤형 지원이나 고객 기반을 넓히기 위한 활동이라면 윤리적으로 인정받는 범위 안에 있을 가능성이 크다.

사람들이 인터넷을 사용하면 웹상에 다양한 디지털 기록이 남게 된다. 이를 '디지털 발자국'이라 하는데 이렇게 생성되는 데이터는 기하급수적으로 증가하고 있다. 누구에게 전화했는지, 어떤 문자를 보냈는지, 어떤 SNS에 접속했는지, 어떤 상품을 구매했는지는 모두 디지털 데이터로 기록되고 있다. 이러한 데이터가 엄청나게 쌓이면서 이 자료를 어떻게 수집해서 활용하는지가 문제가 된다. 이 정보들의 주체에게 어떻게 이를 알릴 것인지에 대한 거버넌스 문제 역시 발생한다. 이는 데이터에 대한 관리 권한이 소득이나 사회적 지위에 따라 차이가 나기 때문에 발생하는 윤리적 문제다. 예컨대 저소득층은 정보 접근성이 제한되어 있고, 신용대출을 받기 어려우며, 자신들의 고충을 건의하는 데도 어려움을 겪는다.

핀테크 플랫폼의 확산으로 금융 접근성이 올라가면서 정부와 민간 주체가 금융 이해력을 높여야 한다는 윤리적 필요성이 대두되고 있다. 2010년 서민금융(마이크로 파이낸스) 운동이 시작된 인도의 안드라 프라데시Andhra Pradesh주에서는 과도한 신용대출로 인해 금융위기가 촉발된 적이 있다. 대출자들은 종종 50~100% 사이의 약탈적 대출금리로 같은 가구에 여러 개의 대출을 제공했고, 이것은 과도한 부채로 이어졌다. 채무자들이 제때 상환하지 못하는 일이 벌어지자 악독한 추심 행위도 이루어졌다. 이는 그 주에서만 수십 명의 채무자를 죽음으로 몰아넣었다. 이러한 죽음에 대응해 지역 정치인들은 사람들에게 소액 대출금을 상환하지 말라고까지 지시했다.

핀테크 스타트업은 다른 금융기관이 겪었던 것과 같은 위험과 문제, 딜레마에 노출될 가능성이 크다. 많은 사람이 데이터 오용과 해킹, 중앙집중화, 핀테크 독점, 개인 데이터에 대한 정부 통제에 대해 우려한다. 한편으론 핀테크는 자신들의 수익을 위해 사람들에게 필요 없는 대출상품을 권하거나 대출을 갚게끔 유도할 수도 있다. 이 문제들은 모두 윤리적 무관심에서 비롯되는 일이다.

8장

현금 없는
사회를 향해

신용카드의 확산으로 현금 없는 사회가 머지않아 보인다.
- 잭 레플러(Jack Lefler), 1968년

아직은 불가능하지만, 곧 개발될 기술 중 하나는 인터넷상에서 서로 모르는
사람끼리도 신뢰를 가지고 자금을 이체하는 것이다.
- 밀턴 프리드먼(Milton Friedman), 1999년

현금의 존재 이유는 무엇일까? 일부 국가는 이미 현금 없는
사회를 향해 가고 있다. 100달러 이상의 고액 화폐를 없애고,
디지털 결제를 도입한다. 그러나 사람들의 지불 습관은 생각처럼
쉽게 바뀌지 않을지 모른다. 이 장에서는 최근 급속히 성장한 디지털 결제
시스템과 화폐의 디지털화에 대해 살펴볼 것이다. 우리는 이 주제와 관련해
중국, 프랑스, 독일, 이탈리아, 영국, 미국의 약 3,600명을 대상으로
설문조사를 실시했다. 이를 통해 다양한 문화적·경제적 배경의
사람들이 디지털 결제 수단을 어떻게 생각하는지 알 수 있었다.

화폐의 역사를 보면
미래가 보인다

현재 현금은 조금씩 디지털화되며 변화를 모색하고 있다. 현금의 변화와 관련한 이해관계를 설명하기 전에 화폐와 통화의 역사부터 간단히 살펴보자. 화폐의 역사를 돌아보는 것은 오늘날의 변화를 이해하는 데 도움이 된다[그림8-1].

1. 물물교환 경제(기원전 6000년경)

물물교환은 인류 역사상 가장 오래된 지불 방식이다. '사람들의 요구가 서로 맞아떨어질 때' 물물교환이라는 가장 단순한 거래가 일어나며 따라서 중개자나 가격도 필요하지 않다. 물물교환

[그림 8-1] 화폐와 지불 수단의 변천 과정

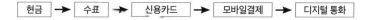

| 현금 | → | 수표 | → | 신용카드 | → | 모바일결제 | → | 디지털 통화 |

의 역사는 기원전 6000년경으로 거슬러 올라간다. 메소포타미아에는 물물교환에 대한 기록이 있으며, 페니키아인들은 물물교환을 통해 국제무역을 했다. 바빌로니아 제국은 서비스와 상품을 무기, 차, 향신료, 노예와 같은 품목을 교환하기 위해 물물교환을 활용했다. 로마인들은 소금을 거래하기도 했다. 소금^{Salt}은 오늘날 우리가 받는 월급^{Salary}의 어원으로 주로 군인들의 급여 지급을 위해 사용되었다. 그러나 물물교환 시스템은 다양하고 역동적인 경제활동을 뒷받침하기에는 한계가 있었다. 그렇게 탄생된 것이 바로 화폐이다. 기원전 1000년경 중국인들은 결제 수단으로 무기의 모양을 딴 가벼운 청동을 사용했다.

2. 통화의 진화(기원전 1000년경)

청동과 구리 복제품은 초기 형태의 금속 통화다. 이러한 금속화폐는 시작에 불과했다. 주로 금과 은 또는 이 둘의 조합은 유라시아 전역에서 지배적인 통화 형태였다. 리디아 화폐(기원전 6세기경)가 대표적인 사례다. 리디아 화폐는 지중해 지역에서 통용되기 시작해 이후에는 서구권에서 널리 사용된다.

귀금속은 시각적 가치가 우수한 데다가 운반도 쉬웠다. 이 때문에 금속화폐는 중세시대 이후 무역의 확장에도 기여한다. 게다가 무게를 기반으로 화폐 단위를 만들었기 때문에 어느 지역에서나 재화와 서비스의 가격이 안정적으로 유지되었다. 또한 동전은 쉽게 훼손되지도 않아 가치 저장에서도 우수했으며 사람들이 세계 어느 곳에서든 자원을 구매하고 이동할 수 있게 해 주었다.

3. 지폐의 발전(17세기 이후)

지폐는 17세기 유럽에서 처음으로 만들어진다. 당시 많은 양의 금과 은이 아메리카 대륙에서 유럽으로 유입되었고, 이로 인해 금과 은의 가치가 떨어지는 '가격 혁명'이 발생했다. 귀금속이 유럽으로 계속 흘러들어오자 은행들은 금과 은을 예치한 사람들에게 '돈을 받을 권리가 있다는 영수증'을 교부했고 이것이 지폐의 시초가 된다.

19세기 초까지 미국과 영국에는 많은 지방은행이 설립되었으며 각 은행은 지역 화폐를 발행했다. 중앙은행 통화와 지역 화폐를 교환해 주는 교환소가 등장하기 전까지 지역 화폐는 발행 은행에서 액면가로만 교환할 수 있었다.

미국 달러화는 1차 세계대전 이후 두각을 나타냈다. 그 이후 지폐는 오늘날의 사회를 만들었다고 해도 과언이 아닐 정도로 중요한 역할을 담당했다. 물론 지하경제나 불법 거래, 자금세탁과 같은 부작용도 생겨났다.

4. 신용카드의 시대(1950년대 이후)

신용카드에 대한 묘사는 1887년 에드워드 벨라미Edward Bellamy의 소설 『뒤돌아보기Looking Back』에서 처음 등장했다. 그 후 1950년이 되어서야 비로소 현대적인 모습의 신용카드가 사용된다. 미

국의 랠프 슈나이더Ralph Schneider와 프랭크 맥나마라Frank McNamara
는 '다이너스 클럽Diners Club'이라는 신용카드를 만들었다. 이 카드
는 처음에는 두꺼운 종이Cardboard로 만들어졌고, 주로 문화생활이
나 여행경비를 지불할 때 사용되었다.

10년 후 다이너스 클럽 신용카드는 뉴욕시에서 약 1만 명의 회
원을 확보했으며, 이들은 모두 엘리트 비즈니스 전문가였다. 카드
의 가맹점은 레스토랑 28곳과 호텔 2곳이었다. 다이너스 클럽 카
드를 소유한다는 것은 편리한 결제를 위한 것일 뿐만 아니라, 사
회적으로 높은 지위에 있는 사람임을 나타내는 증표이기도 했다.
카드사는 가맹점을 설득해 신용카드를 사용하면 더 많은 소비가
이루어질 것이라고 마케팅 활동을 했다. 그리고 이후 미국 국세청
IRS이 사업자들에게 사업비 내역을 요구하며 신용카드 수요는 급
증했다.

1958년 아메리칸 익스프레스American Express는 최초의 플라스
틱 카드를 출시한다. 뱅크오브아메리카는 캘리포니아에서 최초
로 리볼빙 신용카드를 출시했는데 이 카드의 이름은 원래 '뱅크아
메리카드'라는 이름이었지만, 이후에는 '비자Visa'로 변경된다. 뱅
크아메리카드에 대적하기 위해 다른 은행들은 '은행 간 카드협회
Interbank Card Association'를 만들었으며, 이 협회는 이후 마스터카드
MasterCard가 된다.

5. 모바일 결제의 도입

모바일 결제는 신용카드, 청구서, 디지털 지갑 등을 기반으로 휴대전화로 처리되는 결제 방식을 뜻한다. 모바일 결제는 신흥국을 중심으로 2000년대 초반에 시작됐는데(알리페이는 2004년 중국에서 시작) 이는 금융 소외 계층에 대한 금융 서비스를 보급하는 효과를 가져왔다.

이제 모바일 결제 또는 간편결제는 많은 국가에서 보편화되었다. 최근들어 주목을 하기 시작한 것은 오히려 선진국이다. 애플페이와 구글페이는 2014년에 출시되었고, 다음 해에 삼성페이도 출시되었다.

전 세계 사람늘의 결제 습관도 많이 바뀌었다. 현금 대신 포인트나 마일리지로 결제하는 데 매우 익숙해긴 것이다. 예컨대 신용카드 포인트나 항공 마일리지로 결제하는 것이 대표적이다. 이미 미국인 중 45%는 중앙은행이 발행하지 않은 화폐를 사용하고 있다. 모바일 결제 앱의 선두주자 중 하나인 스타벅스 리워드 앱은 2019년에 1,630만 명의 회원을 보유했으며 스타벅스 매장 결제의 30%는 포인트로 이루어졌다.

6. 암호화폐의 등장

암호화폐의 개념은 '디지캐시DigiCash Inc.'가 세계 최초의 가상화폐를 만든 약 30년 전으로 거슬러 올라간다. 그러나 디지캐시는 설립된 지 10년도 채 되시 않은 1998년에 파산하게 된다. 이후 가장 유명해진 암호화폐는 비트코인이다. 비트코인은 2009년 사토시 나카모토라는 가명을 사용하는 익명의 개발자에 의해 만들어졌다. 비트코인은 2011년부터 본격적으로 투자자들과 언론으로부터 많은 주목을 받았으며, 2013년부터 가격이 급등하기 시작했다. 이후 라이트코인(2011), 리플(2012), 이더리움(2015), 비트코인 캐시(2017) 등 여러 알트코인들이 만들어졌다.

암호화폐는 대중화의 관점에서는 중요한 계기를 이미 겪은 것으로 보인다. 2019년 6월, 페이스북은 리브라(현재는 디엠Diem으로 변경)라는 암호화폐를 발표했다. 페이스북의 사용자가 약 28억 명으로 세계 인구의 3분의 1이라는 점을 감안하면 페이스북의 암호화폐 사업 진출은 기존 결제 플랫폼을 위협하는 놀랄 만한 일이다.

현금 없는 사회를 향한 움직임

지난 50년 동안 현금의 종말을 예언하는 글은 많았다. 오래된 기사 중 이상적인 것은 1968년 잭 레플러의 글이다. 그는 모든 거래에 단일 신분증을 사용하는 현금 없는 사회의 출현을 상상했다. 그리고 1970년대 후반, 씨티뱅크의 한 회장은 "신용카드의 사용으로 현금 없는 사회가 도래한다"라는 제목의 신문 기사를 발표하기도 했다. 작가 닐 아들레이Neil Ardley 는 1981년 저서인 『내일의 세계: 공부, 일, 여가World of Tomorrow: School, Work and Play』에서 2002년까지 현금 없는 사회가 도래할 것이라고 예측했다. 그는 다음과 같이 예언했다.

"아무도 돈을 가지고 다니지 않는다. 신용카드는 일종의 신분 인증 기능을 겸하며, 이를 통해 모든 구매가 이루어진다. 신용

카드에는 마그네틱 스트립이 장착되는데, 여기에는 당신의 이
름과 기타 개인정보가 마그네틱 코드 형태로 들어 있다."

2007년 2월《이코노미스트》의 표지 제목은 "현금 시대의 종말
The End of the Cash Era"이었다. 해당 기사는 현금이 공룡처럼 멸종할
것이라고 예측했다.

현금의 미래는 어떻게 될까?

지금 시점에서 사람들은 현금의 미래를 어떻게 생각할까? 여전
히 많은 사람이 현금을 사용하기 때문에 현금이 사라진 사회를 상
상하기는 힘들 것이다.《파이낸셜 타임스》는 부유층이 그 어느 때
보다 많은 자산을 '현금'으로 보유하고 있다고 말했다. 설문 응답
자의 3분의 2는 미중 무역 전쟁, 중동 분쟁, 브렉시트 등과 같은
국제적 불안을 감안해 현금 보유를 더 늘리려 한다고 답했다.

그러나 지불 수단으로의 현금은 서서히 그 입지를 잃어 가고 있
다. 몇몇 국가에서는 최근 100달러 이상의 고액권 사용을 폐지하
고, 전통적인 지불 방식을 디지털 결제 수단으로 대체하는 정책을
시행하고 있다.

정부, 은행, 카드회사는 현재 현금에 적대적인 태도를 보이고
있다. 정부는 고액권이 지하경제에 사용되고 있기 때문에 고액권
지폐의 유통을 줄이기를 원한다.[29] 또한 은행과 카드회사는 비대

면 방식의 카드나 모바일 결제와 같은 기술 혁신을 통해 현금을
대체하는 방법에 관심이 많다.

결론적으로 많은 국가가 '골치 아픈 고액권을 무엇으로 대체
할 것인가?'에 대한 논의가 활발하다. 유명한 경제학자인 케네스
로고프Kenneth Rogoff는 대부분의 지폐를 없애야 한다는 주장을 펼
치기도 했으며, 하버드대학 교수 로렌스 서머스Lawrence Summers도
"100달러 지폐를 버려야 할 때"라는 제목의 글을 2016년에 기고
하기도 했다.

그러나 서유럽, 미국 등 많은 선진국에서는 여전히 현금을 사용
한다. 우리가 실시한 설문조사에 따르면 선진국의 3분의 1이 가
장 선호하는 결제 수단은 여전히 현금이었다. 그리고 절반 이상은
현금이 사라지지 않을 것이라고 생각했다.[30]

독일에서 오프라인 구매 비중의 60%는 현금으로 결제됐다. 독
일인들은 평균적으로 52유로의 현금을 보유하는데, 이는 선진국
중 가장 높은 비율이다. 그리고 독일인들은 향후 6개월 동안 더
많은 현금을 사용할 계획으로 나타났다.

미국인, 영국인 및 이탈리아인에게 현금은 두 번째로 선호하는
지불 방법이었다. 흥미롭게도 미국인의 11%는 앞으로 6개월 동
안 더 많은 현금을 사용할 계획으로 나타났다. 사람들이 현금을
선호하는 이유는 두 가지다. 가치 저장 기능이 뛰어나고, 지불 수
단으로도 안정적이기 때문이다. 특히 미국인의 53%는 항상 현금
을 가지고 다니기를 원했으며, 미국인의 약 70%는 여전히 매주

[그림 8-2] 국가별 보유 현금량(세대별)

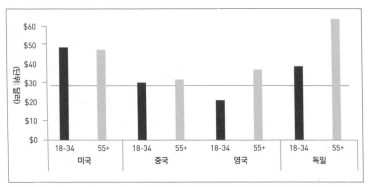

출처: https://www .dbresearch.com/PROD/RPSEN-PROD/PROD0000000000504353.
pdf.

현금을 사용하고 있다.

물론 현금은 여전히 고유한 강점이 있다. 익명성이 보장되며, 해킹과 같은 사이버 공격과도 무관하다. 그러나 이러한 장점 때문에 현금을 선호하는 것은 아니다. 사람들은 현금을 사용해야 지출액을 쉽게 관리할 수 있다고 믿으며, 결제도 편리하다고 생각한다. 사람들이 아직 현금을 쓰고 있는 것은 편리하고, 모든 곳에서 통용되며, 가장 안정적인 결제 수단이기 때문이다.

그렇다면 앞으로의 현금통용은 어떻게 변화될 것인가? 이에 관해서는 세계에서 가장 인구가 많은 중국과 인도의 사례를 주목해 볼 만하다. 중국은 디지털 통화 사용을 장려하는 국가다. 2019년

10월 말, 시진핑^{習近平} 중국 국가주석은 블록체인을 "핵심 기술의 자주적 혁신을 위한 중요한 돌파구"라고 선언했다. 현금을 디지털 통화로 대체하려는 중국인민은행의 전략에 힘을 실어 준 것이다.

인도도 마찬가지다. 인도는 2016년 1천 루피권과 500루피권 지폐를 사용하지 않기로 했다. 물론 이러한 변화로 인해 현금 부족과 같은 불편함도 존재한다. 그러나 현금 퇴출의 움직임은 일시적 현상에 그칠 것 같지는 않다. 최근 인도의 경제전문가들은 인도 중앙은행이 디지털 통화를 도입해야 한다고 주장하고 있다.

결제와
스마트폰

이제 "현금이 사라질 것인가?"라는 질문은 진부한 질문이 되었다. 오히려 현재의 트렌드를 정확히 읽고 있다면 다음과 같은 질문을 해야 한다.

"어떤 결제 수단이 가장 먼저 사라질까?"
"신용카드가 사라진다면 어떨까?"
"어떤 새로운 결제 수단이 등장할까?"

디지털 결제 혁명은 2008년 글로벌 금융위기에서 비롯되었다. 당시 금융 시스템은 충분한 유동성을 제공하지 못했고, 사람들은 돈을 빌리기 위해 고군분투했으며, 은행 시스템에 대한 불신은 커졌다.

은행에 대한 규제 강화도 핀테크가 급성장한 배경이 된다. 금융 회사에 대한 규제는 강화된 반면, 대부분의 핀테크 기업은 금융 당국의 감시 밖에서 영업을 하였으며 마땅한 규제도 없었다. 이로 인해 최근 간편결제에 투자하는 벤처캐피털이 크게 늘어났다. 오늘날 핀테크에 투자되는 자금의 3분의 1이 간편결제 분야다.

현재 간편결제 시장은 기술 변화를 통해 급성장하고 있다. 글로벌 간편결제 산업의 수익 규모는 2010년 이후 2배 증가하여 2조 달러에 육박한다. 특히 아시아 태평양 지역은 전 세계 결제 수익의 거의 절반을 차지해 간편결제 산업의 주된 수익원이다. 2007년 애플이 아이폰을 출시했을 때 스마트폰이 이렇게 엄청난 성공을 거둘 것이라고는 아무도 생각하지 못했다. 그러나 지금 미국인들은 하루 평균 3시간 스마트폰을 사용하고, 80번이나 메시지를 확인한다. 특히 밀레니얼 세대는 스마트폰이 주는 정보의 흐름(메시지, 이메일, 소셜 네트워크, 앱 알림, 뉴스 등)에 중독된 상태다.

모든 정보와 거래가 스마트폰으로 집중되자 스마트폰은 모든 것을 통합하는 플랫폼이 되었다. 그 결과, 스마트폰은 점차 금융 거래 기능을 탑재하기 시작했다. 애플페이와 구글페이로 대표되는 수많은 결제 시스템이 탄생한 것이다. 이러한 간편결제 서비스는 결제 절차와 스마트폰을 상호의존적으로 만들었다. 그리고 이러한 상호의존성은 핀테크 전환에 있어서 반드시 고려해야 할 '소매 결제 분야의 가치사슬Retail payment value chain'을 강화하고 있다.

결제 분야의 가치사슬은 복잡한 동시에, 고도의 중개자 역할로 이루어져 있다. 이 가치사슬을 2개로 나누어 보자. 첫 번째는 소비자 쪽에 있는 '프런트오피스(고객과의 접점)'이고 다음은 지원 업무인 '운영 백오피스'이다[그림8-3].

[그림 8-3] 소매 결제 분야의 가치사슬

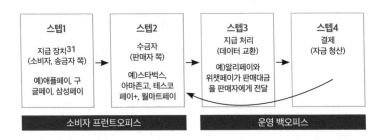

스텝1	스텝2	스텝3	스텝4
지급 장치31 (소비자, 송금자 쪽)	수금자 (판매자 쪽)	지급 처리 (데이터 교환)	결제 (자금 청산)
예)애플페이, 구글페이, 삼성페이	예)스타벅스, 아마존고, 테스코 페이+, 월마트페이	예)알리페이와 위챗페이가 판매대금을 판매자에게 전달	

소비자 프런트오피스 / 운영 백오피스

먼저, 소비자 프런트오피스에서는 어떠한 일이 일어나는지 살펴보자. 소비자는 장치를 사용하여 결제를 시작한다. 결제는 인터넷, 모바일, 은행 지점 등 다양한 채널에서 이루어진다. 이후 결제 데이터는 가맹점 은행(수취인)으로 전송된다. 이 단계에는 단기간에 수천만 또는 수억 명의 소비자와 판매자에 대한 민감한 데이터가 가장 많이 포함되어 있다. 데이터를 보호하기 위한 보안 과정이 필수적이나 아직 핀테크 분야의 보안 수단에 대한 개발은 초기 단계에 머물러 있다.

프런트오피스에서 가장 중점적인 기능은 바로 결제 분야이다. 이 결제 시스템에는 3가지 유형의 플레이어들이 역동적으로 움직여 간편한 지불을 돕는다.

모바일 결제 플레이어들의 3가지 유형

첫 번째 유형은 최근 애플페이, 구글페이, 삼성페이와 같은 새로운 플레이어들로, 편의성과 속도를 강점으로 한다. 사용자들은 신용카드에 저장된 정보를 휴대전화에 저장한 뒤 결제 수단으로 사용한다. 다만, 이 방식은 기존의 가치사슬을 파괴시키지는 않는다. 기존의 결제 과정에 '휴대전화'라는 새로운 중개자가 추가됐을 뿐이다. 이는 상인이 지불해야 할 수수료는 증가할 수 있지만, 소비자는 더 넓은 편의를 누릴 수 있다.

두 번째 유형은 자체 앱을 통해 지급결제 서비스를 제공하는 소매업체들이다. 이 방식 역시 기존의 중개 기관을 제거하거나 추가하는 것은 아니다. 고객은 앱에 신용카드의 세부 정보를 미리 입력해 두고 결제 시마다 사용하기 때문에 애플페이나 구글페이에 신용카드 번호를 매번 붙여넣는 수고를 덜 수 있다는 장점이 있다. 이러한 종류의 앱 중 가장 인기 있는 것은 스타벅스 리워드 앱이다. 이 앱은 2019년 미국 기준 회원 수가 1,630만 명에 달한다.

고객들은 앱에 기프트 카드를 저장해 결제할 수 있는데 이 앱에 신용카드 정보를 저장할 수도 있기 때문에 커피를 구매할 때 스마트폰을 통해 계산할 수도 있다. 커피체인^{Coffee chain}에 따르면 매장

8장 현금 없는 사회를 향해 315

에서 매주 이루어지는 거래는 900만 건이며, 이 중 20%는 스마트폰을 통해 결제된다. 최근에는 식료품점에서도 모바일 결제를 제공하고 있다. 예를 들어, 영국의 다국적 식료품 체인인 테스코는 테스코페이+Tesco Pay+를, 미국의 거대 기업인 월마트는 월마트페이를 출시했다. 테스코와 월마트는 모두 2011년에 스타벅스의 시스템을 따라서 앱을 출시한 것이다. 아마존고Amazon Go는 고객이 매장에서 상품을 선택한 후 계산대를 거치지 않고 매장에서 나가는 시스템을 구현했다. 결제는 오버헤드 카메라, 무게 센서, 스마트폰 결제 기술로 상품을 선택하는 순간 자동으로 이루어진다.

세 번째 유형의 결제 플레이어는 종합 금융 서비스를 제공하는 결제 앱이다. 신용카드 결제, 은행 계좌 관리, P2P 송금, 휴대폰 결제, 버스 및 기차 티켓 구매, 음식 주문, 차량 호출, 보험, 신분증 보관 등의 기능을 제공한다. 중국의 알리페이와 위챗이 이러한 유형에 속한다[표 8-1].

[표 8-1] 빅테크의 소매 부문 간편결제

		서비스 범위	
		국내	글로벌
페이먼트 인프라	오버레이 (Overlay)	벤모	애플페이, 구글페이, 페이팔, 노비
	독자적 (Standalone)	알리페이, 엠페사, 위챗페이, 스위시	디엠

출처: Bank for International Settlements(2019).

결제 후에는 무슨 일이 벌어질까?

두 번째 단계는 '운영 백오피스' 분야다. 이 단계에서 상업은행들은 페이먼트 업체로부터 지급에 관한 데이터를 받는다. 그러면 카드 플랫폼(Visa, MasterCard 등)에서 데이터 교환을 통해 결제가 처리된다. 그 이후 지급 여부가 확정되고 두 계좌 간에 자금이 이체된다. 이 단계에서 소수의 기업은 아주 민감한 데이터를 다루게된다. 전 세계적으로 불과 20개 미만의 기업들이 수십억 건의 거래를 처리하는 것이다. 따라서 이 과정에서는 금융 보안이 매우 중요하기 때문에 인프라가 고도로 발달한 국가에서만 가능하다.

운영 백오피스 분야에서 뛰어난 효율성을 발휘할 기술은 바로 분산원장DLT이다. 물론 아직 초기 단계이기는 하지만, 이 기술을 사용하면 배송 시기를 실시간으로 공개할 수도 있고, 수수료를 줄여 국가 간 결제 절차의 효율성을 높일 수도 있다. 분산원장을 이용한 블록체인은 은행 산업에서 지급결제, 무역금융, 신원 증명 및 신디케이트 대출 분야에서 활용될 수 있다.

디지털 시대에는
데이터가 돈이다

결제 과정의 디지털화는 판매자에게도 장점이 있다. 바로 고객에 대한 데이터를 수집할 수 있다는 것이다. 이로 인해 강력한 브랜드 인지도를 구축하거나, 고객과의 접점을 강화할 수도 있다. 또한 사용자에게 신제품을 광고하거나, 더 많은 상품가치를 제공할 수도 있고, 고객의 가시성을 높일 수 있으며, 경쟁에서 눈에 띄거나, 고객의 브랜드 충성도를 유지할 수도 있다.

판매자가 제공하는 모바일 앱에는 사용자가 자금을 미리 충전해 두는 포인트 카드 또는 선불카드 방식이 있는데 이러한 선불 충전 방식은 레스토랑과 커피숍에서 널리 활용된다. 고객들은 매달 15~25달러 수준의 일정한 금액을 지출할 가능성이 매우 높기 때문이다. 또한 상거래 기업의 경우에도 은행이 제공하는 결제

API를 자사의 홈페이지에 내장시켜 소비자들이 더욱 다양한 결제 수단을 활용하도록 구현할 수 있다. 앱스플라이어Appsflyer 또는 브레이즈Braze 등은 모바일 장치에서 사용자의 행동을 추적하고, 맞춤형 광고나 할인 혜택을 제공하는 서비스들이다. 리워드 제공과 할인 혜택은 모바일 앱뿐만 아니라 모바일 쿠폰 또는 자동 캐시백 등을 통해 제공할 수도 있다.

어떤 기업들은 개인정보(나이, 성별, 주소, 체중, 키 등)를 추적해 더 개인화된 마케팅을 펼치고 있다. 어떤 뷰티 앱은 사람들이 셀카를 찍으면, 의류와 헤어스타일을 디지털 방식으로 덧씌우는 증강현실AR 기술을 사용한다. 또한 동일한 앱을 사용해 고객들에게 정기적인 알림이나 신제품 출시를 알리기도 한다. 어떤 운동화 소매업체는 운동 성과(시간, 레벨, 칼로리, 거리)를 기록할 수 있는 달리기 앱을 개발했다. 자동차 회사는 앱을 통해 자동차 정기점검을 예약하거나, 필요한 수리 사항을 운전자에게 알리고, 보험 접수를 대행하는 앱을 개발했다.

인앱 결제(애플리케이션 안에서 결제하는 것)도 성장이 기대되는 분야다. 우리가 조사한 중국인의 42%는 간편결제보다는 인앱결제 방식이 더 보편화될 것이라고 믿고 있다.

대형 브랜드는 제3자에게 의존하기보다는 자체적인 결제 시스템을 마련해야 할 것이다[그림 8-4]. 애플페이, 구글페이와 같은 다른 회사의 결제 앱은 수수료를 부과하기 때문에 대형 쇼핑몰 회

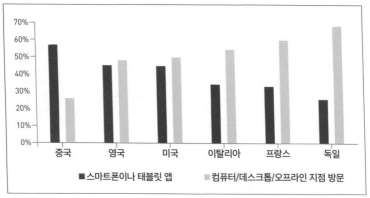

[그림 8-4] 금융 거래할 때 선호하는 방식(2020년 기준)

■스마트폰이나 태블릿 앱   ■컴퓨터/데스크톱/오프라인 지점 방문

출처: https://www.dbresearch.com/PROD/RPSEN-PROD/PROD0000000000504508. pdf.

사들은 자체적인 결제 시스템을 만들어 사용하고 있다.

앞으로 우리는 이러한 전자결제 시스템이 점차 더 많은 범위로 확산될수록 수수료는 궁극적으로 0에 가까워질 것이라고 예상한다. 많은 양의 데이터를 얻는 것 자체가 하나의 수익이기 때문이다. 오늘날, 데이터는 고객들의 행동 패턴을 보여 주는 새로운 형태의 디지털 골드가 되어 가고 있다.

데이터 비즈니스의 게임체인저

결제 시스템의 디지털화에 대한 논의는 소비자 데이터 수집의 중요성을 보여 준다. 데이터를 통해 소비자가 원하는 것을 제안하고, 편리한 결제 시스템을 제공해 맞춤형 서비스를 제공하는 것이다. 이는 수많은 소비자를 대하는 B2C 회사에는 매우 적합한 방식이다. 그러나 소수의 기업고객을 상대하는 B2B 회사에는 익숙한 방식이 아니다. 오히려 대다수의 기업은 운전자본 관리나 미수금 회수에 어려움을 겪을 때가 많다. 대다수의 B2B 기업들은 청구, 데이터 수집, 회계 및 결제를 위해 많은 인력을 보유하고 있음에도 여전히 자금 회수나 관리에 어려움을 겪고 있다. 그러나 만약 B2B 비즈니스의 결제가 디지털화된다면 기업의 운영비용은 크게 줄어들 것이다. 수표나 현금에서 디지털 송금으로 지불 방법을 전환하면 고객들의 결제 여부가 쉽게 추적된다. 고객이 동의한다면 자동이체도 좋은 방법이다.

결제를 디지털화하는 것은 자동화의 첫 단계가 된다. 계산서를 기업고객에 전송하는 과정인 '청구Billing' 소프트웨어는 이미 상용화되어 있다. 그러나 기업고객이 대금을 지불하는 '결제' 과정은 아직 디지털화되어 있지 않아 많은 기업이 불편을 겪고 있다. 따라서 청구와 결제 모두를 디지털화하면 영업 과정은 더욱 간편해질 것이다. 이러한 소프트웨어를 통해 납부금액을 정리하고, 정시에 이루어지지 않은 결제를 추적하고, 고객에게 결제 여부를 리마인드시키고, 실제 결제가 이루어졌는지를 확인할 수 있다.

결제가 이루어지는 백오피스 프로세스에서 디지털화로 전환되고 자동화가 이루어진다면 3가지의 효율을 얻을 수 있을 것이다. 비용의 효율, 결제 업무 조정비용의 효율, 시간의 효율이다.

또한 결제 과정의 자동화를 위해서는 새롭게 등장한 P2P와 암호화폐라는 2가지 기술을 고려해 볼 수도 있다.

　신용카드 플랫폼의 주요한 존재 이유는 '가맹점'과 소비자의 '은행 계좌'를 연결해 주는 것이다. 소비자의 은행 계좌에 있는 돈을 가맹점에 전달하는 가교 역할을 하는 것이다. 그러나 개인과 개인을 직접 연결시키는 P2P 결제 방식과 간편결제 기술은 신용카드사들을 위협하게 된다. P2P 앱은 신용카드를 거치지 않고 소비자의 은행 계좌와 소상공인의 은행 계좌를 직접 연결하기 때문이다. 이러한 플랫폼이 실제 상거래에 널리 활용된다면 고액의 수수료를 지불해야 하는 신용카드 비즈니스를 위협할 수밖에 없다.

　암호화폐도 마찬가지다. 은행 계좌나 신용카드 네트워크의 기반을 필요로 하지 않는 암호화폐 네트워크는 기존의 금융권을 위협하는 게임체인저가 될지도 모른다.

새로운
결제 방식

현금은 향후 10년 이내에는 사라지지 않을 가능성이 크다. 그러나 지급결제의 비물질화Dematerialization(디지털화)는 계속 진행될 것이다. 비물질화란 어떤 작업을 처리하는 데 필요한 물리적 재료가 사라지는 현상을 뜻한다. 쉽게 말해 디지털화되는 것이다.

결제 시장에서도 비물질화는 진행되고 있다. 대표적으로 신용카드의 소멸이다. 이제 우리는 실물 신용카드를 가지고 다니는 대신 삼성페이에 신용카드를 저장해 두고 결제한다. 신용카드라는 실물이 사라진 상황이다. 이런 상황이 도래하자, 신용카드 회사들은 그 지위를 유지하기 위해 여러 테크기업과 제휴하고 있다. 삼성페이를 사용하지 않더라도 새로 발급되는 대부분의 신용카드는 단말기에 근접히면 자동으로 결제되는 기술이 탑재되어 있다. 이를 비접촉식 결제Contactless payment라고 한다.

신용카드의 다음 발전 단계는 스마트폰을 통한 결제다. 이 경우 플라스틱 카드는 완전히 사라지게 된다. 현재 간편결제가 신용카드와 현금을 대체하는 현상은 신흥 경제국에서 일어나고 있다. 인도에서는 현금결제가 2000년 59%에서 2016년 30%로 감소했다. 중국에서는 현금결제가 2000년 63%에서 2016년 11%로 감소했다.

대조적으로, 현금과 플라스틱 카드는 선진국의 문화에 잘 배어 있다. 선진국의 40% 시민은 디지털 지갑보다 전통적인 지불 방식을 선호한다고 밝혔다. 하지만 이러한 느린 도입에도 불구하고, 대부분은 디지털 지갑이 결국 향후 5년 안에 현금결제를 대체할 것이라고 예상하고 있다.

새로운 결제 방식에서 뒤처진 미국

수많은 혁신 기업(애플페이, 구글페이)이 미국의 실리콘밸리에서 탄생했다. 그러나 정작 간편결제를 사용하는 미국인은 13%밖에 되지 않는다. 심지어 이들의 5분의 3은 2019년부터 간편결제를 사용하기 시작했다.

미국의 결제는 현금과 신용카드 중심이다. 평균적으로 미국인들은 여러 장의 신용카드를 사용하며, 1인당 평균 47달러의 현금을 보유하고 있다. 현금과 카드를 선호하는 이유는 빠르고 편리해서다. 그러나 결제 과정에 은행, 신용카드 회사, 지불 프로세서 Payment processors(페이팔이나 스트라이프와 같이 온라인에서 결제를 돕는 회사-옮긴이)와 같은 여러 회사가 참여하면 수수료가 올라갈 수밖에 없다. 이렇게 여러 업체가 복잡하게 얽혀 있는 미국의 결제 산업은 간편결제가 대세가 되지 못하는 이유이기도 하다. 페이팔, 애플페이, 구글페이와 같은 간편결제 업체가 존재하지만 이들은 중국의 알리페이와 위챗페이처럼 시장을 완전히 지배하지는 못한다.

비접촉식 카드는 다른 선진국보다 뒤늦게 미국에 보급되었다. 미국인들이 비접촉 방식의 신용카드를 본격적으로 사용하기 시작한 시점은 2018년, 2019년이다. 영국은 2019년 38%가 비접촉식 카드 결제를 사용하고 있는데 반해, 2019년 기준, 미국인들의 16%만이 비접촉식 카드 결제 방식을 사용하고 있다.

미국인들은 여전히 리워드나 캐쉬백이 없다면 간편결제에 아직 관심이 없다고 말한다. 미국은 세계 최고의 혁신 국가이지만, 결제 산업의 혁신은 초기단계에 불과하다.

모바일 기술 도약을 시작한 유럽

유럽에서 모바일 결제 기술은 이제 시작 단계다. 애플페이와 구글·삼성페이는 각각 2014년, 2015년에 도입되었는데 유럽인들의 7%만이 스마트폰으로 결제하고 있으며, 이들 중 70%는 2018

년과 2019년에 간편결제를 처음 접했다. 아직 간편결제가 보편화되지는 않았지만 유럽에서도 향후 5년 동안 간편결제 서비스는 크게 확산될 것으로 예상한다.

우선, 우리의 설문 조사에 따르면 유럽인들은 간편결제가 단순한 유행에 그치지 않을 것이며, 향후 5년 이내에 기존 지갑을 대체할 것이라고 믿는다. 그리고 이러한 변화는 이미 진행 중이다. 신용카드 사용자도 최근에는 간편결제를 더 자주 사용하고 있다고 응답했다. 그리고 유럽인의 3분의 1은 향후 6개월 동안 모바일 결제를 더 많이 사용할 계획이라고 응답했다.

모바일 결제가 유럽 소비자들에게 매력적인 이유는 편의성이 높고 속도가 빠르며, 수수료가 없다는 점이다. 이러한 변화에 소매업체도 관심을 기울이고 있다. '고객의 요구에 맞게' 모바일 결제 앱을 채택하기 시작한 것이다. 소매업체의 관심 사항은 고객의 편의성 제고다. 모바일 결제를 통해 PIN번호 입력이나 현금을 취급하는 번거로운 절차를 줄이는 것이다.

지갑 없는 세상,
결제 전쟁에서 누가 승리할까?

디지털 산업은 치열한 경쟁이 이루어지는 곳이다. 처음 검색포털을 둘러싼 경쟁이 일어났을 때 최후의 승자는 구글이었다. 구글은 1990년대 후반부터 검색 시장에서 입지를 다져왔다. 그 후 10년 동안은 스마트폰 제조업체 간의 경쟁이었다. 치열한 경쟁 결과, 블랙베리Blackberry, 노키아Nokia와 같은 회사들은 뒤로 물러났고, 애플iOS과 안드로이드Android가 차세대 운영체제로 자리매김했다.

이제는 디지털 결제를 둘러싼 새로운 전쟁이 벌어지고 있다. 그리고 이 경쟁에는 다음과 같은 경쟁자들이 자신들의 입지를 구축하기 위해 각축을 벌이고 있다.

첫 번째는 애플, 구글 같은 스마트폰 제조업체들이다. 애플의 아이폰에는 애플페이가 탑재되어 있고 안드로이드 기기에도 안드로이드 페이가 탑재되어 있다. 삼성 역시 삼성페이가 탑재된 스마트폰을 판매하고 있다. 이 서비스들은 결제 승인을 위해 지문과 안면 인식 기술을 갖춘 근거리 무선통신 기술을 사용한다.

두 번째 경쟁자는 SNS 기업들이다. 페이스북은 메신저 및 와츠앱 플랫폼에서 결제 서비스를 구현했으며, 애플은 아이메시지iMessage를 통해 결제 서비스를 도입했다. 두 회사의 주된 서비스는 P2P 거래다. 애플페이 캐시Apple Pay Cash의 수수료는 스퀘어 캐시Square Cash 및 벤모Venmo 수준이다. 체크카드나 인앱 잔액으로 송금하는 것은 무료이며, 신용카드를 사용하면 송금액의 3% 수수료를 낸다. 한편, 직불카드나 신용카드를 사용하여 페이팔로 송금하는 비용은 총 금액의 2.9%에 30센트를 더한 수준이다.

세 번째 경쟁자는 페이팔, 스퀘어, 스트라이프와 같은 온라인 결제 회사들이다. 페이팔의 자회사인 벤모는 밀레니얼 세대에게 매우 인기가 있다. 잭 도시Jack Dorsey가 설립한 스퀘어는 벤모와 경쟁하기 위해 스퀘어 캐시를 개발했으며, 소상공인들을 위한 금융 솔루션도 제공하고 있다. 스트라이프는 전자상거래 판매자를 위한 결제 시스템 제공에 집중하는 반면, 페이팔과 스퀘어는 소비자 지향적인 결제 플랫폼이다. 소비자의 온라인 쇼핑 내역을 저장하고, 온라인 소매업체에서 제품을 구매할 수 있는 디지털 지갑을 제공하는 데 중점을 둔다.

네 번째, 전통적인 은행도 지급 결제 분야의 경쟁자다. 대부분
의 은행(또는 신용카드회사)은 고객들이 신용카드나 직불카드를 좀
더 손쉽게 사용할 수 있도록 애플페이나 안드로이드 페이와 파트
너십을 맺고 있다. 이들은 금융 네트워크, 인프라, 고객 기반, 강
력한 브랜드 인지도, 금융 규제 준수 영역에서 강점이 있다. 체이
스페이Chase Pay는 은행이 론칭한 간편결제 앱 중에 나름의 성공을
거둔 대표적 사례다.

이들 각각의 회사는 나름의 강점을 가지고 소비자의 요구에 부
응하고 있다. 그렇다면 결제 시장의 치열한 경쟁에서 최후의 승자
가 되기 위해 어떤 무기를 갖춰야 할까?

경제 시장의 최종 승자가 되는 법

기업이 갖추어야 할 가장 중요한 무기는 '가치 제안'을 파악하
는 것이다. 가치 제안이란 마케팅에서 사용되는 용어로 고객에게
어떠한 가치를 제공할 것인지에 대한 약속을 뜻한다. 즉, 고객이
우리의 서비스를 선택해야 하는 핵심 이유인 것이다. 맥킨지는 고
객들이 결제 서비스를 선택할 때 '편의성'을 최우선 가치로 둔다
고 말한다. 고객들이 애플페이와 안드로이드 페이를 사용하는 이

유는 단순하다. 온라인 구매 시 신용카드 정보를 일일이 입력하는
것보다 더 편리하기 때문이다.

편의성이 간편결제 선택을 할 때 최우선 가치라는 점은 미국의
최대 지불 프로세서 업체인 페이팔에 큰 시사점을 준다. 페이팔
의 가장 큰 강점은 편의성이 아니라 '신뢰성'이다. 페이팔은 오랫
동안 신뢰할 수 있는 온라인 결제 플랫폼이었으며, 여러 플랫폼에
통용될 수 있는 범용성을 지니고 있다. 그러나 페이팔이 오늘날과
같은 지위를 누리고 싶다면 '편의성'에 대한 가치 제안을 덧붙여
야 할 것으로 보인다. 이를 위해 검토해 볼 수 있는 전략은 페이팔
의 자회사인 벤모를 온라인 상점의 결제 수단으로 활용하는 것이
다. 편의성에 강점이 있는 '벤모'를 활용한다면 페이팔은 대규모
소비자 기반을 갖출 수 있을 것으로 보인다.

온라인 상거래도 '편의성'이라는 고객 가치가 첨예하게 등장하
는 시장이다. 아직 모바일 판매는 전체 온라인 판매의 50% 미만
에 불과하지만, 모바일 쇼핑은 갈수록 증가할 것이다.

모바일 쇼핑의 몸집이 커진다는 것은 무엇을 의미할까? 이는
애플페이나 안드로이드 페이보다 각 쇼핑몰의 자체 간편결제(우
리나라의 경우 SSG페이, 쿠페이, 네이버페이 등을 들 수 있다-옮긴이)가 경
쟁에서 유리해진다는 것을 뜻한다. 아마존, 월마트 등의 이커머스
기업들은 자체 플랫폼에 신용카드 정보 등을 저장하고 있다. 즉,
아마존과 월마트에서 쇼핑하는 사람들은 애플페이나 페이팔보다

각 쇼핑몰의 '간편결제'를 사용하는 것이 훨씬 더 편리하다.

이와 같은 인프라와 '편의성'이라는 강력한 무기를 등에 업은 온라인 쇼핑 시장의 성장 속도도 매섭게 변화하고 있다. 오프라인 소비의 증가는 연간 4%에 불과하지만, 온라인 판매는 연간 15% 속도로 성장하고 있다. 온라인 쇼핑의 성장세가 특히 두드러지는 국가는 영국과 미국이다. 영국 사람들의 42%가 온라인 쇼핑을 활용하고 있으며, 미국에서의 전자상거래는 2020년에 36% 증가했다. 그런데 재미있는 점은 온라인 쇼핑 규모가 증가하면서 카드 결제액도 증가했다는 것이다.

왜 미국과 영국에서는 디지털 결제 방식 대신 전통적인 카드 결제가 늘어났을까? 이는 미국과 같이 신용카드 보급률이 높은 국가에서는 디지털 결제의 장점이 없기 때문이다. 전통적인 결제 방식이 확고하게 자리 잡은 선진국에서는 핀테크가 전통적인 소비자의 결제 습관을 바꾸기가 쉽지 않다.

이러한 이유로 벤모는 완전한 디지털 방식의 결제 수단 대신 '실물 카드'를 발급하기도 했다. 오프라인 상점에서 직불카드로 결제하면 벤모 잔액에서 돈을 공제하는 방식이다(우리나라에서 카카오페이가 플라스틱 직불카드를 발행한 것과 유사하다-옮긴이).

한편, 판매자들에 대한 가치 제안도 중요하다. 다시 말해, 핀테크 기업은 판매자에게도 디지털 결제 방식이 우월하다는 것을 확신시킬 수 있어야 한다. 그러나 이는 39개 미국 소매업체가 주도한 MCX 컨소시엄의 사례에서 알 수 있듯이 쉽지 않은 작업이다. 미국의 소매업체들은 애플이나 구글의 결제 시스템 대신 자체적으로 개발한 바코드 기반의 디지털 결제 시스템을 시작하기로 약속했다. 그 이유는 굳이 비싼 수수료를 지불하며 애플과 구글의 결제 시스템을 사용할 필요가 없다는 생각 때문이다. 미국 소매업체의 사례는 디지털 결제 솔루션의 제공과 함께 데이터 분석, 리워드 프로그램 등의 부가 서비스도 함께 제공되어야 한다는 것을 시사한다.

애플은 애플페이의 확산을 위해 상인들을 대상으로 대대적인 마케팅을 펼쳤다. 그러나 장기적인 가치 제안 없이 애플이 상인들을 가맹점으로 유치할 수 있는지는 좀 더 지켜봐야 할 일이다. 심지어 구글, 삼성, 체이스는 판매자와의 파트너십에서 애플보다 뒤처져 있다. 페이팔은 온라인 시장에서 회사와 파트너십을 구축했지만 오프라인에서 이러한 이점을 활용할 방법을 찾아야 할 것이다.

그렇다면 디지털 결제 시장에서 최후 승자는 누가 될 것인가? 간단히 답하면, '아무도 없다.' 애플페이, 페이팔 등의 디지털 결제 수단이 아무리 강력한 힘을 발휘한다고 해도 결국은 은행 계좌와 신용카드를 기반으로 해야만 한다. 즉, 은행과 신용카드 회사를 새로운 결제 전쟁에서 완전히 배제하는 것은 상상하기 힘들다. 그러나 은행의 약점은 자체 디지털 결제 방식의 도입에서 뒤처져 있다는 점이다. 이동통신회사가 경쟁우위를 차지하기 위해서는 소비자와 가맹점에 더 많은 가치 제안이 필요할 것으로 보인다.

페이스북과 왓츠앱 같은 메시징과 소셜미디어 플랫폼도 아직 이 분야에서 지배적인 플레이어가 될 수 있다. 페이팔과 스퀘어는 강력한 파트너십을 구축하고 있으며, 폭넓은 소비자 기반을 보유하고 있기 때문에 지금으로서는 디지털 결제 전쟁에서 가장 유리한 위치에 있는 플레이어로 보인다. 만약 미국에서도 중국과 같은 알리페이나 위챗페이 모델로의 대전환이 이루어진다면, 아마도 페이팔과 스퀘어가 그 경쟁의 최상위에 자리 잡을지도 모른다.

중국, 프랑스, 독일, 이탈리아, 영국, 미국의 3,600명 고객을 대상으로 실시한
설문조사를 통해 밀레니얼 세대는 디지털 통화가 차세대 화폐가 되리라
믿고 있다는 것을 발견했다. 밀레니얼 세대의 대다수는 암호화폐가
경제에 유용하며, 실제로 암호화폐를 사고판 경험이 있다고 말했다.
그리고 이들 중 3분의 1 이상은 암호화폐가 이미 현금을 대체할 수 있다고 생각한다.
앞으로 암호화폐는 세상을 뒤집을 금융 대혁명의 기초가 될 수도 있을 것이다.

9장

모든 것을 변화시키는
디지털 화폐

스테이블 코인에서 우리는 앞서가야 한다.
누구보다 앞서서 대응해야 한다.
- 크리스틴 리가르드(Christine Lagarde), 유럽중앙은행 총재, 2019년

인터넷은 정부의 기능을 대체해 나갈 것이다.
곧 등장할 것 중 하나는 신뢰할 만한 전자현금이다.
- 밀턴 프리드먼, 노벨 경제학상 수상자

핀테크 기술 중에서 가장 주목받은 것이 바로 '암호화폐'다.
현금과 카드가 영향력을 잃어가는 가운데 암호화폐는 점점 더 매력적인
대안으로 떠오르고 있다. 이 장에서는 비트코인, 페이스북의
리브라(현재는 '디엠'으로 변경) 및 각국 정부가 발행하는 주권 디지털 통화
등을 살펴볼 것이다. 그리고 디지털 화폐로의 전환이 일어나는 원동력과
향후 10년 동안 우리가 주의를 기울여야 하는 요인에 대해 분석한다.

디지털 화폐의
디커플링

불과 몇십 년 전까지만 해도 화폐는 금과 같은 귀금속과 그 가치가 연동되어 있었다. 그러나 오늘날에는 귀금속을 통한 가치 보증이 필요없는 명목 화폐Fiat currencies가 대부분이다. 즉, 우리가 사용하는 화폐 그 자체에는 내재된 가치가 없으며 오로지 정부의 보호에 의해서만 합법적으로 유통되고 있다. 미 연준은 달러의 합법성을 보장하고 있지만, 유통되는 달러의 가치를 금으로 보증하지는 않는다.

최근에는 정부의 보호조차 없는 화폐들도 등장했다. 디지털 화폐(또는 전자화폐)인 가상화폐, 암호화폐, 중앙은행 디지털 화폐 CBDC 등이 바로 그것이다. 이런 디지털 화폐는 현재의 현금과는 다른 방식으로 발행, 유통될 것이다. 이 방식은 다양하게 설계될 수 있다. 화폐 공급 기관을 두고 중앙집중화할 수도 있으며, 완전히 분산할 수도 있다. 만약 화폐 공급과 유통이 분산된다면 다양한 기관과 미리 짜여 있는 규칙에 의해 통화 공급이 조정된다.

2019년 말 중국 인민은행PBoC은 디지털 통화를 출시할 것이라 공언했다. 그 이후 중국은 디지털 화폐에 가장 적극적인 국가 중 하나가 되었다. 2022년 중국 베이징에서 개최된 동계 올림픽은 디지털 위안화가 공식적으로 등장한 국제적인 행사이자 쇼케이스였다. 올림픽 기간 중 참가선수와 코치들은 모두 놀이공원에 가면 볼 수 있을 법한 밴드를 손목에 두르고 다녔다. 편의점과 커피숍에서 밴드를 갖다 대기만 하면 디지털 위안화로 결제대금을 지급할 수 있었다. 이처럼 올림픽 기간 중 디지털 위안화를 통해 결제된 일평균 금액은 약 3억 8000만 원이었다. 물론 디지털 위안화를 통한 거래는 아직 종이화폐에 비해서는 매우 미미하지만, 중국은 새로운 통화질서를 선점하기 위해 디지털 위안화의 개발과 보급에 매우 적극적인 자세를 취하고 있다. 중국의 막대한 경제 규모를 감안하면 중국의 중앙은행 디지털 화폐CBDC 출시는 다른 국가들에게도 큰 압박이 될 것이며, 중국의 국제적 영향력을 강화하는 도구가 될 것으로 예상된다.

디지털 화폐가 결제 시장에서 성공적으로 안착하기 위해서는 이해 관계자와의 파트너십이 필요하다. 여기서 주요 이해관계자란 모바일 결제 앱(알리페이, 위챗페이, 애플페이, 구글페이), 신용카드 회사, 소매업체(알리바바, 아마존, 월마트) 등을 말한다. 만약 정부가 디지털 화폐를 지원하고, 화폐 가치가 안정적으로 유지되고, 소비자와 상인이 새로운 디지털 통화를 통해 더 많은 가치를 얻을 수 있다면, 디지털 화폐는 결제 시장의 표준으로 빠르게 자리 잡을 수도 있다.

중국, 프랑스, 독일, 이탈리아, 영국, 미국의 3,600명 고객을 대상으로 우리가 실시한 설문조사를 통해 밀레니얼 세대는 디지털 통화가 차세대 화폐가 되리라 믿고 있다는 것을 발견했다. 밀레니얼 세대의 대다수는 암호화폐가 경제에 유용하며, 실제로 암호화폐를 사고판 경험이 있다고 말했다. 그리고 이들 중 3분의 1 이상은 암호화폐가 이미 현금을 대체할 수 있다고 생각한다. 앞으로 암호화폐는 세상을 뒤집을 금융 대혁명의 기초가 될 수도 있을 것이다.

암호화폐에 대한
생각 차이

암호화폐는 이미 10년 전에 등장한 결제수단이다. 하지만 2017년 들어 비트코인의 가격이 2만 달러까지 치솟으면서 사람들의 집중적인 관심을 받게 되었다. 앞서 말한 바와 같이 결제 수단의 '비물질화'라는 거대한 트렌드를 감안하면 앞으로 암호화폐가 대중화되는 미래를 상상할 수 있다. 특히 디지털 통화와 결제를 흔쾌히 받아들이는 젊은 세대들의 추세가 이를 뒷받침한다.

법정화폐에 비하면 아직은 소수의 사람만이 암호화폐를 사용하고 있다. 지금으로서 암호화폐는 화폐를 대체한다기보다는 돈의 가치를 저장하는 일종의 투자상품에 그치고 있다. 암호화폐는 보안 기술도 우수하고, 속도도 빠르며, 수수료도 낮지만 아직 보편화된 결제 수단으로는 받아들여지지 못하고 있는 것이다.

그러나 앞으로의 시장은 다르다. 암호화폐는 더욱 보편화될 것이다. 만약 중국 정부가 구글, 아마존, 페이스북, 애플과 같은 GAFA 기업들, 또는 텐센트 등과 함께 안정적인 암호화폐를 만들고 각사의 플랫폼에서 사용하도록 만든다면 암호화폐는 단번에 대중화될 것이다. 만약 이러한 일이 벌어진다면 암호화폐는 현금을 대체하는 수단이 될지도 모른다.

젊은 세대 vs. 노년 세대의 암호화폐에 대한 생각

오늘날 암호화폐 사용률은 [그림 9-1]에서 볼 수 있듯이 세대별로 차이가 있다.

설문조사에서도 암호화폐의 사용을 가로막는 요인은 나이와 큰 관련이 있는 것으로 나타났다. 고령자들은 암호화폐에 대해 부정적으로 생각하는 경향이 강했다. 그 이유는 첫째, 이들은 암호화폐가 무엇인지를 정확히 이해하지 못하고 있다. 둘째, 암호화폐의 가치가 불안정하다고 생각한다. 셋째, 암호화폐는 현금으로 교환하기가 쉽지 않다고 믿고 있다.

설문 답변자들의 3분의 1은 암호화폐의 작동 방식을 이해하지 못한다고 답했으며, 40%는 부분적으로만 알고 있다고 답했다.

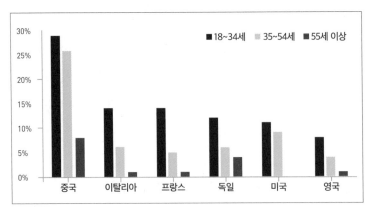

[그림 9-1] 연령별 암호화폐를 거래한 경험이 있는 사람의 비율

출처: https://www.dbresearch.com/PROD/RPSEN-PROD/PROD0000000000516270.pdf.

문화에 따른 차이: 프라이버시 vs. 편리함

암호화폐의 사용률은 문화적 요인에도 영향을 받는다. 문화적 차이는 개인정보(프라이버시)와 편의성 중 무엇이 우선하느냐에 대한 가치관에 따라 발생한다.

현금은 흔적Digital footprints을 남기지 않는다. 현금 거래는 기록이 남지 않기 때문에 개인의 사생활(프라이버시)을 보호하는 효과가 강력하다. 그러나 간편결제나 디지털 결제는 흔적을 남기는 반면, 매우 간편하다는 장점이 있다. 고객들은 현금을 휴대할 필요도 없고, 소매업자들도 현금을 취급하면서 도난이나 분실의 위험에서 해방될 수 있다.

현금이 주는 개인정보의 보호 효과와 디지털 결제 방식이 주는 편리함 중 무엇을 우선하느냐는 국가와 문화에 따라 다른 답을 내릴 수 있다. 일반적으로 선진국에서는 개인정보(프라이버시) 보호가 더욱 중요하다. 서구 사회에서 프라이버시는 개인의 고유한 권리로 간주된다. 내 공간과 정보는 개인적인 것으로 존중받아야 한다는 믿음이다.

그러나 중국인들은 개인정보(프라이버시)를 떳떳하지 못한 비밀의 일종으로 치부하는 경향이 있다. 정직한 사람이라면 숨기는 것이 없어야 한다는 생각이 강하다. 이에 따라 중국인들은 편리함과 개인정보 보호라는 상충된 선택 사이에서 보통은 개인정보를 포기하는 경향이 있다. 미국인(22%), 영국인(21%), 프랑스인(29%), 독일인(42%)과 이탈리아인(19%)은 디지털 결제 수단의 익명성 상실과 추적 가능성에 대해 우려한다고 답했으나, 중국인은 10%만이 추적 가능성에 대해 걱정한다고 답했다.

점점 더 많은 사람이 암호화폐와 블록체인 기술이 작동하는 방식에 대해 알아감에 따라 프라이버시와 편의성 사이의 긴장 관계는 점차 줄어들 것으로 보인다. 암호화폐는 궁극적으로 편리할 뿐만 아니라 개인의 프라이버시도 지켜주는 금융 거래를 가능하게 할 것이기 때문이다.

암호화폐
사용할 것인가, 말 것인가

암호화폐의 사용 여부는 기술적·경제적 한계도 영향을 미친다. 디지털 통화 기술은 아직 완벽하지 않다. 결제 시장에서 주류로 자리 잡기 위해서는 극복해야 할 기술적·경제적 장애 요인이 있다.

기술적 한계: 에너지 소비

암호화폐의 가장 큰 기술적 문제점 중 하나는 불필요한 '에너지 소비'다. 비트코인의 발행량은 세계의 경제 규모를 감당하기엔 부족하며 비트코인 채굴에는 엄청난 에너지가 소모된다. 2021년 초 기준 비트코인 채굴에 소모되는 전력 소비량은 에너지를 많이 소비하는 상위 30개 국가 중 하나와 맞먹는다. 비트코인을 1년간 채굴하려면 파키스탄(약 2억 1,700만 명 인구)의 전력 사용량과 동일한 에너지가 필요하다.

게다가 전력 사용은 비트코인의 시장가격이 상승할수록 올라간다. 채굴의 수익성이 높아져 더 많은 채굴자가 경쟁적으로 채굴사업에 뛰어들기 때문이다. 따라서 많은 전문가가 암호화폐의 에너지 소비 문제에 대해 경고하고 있다. 그나마 위안이 되는 점은 암호화폐에 투자된 자본은 에너지 감축과 같은 녹색 기술 개발에 사용된다는 것이다. 이는 긍정적 외부효과의 일종인데, 금융 부문의 기술 혁신이 에너지 부문의 혁신을 야기하는 대표적 사례다.

물론 에너지 소모에서 자유로운 디지털 화폐도 있다. 페이스북의 디엠Diem은 초기 예치금 규모에 비례해 암호화폐가 발행되도록 설계되었다. 따라서 디엠에는 채굴 과정이 없다. 그러나 여전히 글로벌 결제 규모를 감당하기 위해서는 엄청난 에너지를 소비할 것으로 예상되며, 이는 미국 전체 에너지 사용량의 약 2% 수준이다.

경제적 한계 ❶ : 암호화폐 취급 기관의 부족

암호화폐의 사용률이 낮은 이유 중 하나는 암호화폐를 취급하는 기업이 적기 때문이기도 하다. 암호화폐는 소매 시장에서 보편화되어 있지도 않으며, 신용카드로 암호화폐를 구매하기도 어렵다. 따라서 암호화폐가 글로벌 결제 시장의 주류가 되기 위해서는 기존의 결제업체(간편결제, 신용카드사, 소매업체) 등과의 제휴가 필요하다. 중국은 이미 이러한 움직임을 보여 주고 있다. 중국의 디지털 통화는 위챗, 알리페이, 유니온페이UnionPay 등 주요 결제 플랫폼에서 사용된다. 지금까지 상황을 본다면 중국의 CBDC는 신흥국을 중심으로 글로벌 디지털 통화로 자리매김할 가능성이 높아 보인다. 현재는 중국 이외에도 여러 각국에서 암호화폐를 운용할 기업들이 서서히 증가하고 있다.

2020년 말 페이팔은 공식적으로 디지털 지갑에 암호화폐 기능을 추가하겠다고 발표했다. 페이팔은 디지털 지갑 플랫폼 내에서 암호화폐 결제가 일찍 채택될 것임을 예견했고, 미국 내에서도 암호화폐를 구입하려는 대기수요를 확인했기 때문이다. 2021년 상반기에는 페이팔의 자회사인 벤모 등의 플랫폼에도 암호화폐 공개 서비스Crypto offering가 탑재됐다. 페이팔이 상품과 서비스 거래에 디지털 화폐를 상용화하겠다는 계획을 가진 것이다. 현재 페이팔 사용자는 3억 명 이상이며, 2,800만 개 매장에서 결제 수단으로 사용하고 있다. 이러한 점을 감안하면 페이팔이 암호화폐를 취급한다는 것만으로도 암호화폐는 대중화를 위한 큰 진전을 이룬 셈이다.

전통적인 금융회사들도 암호화폐 기술에 뛰어들고 있다. 2020년 5월, 비자는 디지털 화폐에 대한 특허를 출원하면서 앞으로는 디지털 화폐가 새로운 결제 수단이 될 것이라고 주장했다. 이와 동시에 2020년 12월, 암호화폐 스타트업인 서클Circle과 제휴해 USDC(써클이 발행한 스테이블 코인)로 카드대금을 결제할 수 있도록 계획을 세웠다.

마스터카드도 와이어드Wired와 제휴했다. 와이어드가 발행한 '다중통화 카드Multicurrency MasterCard debit card'를 사용하면 최대 18개의 화폐와 암호화폐를 매매할 수 있다. 일정 금액까지는 수수료 없이 출금도 가능하다. 마스터카드는 2020년 9월 맞춤형 CBDC 테스트 플랫폼을 출시하기도 했다.

미국 정부도 암호화폐 기술에 관심이 많다. 2020년 7월, 미국의 '통화 감사국OCC'은 시중은행이 암호화폐를 취급할 수 있도록 허용했다. 시중은행이 암호화폐를 보관하는 서비스를 제공할 수 있다고 법령을 해석한 것이다. 또한, 2020년 9월에는 스테이블 코인 발행을 위해 은행이 코인 발행 규모만큼의 예금 보유가 가능하다고 해석했다. 또한 BBVA은행, 씨티은행, SC은행, PNC은행, US뱅크 등 시중은행도 암호화폐 사업에 관심을 보이고 있다.

미국과 중국, 러시아에는 비트코인을 통해 물건을 살 수 있는 곳들이 있다. 코인맵Coinmap.org에 따르면 비트코인이 통용되는 사업체는 약 1만 5천 개다. 또한 마이크로소프트, 익스피디어Expedia, 위키미디어, 뉴에그NewEgg, AT&T, 버진모바일Virgin Mobile, 쇼피파이Shopify와 같은 기업도 암호화폐를 도입하기 시작했다. 최근에는 여행사Expedia.com, Cheapair.com, ScubaOtter, Alternativeairlines.com와 온라인 쇼핑회사도 암호화폐를 취급하기 시작했다. 소매업체(오버스톡, 홈디포, 네임칩, 스타벅스, KFC 캐나다, 홀푸드)에서도 이런 움직임이 나타난다. 또한 코인카즈Coincards, 비트리필Bitrefill 같은 회사에서는 비트코인을 해당 상점의 포인트로 전환해 주는 서비스를 운영하고 있다. 펄스Purse.io와 같은 회사는 비트코인으로 아마존과 같은 온라인 소매업체에서 물건을 살 수 있는 서비스를 제공하고 있다.

경제적 한계 ❷ : 안정성과 신뢰성

투자의 관점에서 본다면 암호화폐는 다양한 장점이 있다.

첫째, 전통적인 금융자산과 상관관계가 낮거나, 가격 변동 흐름이 반대로 움직이기도 한다. 즉, 금리 같은 거시 변수에 따른 가격 움직임이 다를 수 있다는 것이다(최근에는 비트코인과 주가와의 상관관계가 높아지는 움직임을 보여 주고 있다-옮긴이).

둘째, 암호화폐 기술을 활용하면 증권과 유사한 조각투자 상품을 만들어낼 수 있다. 예컨대, 부동산이나 음악 저작권이 앞으로 창출해낼 임대료 수입, 저작권 수입을 기반으로 암호화폐를 만들어내는 식이다. 이는 자산이 창출해내는 미래의 수입을 암호화폐를 통해 유동화하는 셈이 된다.

셋째, 암호화폐를 통해 개별 자산을 복합 자산으로 변환(컴파일)할 수 있다. 이는 '구성 가능한 토큰Composable token' 또는 SET 프로토콜SET protocol과 같이 더 나은 수익률을 제공하기도 한다.

넷째, 암호화폐는 금융자산을 세분화하여 개미 투자자들의 접근 가능성을 높일 수도 있다.

그러나 아직 암호화폐는 가격 변동성이 높아 투자 리스크가 큰 자산이다. 금의 가격은 1850년에서 1970년 사이에 안정적으로 유지되었지만, 비트코인은 그렇지 않다. 하루에도 수십 %씩 극단적으로 가치가 변하는 것이 보통이다. 2021년 5월, 비트코인 가격은 하루 만에 30%가 하락했다. 반면, 영국 파운드화는 브렉시트 결정 직후 10% 하락이 최악의 폭락으로 기록되었다.

급격한 가격 변동은 비트코인을 가치 저장 수단이나 교환 수단으로 정착하기 어렵게 만든다. 현재 비트코인의 가격 변동 수준을 보면 1920년대의 독일, 최근의 아르헨티나, 베네수엘리, 짐바브웨의 초인플레이션 사태와 유사하다. 화폐의 기능을 제대로 수행하기 어렵다는 의미다. 온라인 쇼핑몰에서 비트코인으로 상품 가격을 매기는 것은 거의 불가능한 수준이다. 2015년 초에는 중고차 1대 가격이 110비트코인이었지만, 2017년 12월에는 1비트코인에 불과하다.

화폐는 부채를 세는 단위(가치 측정의 단위)로도 사용된다. 그러나 비트코인은 극심한 가격 변동 때문에 비트코인 기반의 대출상품을 불가능하게 만든다. 만약 비트코인으로 빚을 냈다면, 2017년에만 갚아야 할 비트코인 부채 규모는 약 10배 증가했을 것이

[그림 9-2] 비트코인의 시장가격 변동성: 안정적인 가치 저장 수단이 되기는 아직 힘들다

출처: https://www.blockchain.com/charts/market-price.

다. 그러나 다행히도 우리의 급여는 달러와 같은 법정통화로 지급
되기 때문에 그러한 물가 변동은 일어나지 않았다. 만약 비트코인
이 널리 사용되는 통화였다면 지난해는 엄청난 디플레이션이 일
어났을 것이다[그림 9-2].

최근에는 가치 변동이 없는 '스테이블 코인'에 대한 연구가 이
루어지고 있다. 스테이블 코인의 가격은 기존의 화폐나 상품에 연
동되어 안정적으로 유지된다. 2017년 이후, 테더Tether 등 약 120
개의 스테이블 코인이 발행되었는데 아직은 비트코인 시가총액의
2%에 불과할 정도로 규모가 작다. 대표적 스테이블 코인인 '디엠
Diem'은 달러, 유로, 스털링과 같은 법정화폐의 가치에 고정되어
있다.

우리가 실시한 설문조사에 따르면, 기업들이 가까운 시일 내에 암호화폐를 도입할 가능성은 낮아 보인다. 2022년 기준, 5%의 기업들만이 암호화폐 도입을 검토하고 있고, 그중 약 80%는 실제로 암호화폐를 도입하지 못할 것으로 전망된다.

암호화폐가 외면받는 또 다른 이유는 규제의 부재不在다. 공신력 있는 정부 기관에 의한 규제가 없기 때문에 가치의 안정성이 보장되지 못한다. 그러나 2022년은 각국의 암호화폐 규제가 크게 진전하는 전환점이 될 것으로 예상된다. 오늘날 대부분 국가의 주요한 관심사 중 하나가 암호화폐 규제이기 때문에, 2022년 말과 2023년 초 많은 규제가 만들어질 것으로 보인다. 유럽연합은 2022년 3월 모든 암호자산에 대한 통합 법규를 만들어 소관 상임위원회의 심사를 거친 상태나. 이 법안은 '암호자신 규제기본법'이라 불리는데, 아마도 2022년 말에서 2023년 초 사이에 시행될 가능성이 크다. 미국은 2019년 초부터 다양한 규제(예를 들어 디지털 자산 프레임워크)를 발표하고 있다. 바이든 정부 역시 기존의 규제를 정비하고, 암호자산에 대한 새로운 전략을 제시할 것으로 보인다.[32]

정부가 암호화폐에 대한 규제 체계를 개선한다면, 기업가들은 암호화폐를 B2B와 B2C 거래에 사용하는 것이 더 안전하다고 생각할 것이다.

규제가 필요한
암호화폐

디지털 통화의 채택 여부는 각국 정부의 규제 동향에 달려 있다. 지금부터는 암호화폐에 대한 글로벌 규제 동향을 살펴본 다음 미국 정부가 페이스북 디엠에 어떻게 대응하는지 살펴보자.

암호화폐는 수많은 위험을 내포하고 있다. 발행량이 정해져 있어 충분한 수량을 확보하기가 어려우며, 보관도 어렵다. 익명성으로 인해 자금세탁의 우려가 있으며, 암호화폐를 사용한 테러자금 조달도 가능하다. 뇌물이나 탈세의 위험도 있다. 이런 위험 요소들을 차단할 수 있는 것은 오직 규제 뿐이다. 국제결제은행BIS; Raphael Auer & Stijn Claessen에 따르면 암호화폐는 다양한 범죄 행위에 악용되고 있지만, 규제를 통해 신뢰를 만들어낼 수 있다고 한다. 이 연구에 따르면 규제에 대한 뉴스가 암호자산 가격에 영향을 미치고 있는데, 이는 정부 기관이 암호화폐에 상당한 영향력을 행사하는 것으로 해석된다. 이 연구가 시사하는 바는 자금세탁 방지를 위해 최소한의 규제는 필요하다는 것이고, 일부 암호화폐의 시장 가격은 큰손들에 의해 조작되고 있다는 것이다.

또 다른 문제는 국가 간의 불법 송금이다. 오늘날 대부분의 국가는 해외로의 송금을 감시하고 있다. 국내의 갑작스런 외환 부족을 막기 위해서다. 그러나 암호화폐를 사용하면 이러한 감시망은 완전히 무력화된다. 사람들은 암호화폐를 통해 얻은 이익을 해외로 송금하고, 쉽게 현금화할 수 있다. 비트코인BTC을 제트캐시Zcash, ZEC로 환전하고, 또 이더리움ETH으로 환전할 수도 있으며, 또 이더리움을 달러로 환전할 수도 있다. 이 방식은 암호화폐 시스템이 완전히 익명화되어 있지 않음에도 불구하고 이미 널리 사용되고 있다.

사람들은 비트코인으로 거래하면 정부의 감시망을 벗어날 수 있다고 믿는다. 그러나 블록체인은 거래를 추적할 수 있는 장치를 갖추고 있다. 단지 공개적으로 밝히지 않을 뿐이다. 정부가 다른 정보를 사용하면 블록체인 거래를 조정할 수도 있으며, 신원정보를 확인할 수도 있다. 테러와 범죄 활동을 추적하는 목적으로 사용할 수도 있는 것이다.

암호화폐에 내재한 여러 문제점을 감안해 보자면 결국 암호화폐가 주류 결제 수단이 되기 위해서는 정부의 승인과 규제가 반드시 필요해 보인다. 이미 선진국이든 신흥 경제국이든, 전 세계적으로 암호화폐를 규제하려는 움직임이 나타나고 있다. 미국 국세청은 최근 비트코인 수익에 어떻게 과세할 것인지에 대한 해석을 내렸다. 또한 암호화폐 지갑은 자금세탁 방지 규정도 준수해야 한다. 하지만 더 큰 걱정거리도 있다. 암호화폐가 세계 경제를 뒤엎을 가능성이다.

페이스북이 암호화폐 전략을 수정한 이유

페이스북이 출시하려 했던 암호화폐는 정부와 암호화폐 간의 긴장 관계를 보여 준다. 페이스북의 사용자 규모(세계 인구의 3분의 1)를 감안하면 페이스북 생태계에서 통용되는 디지털 통화는 무궁한 잠재력을 지니고 있기 때문이다. '디엠'은 디지털 지갑인 캘리브라Calibra(현재는 '노비Novi'로 브랜드 변경)와 함께 페이스북의 암호화폐 생태계를 구성하고 있다.

2019년 페이스북의 암호화폐 리브라(현재는 디엠)가 발표되자 세계 각국은 이에 신속히 반응했다. 미국 연준Fed 의장인 제롬 파월Jerome Powell은 디엠 발표 한 달 만에 의회에서 "암호화폐가 프라이버시, 자금세탁, 소비자 보호, 금융 안정을 위협할 수 있다."라고 지적했다. 그리고 디엠의 성장 가능성을 부정적으로 보고 있다고 말하기도 했다. 유럽중앙은행ECB 총재 크리스틴 라가르드도 암호화폐가 "시스템을 뒤흔들 수 있다."라고 경고했다. 세계 각국에서 핀테크 혁신과 규제 당국 간의 마찰이 생겨난 것이다. 미국 정부가 디엠에 대해 우려하는 점은 다음 2가지다.

1. 미국 달러에 도전하는 새로운 글로벌 통화의 탄생
2. 정부가 통화 공급을 제어하지 못할 가능성

2019년 6월 디엠의 첫 발표 당시, 페이스북은 이를 새로운 금융 시스템의 초석이 될 '미래형 글로벌 화폐'라고 설명했다. 그러나 2020년 초, 페이스북은 디엠 프로젝트를 축소한다. 세계 각국의 정부들이 자국의 화폐 주권을 위협하는 디엠에 대해 심각한 우려를 표했기 때문이다. 이에 따라 페이스북은 기존의 화폐와 경쟁하는 결제 수단이 아닌, 결제 과정을 보다 간편하게 만드는 전략으로 전환한다. 애초의 계획은 여러 통화에 연동된 코인 Multicurrency coin을 만드는 것이었으나, 세계 각국의 반대에 부딪히자 단일 통화에 연동된 스테이블 코인 Single-currency stablecoins을 발행하는 방향으로 전략을 수정한 것이다. 이에 따라 페이스북이 발행하는 암호화폐 디엠은 디엠유로 Diem EUR, 디엠파운드 Diem GBP와 같이 개별 통화에 연동된 형태이며, 각 디엠의 가치는 각국의 법정화폐와 1:1로 뒷받침되고 있다.

디엠이 프로젝트 계획을 수정하자 반대의견도 훨씬 줄어들었다. 수정된 디엠 프로젝트는 중앙은행 디지털 통화 CBDC와도 밀접한 관련이 있다. 디엠연합회가 발간한 백서에 따르면 "디엠은 중앙은행 디지털 통화CBDC가 사용 가능해질 경우 자연스럽게 통합할 수 있는 수단"으로 만들 것이라고 한다. 디엠은 이미 특정 국가의 화폐와 1:1로 연동되어 있기 때문에 단일 통화 스테이블 코인을 각국의 CBDC로 대체하기도 쉽다.

디엠은 일반적인 암호화폐와는 특징이 다르다. 보통의 암호화폐들은 누구나 암호화폐의 기록 검증에 참여할 수 있는 '비허가형 Permissionless' 블록체인 시스템인데 반해, 디엠은 그렇지 않다. 일반적인 블록체인에서 거래의 검증은 수많은 채굴자에 의해 이루어지는 데에 반해, 디엠의 거래 검증은 중앙 네트워크에서 이루어진다. 디엠은 디엠연합회의 승인을 받은 자만이 거래 검증에 참여할 수 있는 폐쇄형 시스템이기 때문이다. 예컨대 디지털 지갑 사업자 등이 네트워크에 참여할 수 있는 식이다.

암호화폐 사업을 하는 기업들의 규제 준수는 규제 당국과의 긴밀한 협력 아래 이루어진다. 페이스북은 자금세탁에 대비해 정부와 중앙은행과도 긴밀히 협력해 왔다. 디엠의 가치를 보장할 수 있도록 디엠 준비금Diem reserve을 만들었는데 이 준비금은 경제적 위기 상황이 도래했을 때 디엠 사용자를 보호하는 역할을 한다. 디엠의 가치가 하락하지 않도록 페이스북이 충분한 달러를 비축하고 있다는 것을 증빙하는 방식이다. 그리고 디엠 준비금은 언제든지 출금될 수 있도록 초단기 상품, 저위험 상품, 고유동성 상품에만 투자되고 있다.

2020년 4월 16일, 스위스 금융시장감독청FINMA은 디엠이 지급결제 사업자 인가를 신청했다고 밝혔다. 아직 인가가 나기 전이지만, 디엠이 인가를 신청했다는 사실은 이제 디엠이 세계 각국의 금융 규제를 받아들이기로 했음을 의미한다.(그러나 2022년 현재 세계 각국은 여전히 가상화폐에 부정적 시각을 견지하고 있다. 페이스북 역시 현재 디엠 프로젝트를 잠정 중단한 상태다. -옮긴이)

디엠 그리고 금융 서비스의 진화

페이스북이 디엠을 통해 달성하고자 하는 목표는 2가지다. 첫째는 광고 수익을 늘리고, 외환 거래 및 지급결제에 따른 수수료 수익을 얻는 것이다. 둘째는, 전 세계적으로 17억 명에 해당하는 금융 소외 계층에게 결제 수단을 제공하는 것이다.

이 중 두 번째 목표는 인도와 아프리카를 중심으로 전개될 가능성이 크다. 2020년 4월, 페이스북은 인도의 통신회사인 지오Jio에 57억 달러를 투자했다. 이 투자는 페이스북이 인도 시장에 본격적으로 진출할 것이라는 것을 시사한다. 한편 인도 대법원도 암호화폐 거래 금지를 해제하며 디엠의 사용 가능성을 한층 더 높였다.

현재 글로벌 규제 장벽은 서서히 완화되고 있는 추세다. 이에 따라 페이스북은 금융 결제 플랫폼으로 활발히 활동하고 있다. 페이스북의 디지털 지갑 브랜드인 '노비Novi'는 2021년 미국과 과테

말라에서 출시되어 시범운영되고 있다. 이 서비스는 디엠이 출시되기 전까지는 미국달러와 연동된 '팍소스 달러USDP'를 지원하고 있다. 노비는 페이스북 메신저, 와츠앱 또는 다른 앱과도 연동된다. 대부분의 결제 앱처럼 무료로 돈을 보관하는 서비스를 제공하고, P2P 방식의 송금 서비스를 제공할 예정이다. 그리고 궁극적으로 대출 및 송금 등 금융 서비스 제공을 위한 종합 플랫폼으로 진화할 것이다. 페이스북과 와츠앱의 월간 활성 사용자가 30억 명이 넘는다는 점을 감안하면, 노비도 전 세계 결제 시장에서 차지하는 비중은 엄청날 것이다.

노비는 다양한 비즈니스의 기반이 된다. 애플페이나 구글페이와 마찬가지로 결제 서비스를 제공해 수수료를 받을 수도 있으며, 동시에 고객에 대한 데이터를 수집할 수도 있다. 그리고 이렇게 수집한 고객의 데이터는 페이스북의 또 다른 사업에 활용될 수도 있다.

노비는 아마존과 같은 소매업 브랜드로 진화할 가능성도 있다. 오늘날 수많은 이커머스 업체들은 스스로 결제 플랫폼을 갖추고 영업하고 있기 때문이다. 대표적으로 우버, 리프트, 스타벅스, 테스코, 월마트 등은 로열티 프로그램, 리워드, 초대, 특별 할인 등을 통해 고객과의 관계를 유지하고 있다.

서구 사회의 위챗을 꿈꾸는 페이스북

페이스북은 현재 서구 사회의 위챗을 꿈꾸고 있는 중이다. 위챗은 중국의 대표적 결제 플랫폼으로 처음에는 와츠앱과 같은 메시지 서비스로 출발했다. 2013년에는 P2P 거래와 온라인 쇼핑을 지원하기 위해 위챗페이도 출시했다.

위챗페이는 단순한 결제를 넘어 다양한 금융 서비스를 제공한다. 먼저 가상의 은행 서비스를 지원하기 위해 머니마켓Money market(단기 투자상품) 계좌를 추가했다. 그리고 중소기업들은 위챗페이를 통해 제품과 서비스를 판매할 수도 있다. 사용자는 친구들과 제품과 서비스를 교환할 수도 있다. 제품의 사진과 그에 대한 설명 그리고 은행 계좌와 연결된 QR코드만 있으면 이러한 작업이 가능하다.

위챗페이와 알리페이는 오늘날 중국에서 가장 널리 사용되는 결제 수단이다. 2017년 펭귄 인텔리전스의 조사에 따르면 대도시에 거주하는 중국인의 92%가 위챗페이 또는 알리페이를 사용하고 있다. 인터넷에서 물건을 구입하거나 차량 공유, 정부 거래 등의 다양한 목적에 사용되고 있는 것이다.

중앙은행이
직접 디지털 화폐를 발행한다면?

디엠과 같은 가상화폐는 민간 기업에 의해 관리되는 디지털 화폐다. 그런데 만약 중앙은행이 직접 디지털 화폐를 발행하면 어떤 결과가 생길까? 중앙은행이 발행하는 디지털 화폐는 지금 우리가 사용하는 법정화폐의 특성을 띨 뿐만 아니라, 은행과 같은 중개 금융기관 없이도 자금 이체가 가능해진다. 분산원장 기술DLT을 활용해서 개인 간의 송금을 P2P 방식으로 처리하는 것이다.

중앙은행의 디지털 화폐 경쟁

여전히 많은 국가의 현금 사용 비중은 높지만 지난 10년 동안 사용율은 감소세를 보이고 있다. 세계 각국의 중앙은행도 디지털

화폐 개발을 위한 많은 실험을 하고 있다. 예컨대 유통되는 현금이 GDP의 1%에 불과한 스웨덴은 자국의 크로나화를 디지털로 전환하는 e-크로나 사업을 시범 운용하고 있다.

디지털 통화는 사람들이 물건을 살 때 결제 기능을 제공하고, 저축을 하는 데도 사용될 것이다. 이러한 기능을 뒷받침하기 위해서는 오프라인과 온라인 거래를 기록(처리)할 수 있는 인프라가 필요하다. 그리고 이러한 인프라는 정부와 민간 기업 간의 협력을 통해 구축될 수 있다.

이미 많은 중앙은행이 현금의 디지털화를 추진하고 있다. 국제결제은행Bank of International Settlements, 2021에 따르면 중앙은행의 86%가 중앙은행 디지털화폐인 CBDC를 개발하고 있다. 세계 각국의 중앙은행이 추진하는 작업은 단순한 연구 수준이 아니다. 각국 중앙은행의 14%는 이미 파일럿 프로젝트를 실행한 단계이며, 60%는 구체화 단계(개념 증명)에 들어서 있다. 세계 인구의 약 20%가 속해 있는 국가들의 중앙은행은 향후 3년 이내에 범용 CBDC를 발행할 가능성이 크다.

범용 CBDC를 발행하는 목적은 금융안정, 통화정책적 목표, 금융포용, 지급결제의 효율성, 결제과정의 보안문제 등 다양하다.

소비자 니즈에 따라 CBDC의 설계가 달라진다

국제결제은행BIS에 따르면 화폐는 다음과 같이 4가지 기준으로 구분된다.

1. 모든 곳에서 상용화된 화폐 vs. 일부 상점이나 지역만 상용화된 화폐
2. 디지털 화폐 vs. 실물 화폐
3. 중앙은행이 발행한 화폐 vs. 민간 기업이 발행한 화폐
4. 은행을 통한 송금 vs. P2P 네트워크 송금

이러한 기준을 토대로 CBDC를 평가하면, CBDC는 모든 곳에서 사용 가능하며, 디지털의 형태를 띠고, 중앙은행이 발행하는 화폐에 속할 것이다.

CBDC는 다음과 같이 2가지 형태로 디자인될 수 있다.

1. 소매용 CBDC: 소비자의 일상적인 거래에 상용화되는 디지털 화폐
2. 도매용 CBDC: 대규모 비즈니스 거래에만 상용화되는 제한된 디지털 화폐

이 분류에 따르면 오늘날 중앙은행이 발행하여 우리가 사용

[표 9-1] 중앙은행권의 핵심 특징 비교

	지금의 중앙은행권		CBDC		
	현금	지급준비금	소매용		도매용
			토큰방식	계좌방식	
언제든 사용 가능	√	x	√	(√)	(√)
중앙은행에 대한 익명성 보장	√	x	(√)	x	(√)
개인 간 송금	√	x	(√)	x	(√)
이자 지급	x	(√)	(√)	(√)	(√)
한도 존재	x	x	(√)	(√)	(√)

출처: 출처: CPMI, "Central Bank Digital Currencies," Markets Committee Papers no. 174, March 12, 2018, https://www.bis.org/cpmi/publ/d174.pdf.

주 : √ = 보유하고 있는 특징, (√) = 가능한 특징, x = 일반적이지도 않고 불가능한 특징

하는 화폐와 소매용 CBDC는 사실상 동일하다. 반면, 도매용 CBDC는 오늘날 은행과 금융기관이 보유하는 지급준비금에 해당된다[표 9-1].

먼저, CBDC가 어떤 방식으로 설계될지는 소비자의 니즈에 달려있는 문제다. 소비자 입장에서는 중앙은행 디지털 화폐CBDC가 현금을 대체하고, 송금이나 결제 과정도 훨씬 쉽고 안전하기를 바란다. 즉, 소비자 입장에서는 소매용 CBDC에 대한 니즈가 존재하는 것이다. 이렇게 된다면 CBDC가 소매용인지, 도매용인지에 따라서 디지털 화폐의 구조(아키텍처)는 달라질 것이다.

한편, 소비자가 직접 중앙은행으로부터 디지털 화폐를 지급받을지 또는 지금처럼 은행과 같은 중개 금융기관을 통해 지급받을지도 구조 설계에 앞서 결정해야 할 문제다.

그리고 소비자는 CBDC의 보안 문제에 대한 우려도 갖고 있다. 보안 문제는 CBDC를 중앙 통제 형태로 운영할지, 또는 완전히 분권화된 블록체인과 같은 디지털 원장 기술DLT을 사용할지 등에 영향을 미치는 요인이다.

마지막으로 고객들은 간편하고 접근성이 높은 디지털 화폐를 선호할 것이다. 또한 소비자 중 일부는 현금이 보장하는 익명성과 개인정보 보호에 높은 가치를 둘 가능성이 있다. 따라서 개인정보 보호를 위해 계정(신원) 기반의 토큰을 발행할지, 익명성에 기반을 둔 디지털 토큰을 발행할지도 CBDC 구조 설계에서 중요한 문제다. 아마도 둘 사이의 절충점을 찾는 노력이 필요할 것이다.

CBDC는 국제 송금도 할 수 있어야 한다. 이는 글로벌 금융회사, 또는 글로벌 CBDC 관리자와의 네트워크 연결이 선행되어야 한다는 것을 뜻한다. 만약 CBDC의 국제 송금이 가능해진다면 전 세계 도소매업체의 상호연결성은 더욱 강해질 것이다.

이처럼 세계 각국의 중앙은행은 다각도의 방법으로 디지털 통화의 도입에 큰 관심을 기울이고 있다. 그렇다면 디지털 화폐는 중앙은행과 소비자에게 어떤 도움을 줄 수 있을까? 지급준비금을 기반으로 하는 오늘날의 금융 시스템과 비교한다면 디지털 화폐 시스템의 장점은 무엇이 될까?

소비자 입장에서의 이점

첫째, CBDC는 중앙 데이터베이스에 모든 개인정보를 저장할 때 발생할 수 있는 신원 도용의 문제, 상대방과의 불안전한 거래(거래 상대방이 결제 의무를 불이행할 경우-옮긴이), 스팸메일 발송 등과 같은 부작용을 막을 수 있다. 오늘날과 같이 중개 기관이 포함된 결제 시스템은 너무 많은 개인정보를 은행과 같은 제3자에게 공개하는 것을 전제로 한다. 그러나 블록체인의 분산원장 시스템은 이러한 문제를 완화한다.

둘째, CBDC는 증권시장의 효율성을 높인다. 오늘날 증권의 청산Security clearing과 결제 프로세스는 이틀 정도의 시간이 걸린다. 그러나 분산원장 시스템은 증권의 청산 과정을 실시간으로 구현할 수 있다. 시장 효율성이 승가하고 판틴 비용은 감소하는 것이다.

셋째, 디지털 화폐는 신흥 경제에서 좀 더 안정적인 통화가 될 수 있다. 현금의 경우 인플레이션 등으로 가치가 변동되지만, 디지털 화폐는 실제 구매력을 유지하는 방식으로 설계될 수 있다. 디지털 화폐의 구매력을 물가와 연동시키는 방법은 다를 수 있지만, 기본적으로는 인플레이션 목표치와 디지털 화폐의 명목가치를 연동시키는 방법이 존재한다.

중앙은행 입장에서의 이점

2007~8년의 금융위기 이후 선진국의 중앙은행들은 대부분 금리를 인하했다. 은행들이 이렇게 마이너스까지 금리를 인하하는 이유는 사람들이 돈을 쓰도록 유도하기 위해서다. 그렇다고 금리 인하가 항상 사람들의 소비를 촉진하는 것은 아니다. 금리가 낮더라도 상황에 따라 사람들은 현금을 지갑이나 금고에 쌓아 두기도 한다. 그러나 디지털 통화가 도입된다면 이렇게 현금을 쌓아 두기만 하는 경우를 막을 수 있다. 애초에 모든 화폐가 디지털화되어 있으니 현금 자체가 존재하지 않기 때문이다.

만약 위와 같은 현금 비축이 줄어든다면 경제 정책의 도구로서 통화 금리의 영향력은 커진다. 부작용 논란이 많은 양적 완화 같은 비전통적 통화 정책에 의존할 이유가 줄어드는 것이다. 이는 중앙은행의 경기 안정화 능력을 크게 향상시킬 것이다.

마지막으로, 디지털 통화는 은행 산업의 경쟁력도 향상시킨다. 현재 대부분의 중앙은행이 선호하는 디지털 화폐의 디자인은 '2단계 발행방식2-tier issuance'이다. 오늘날의 화폐와 마찬가지로 화폐의 발행은 중앙집중 방식으로 하되, 거래는 분권적으로 하는 모델이다. 그러나 만약 중앙은행이 화폐를 발행하고 이에 대해 이자도 직접 지급할 수 있게 되면, 금융 고객들은 시중은행보다 중앙은행 계좌를 선호할 수도 있다. 또한 이로 인해 오늘날 금융 시스템이 안고 있는 여러 문제를 해결할 수도 있다. 예컨대 더 이상 은행의 파산이나 대량인출사태(뱅크런)를 걱정할 필요가 없어지는 것이다.

이는 은행 측의 도덕적 해이 문제 또한 단박에 해결할 수 있다.

물론 이런 이점들에도 불구하고 암호화폐를 운용하는 분산원장 DLT 방식에는 리스크가 존재한다. 지불과 청산, 정산과 관련된 위험이다. 자세한 리스크는 다음과 같다.

1. 운영 및 보안과 관련해 아직 드러나지 않은 문제들
2. 기존 프로세스 및 인프라와의 상호 운용성 부족
3. 결제의 최종성 문제
4. DLT 구현의 적법성 논란
5. 효과적이고 강력한 거버넌스의 부재
6. 데이터 무결성Data integrity, 불변성과 개인정보 보호 문제

국가별 CBDC 프로젝트 현황

현재까지는 CBDC 프로젝트를 완벽히 완료한 중앙은행은 거의 없다. 2021년 9월 기준, 바하마와 ECCB(동카리브 중앙은행)만이 각각 2020년과 2021년에 CBDC를 출시했다. 아마도 중국은 세 번째 CBDC 발행국가가 될 것이다. 중국인민은행은 2022년 2월 베이징 동계 올림픽에서 디지털 위안화를 본격적으로 출범하고 사용했다(실제 동계 올림픽 기간 중 디지털 위안화는 하루에 20억 위안 이상 사용되었다고 한다-옮긴이).

CBDC에 대한 연구도 진행 중이다. 대부분은 소매용 CBDC에

대한 연구다. 일부 중앙은행은 CBDC의 아키텍처, 장단점과 리스크 등에 관해 연구하고 있다.

[표 9-2]는 CBDC와 관련한 프로젝트를 보여 주고 있다. 다만, 도매용 CBDC와 국제 송금 관련 프로젝트는 제외되어 있다.

[표 9-2] 진행 중인 소매용 CBDC 프로젝트

유럽	프로젝트 이름	아키텍처	인프라	접근성	국제성	현 상태
체코	디지털 코루나	·	·	·	·	연구 중
덴마크	E-크로네	직접	·	계좌 기반, 토큰 기반 계층화	국내용	연구 중
에스토니아	디지털 유로	직접/ 하이브리드/ 중개 방식	분산원장	·	국제용	연구 중
ECB	디지털 유로	하이브리드 또는중개방식	분산원장, 전통적 방식	계좌 기반, 토큰 기반 계층화	국제용	연구 중
핀란드	디지털 유로	·	전통적 방식	·	국제용	연구 중
프랑스	디지털 유로	·			국제용	연구 중
조지아	디지털 라리(GEL)	직접/ 하이브리드/ 중개 방식	·	·	국제용	연구 중
아이슬란드	라프크로나	직접	·	계좌 기반, 토큰 기반 계층화	국내용	연구 중
리투아니아	디지털 유로	·		·	국제용	연구 중
네덜란드	디지털 유로	하이브리드 또는중개방식	전통적 방식	계좌 기반	국제용	연구 중
노르웨이	E-크로네	직접/ 하이브리드	분산원장, 전통적 방식	·	국제용	연구 중

러시아	디지털 루블	하이브리드	분산원장, 전통적 방식	계좌 기반	국제용	연구 중
스페인	디지털 유로	·	·	·	국제용	연구 중
스웨덴	e크로나	하이브리드 또는중개방식	분산원장	계좌 기반, 토큰 기반 계층화	국내용	파일럿
스위스	E-프랑	·	·	·	·	연구 중
우크라이나	E-흐리우냐	·	분산원장	·	국내용	파일럿
영국	E-파운드	하이브리드 또는중개방식	·	·	·	연구 중
아메리카	**프로젝트 이름**	**아키텍처**	**인프라**	**접근성**	**국제성**	**현 상태**
바하마	샌드 달러	하이브리드	분산원장, 전통적 방식	계좌 기반, 토큰 기반 계층화	국내용	사용 중
브라질	디지털 플랫 커런시	하이브리드 또는중개방식	분산원장	토큰 기반	국제용	연구 중
캐나다	E-달러	하이브리드 또는중개방식	분산원장, 전통적 방식	계좌 기반, 토큰 기반 계층화	국내용	연구 중
퀴라소, 신트마르턴	디지털 퀴라소, 신트마르턴 길더	중개 방식	전통적 방식	토큰 기반	국제용	연구 중
동카리브	D캐쉬	하이브리드 또는중개방식	분산원장	계좌 기반, 토큰 기반 계층화	국제용	사용 중
에콰도르	디네로 알렉트로니코	·	전통적 방식	계좌 기반	국내용	파일럿
아이티	디지털 구르드	하이브리드 또는중개방식	분산원장, 전통적 방식	·	·	연구 중
자메이카	디지털 자메이카 달러	하이브리드	전통적 방식	계좌 기반	국내용	파일럿
우루과이	빌레테 디지털	하이브리드	전통적 방식	토큰 기반	국내용	파일럿
미국	디지털 달러	·	·	·	·	연구 중

아시아, 오세아니아	프로젝트 이름	아키텍처	인프라	접근성	국제성	현 상태
호주	E-AUD	직접/ 하이브리드/ 중개 방식	·	·	·	연구 중
캄보디아	바콩	·	분산원장	·	국내용	파일럿
중국	e-위안화	하이브리드 또는중개방식	분산원장, 전통적 방식	계좌 기반	국내용	파일럿
홍콩	e-홍콩달러	·	·	·	국제용	연구 중
인도	디지털 루피	·	·	·	·	연구 중
인도네시아	E-루피아	·	·	·	국내용	연구 중
이란	디지털 리알	·	·	·	국제용	연구 중
파키스탄	디지털 루피	·	·	·	·	연구중
이스라엘	E-셰켈	하이브리드 또는중개방식	·	·	국제용	파일럿
일본	디지털 엔	하이브리드 또는중개방식	·	·	국제용	파일럿
카자흐스탄	디지털 텡게	하이브리드 또는중개방식	분산원장, 전통적 방식	토큰 기반	국제용	파일럿
한국	E-원	하이브리드 또는중개방식	분산원장	·	국내용	파일럿
쿠웨이트	디지털 디나르	·	·	·	·	연구 중
말레이시아	E-링깃	·	·	·	국내용	연구 중
모로코	디지털 디르함	·	·	·	·	연구 중
필리핀	디지털 페소	·	·	·	·	연구 중
태국	디지털 바트	하이브리드 또는중개방식	분산원장, 전통적 방식	계좌 기반, 토큰 기반 계층화	국내용	파일럿
터키	E-리라	·	·	·	·	연구 중
뉴질랜드	CBDC 시리즈	·	·	·	국내용	연구 중

아프리카	프로젝트 이름	아키텍처	인프라	접근성	국제성	현 상태
가나	E-세디	·	·	·	·	연구 중
케냐	디지털 케냐 실링	·	·	·	·	연구 중
마다가스카르	e아리아리	직접/하이브리드/중개 방식	·	·	국내용	연구 중
모리셔스	디지털 모리셔스 루피	·	·	·	·	연구 중
남아공	전자법화	·	·	토큰 기반	국내용	연구 중
스와질란드	E-릴랑게니	·	·	·	국내용	연구 중
트라니나드 토바고	E-달러	·	·	·	·	연구 중
튀니지	E-디나르	·	·	·	·	연구 중

출처: Marion Laboure, "CBDCs: Ideas Are Easy but⋯ Execution Is Everything," Deutsche Bank Research, Future Payments, July 15, 2021.

CBDC를 구현하기 위해서는 다양한 기술이 사용되기 때문에 분류가 쉽지는 않다. 그러나 아키텍처 측면에서 5개의 중앙은행은 직접 CDBC를 중심으로 하며, 인프라 측면에서 5개의 중앙은행은 DLT 기술을 중심으로 개발하고 있다. 그러나 스웨덴 국립은행Sveriges Riksbank, 우크라이나 국립은행the National Bank of Ukraine 및 동카리브중앙은행ECCB는 분산원장 기술이 그동안 만족스럽지 못한 성과를 내었으며, 확장성의 문제, 전력 수급의 문제를 수반하고 있다는 점을 함께 지적하고 있다.

세계는 지금
CBDC 준비 중

선도국가: 바하마, 중국, 스웨덴

바하마는 2019년 시범 사업을 거쳐, 2020년 10월 샌드달러라는 CBDC를 출시했다. 이 CBDC는 하이브리드 무선 네트워크를 기반으로 하는 디지털 원장 기술^{DLT}을 사용한다. 바하마가 하이브리드 무선 네트워크 기술을 사용한 이유는 지리적 특성상 허리케인 등의 자연재해로 인한 정전에 대비하기 위해서다. 샌드달러는 네트워크 연결이 끊어지더라도 1년 내내 사용할 수 있으며, 거래 수수료도 매우 낮다. 샌드달러는 해외에서 통용되지는 않지만 바하마 국내의 모든 도소매 거래에서 사용된다.

바하마가 디지털 화폐 통용의 선도적인 국가가 될 수 있었던 데에는 90%의 높은 모바일 기기 보급률이 있었기에 가능했다. 또한

1인당 소득이 아메리카 대륙에서 가장 높기 때문에 샌드달러의 도입 역시 매우 수월했다. 샌드달러는 현재 미국 달러화USD에 가격이 고정되어 있는데, 사실상 미국 이외의 제3자에 의한 디지털 미국 달러의 시험발행으로 볼 수도 있다. 바하마는 디지털 방식의 결제를 지원하기 위해 송금업체, 결제업체, 은행 등 금융기관으로 구성된 생태계를 조성하기도 했다.

디지털 화폐 통용 선도국가의 두 번째 꼽히는 나라는 스웨덴이다. 스웨덴은 2017년부터 CBDC 연구에 착수했는데 스웨덴 정부가 CBDC 발행에 관심을 가진 이유는 2007년 이후 시중 통화량이 감소했기 때문이다(경제 주체들이 화폐를 사용하지 않고 금고에만 넣어 두고 있다는 의미다. 이는 경기에 부정적인 영향을 미칠 가능성이 크다. 만약 정부가 디지털 화폐를 발행한다면 이러한 문제는 해소된다 옮긴이). 2020년 2월, 스웨덴은 자국 화폐 크로나를 디지털화하기 위한 첫 번째 프로젝트인 'e크로나'를 시작했다.

스웨덴은 현금을 대체하기 위해 '스위시Swish'라는 새로운 모바일 결제 시스템을 개발했다. 스웨덴이 스위시를 신속하게 도입할 수 있었던 것은 스웨덴의 법률, 기술, 문화적 요인 덕분이다. 첫째, 스웨덴 중앙은행법은 크로나를 법정화폐로 규정하고 있지만, 스웨덴 상법은 두 당사자(상인과 소비자)가 중앙은행 지침을 대체하는 계약을 체결할 수 있음을 명시하고 있다. 즉, 법적으로 법정화폐 이외의 결제 수단을 사용할 수 있다는 것이다. 둘째, 스웨덴의 발달된 정보통신 인프라 덕분이다. 스웨덴에서는 원격 지역에서도 양질의 통신 서비스가 제공되고 있다. 셋째, 스웨덴에는 신기술에 정통한 전문가가 많다. 일반인들 또한 새로운 제도와 신기술에 대한 신뢰가 깊다.

추격자들: 유럽, 일본, 영국, 미국

스웨덴을 제외한 다른 서구 유럽의 상황은 어떨까? 현재 유럽중앙은행ECB 이사회는 디지털 유로의 발행 여부를 아직 결정하지 않고 있다. 유럽중앙은행 관리위원회는 2021년 7월부터 2년 기한으로 CBDC에 대한 조사 작업에 착수했다. 계획대로 '디지털 유로' 프로젝트가 진행된다면 발행까지는 약 2~3년 더 걸릴 것이다. ECB 보고서는 CBDC에 대해 다음과 같이 설명하고 있다.

> "디지털 유로는 국민들이 사용할 수 있는 디지털 형식의 중앙은행 부채다. (…) 이는 현금 사용이나 중앙은행을 통한 예치금 제도 등을 보완할 것이다."

위의 말을 풀이해 보자면,
(1) 'CBDC가 중앙은행의 부채'라는 것은 중앙은행이 발행한 제3의 '화폐'라는 뜻이다.
(2) CBDC가 현금이자 준비금인 특징을 지니고 있다는 것이다.

디지털화되어 있지만 은행만 사용 가능한 준비금(은행이 보유하고 있는 잔고)과, 모두가 사용 가능하지만 물리적으로만 존재하는 현금(지폐, 동전)의 특징을 모두 띠고 있다.

(3) CBDC는 디지털 형식을 지니며, 모든 국민이 사용 가능한 형식을 띠어야 한다.

앞으로 디지털 유로는 현금처럼 사용될 것이다. 오프라인에서 지불이 가능하며, 외딴 지역이나 인터넷 접속이 불가능한 사람들도 결제 수단으로 사용할 수 있어야 한다. 만약 디지털 유로가 이러한 방식으로 개발된다면, 기존의 현금은 법정화폐로서만 의의를 지니게 될 것이다.

유럽중앙은행은 디지털 유로가 다음과 같은 상황에서 필요할 것이라고 말한다. 1) 현금 유통량이 크게 감소하는 경우나, 2) 극단적 상황으로 기타 전자결제 수단을 사용할 수 없는 경우, 또는 3) 다른 국가의 디지털 화폐가 자국의 전통적 화폐를 대체해 나갈 경우 디지털 유로가 이를 방어할 수도 있다.

영국의 국립 중앙은행인 영란은행BoE은 2020년 3월 CBDC 도입 가능성을 모색하는 보고서를 발표했지만 도입 여부에 대한 결론은 밝히지 않았다. CBDC 찬성론자들의 주장은 다음과 같다.

'전통적인 화폐의 사용은 점점 감소하고 있는 반면, 기술 변화에 따라 민간에서 발행한 디지털 화폐의 사용은 계속적으로 증

가한다. 이러한 트렌드는 화폐 금융시장의 안정을 유지하는 데
도움이 될 것이다.'

미국의 제롬 파월 미 연준 의장은 CBDC 발행과 관련해 더 많은
협의가 필요하다고 언급한 바 있다. 파월 의장은 미국이 CBDC 경
쟁에서 선두국가가 되지 않더라도 걱정하지 않는다고 밝혔다. 이
는 미국 달러는 이미 선점자의 이득First-mover advantage을 얻고 있기
때문이라고 덧붙였다. 동시에 미 연준은 2020년 8월, 디지털 통
화 실험을 확대할 것이라 발표했다. 현재, 보스턴 연방은행Boston
Fed은 MIT와 협력해 중앙은행 기반의 디지털 통화를 개발 중이며,
결과물은 오픈소스 형식으로 대중에게 공개될 예정이다.

한편 미 연준은 클리블랜드, 댈러스, 뉴욕에서 앱 개발자 팀을
구성했다. 이 팀은 디지털 통화가 결제 시장, 통화 정책, 금융 안
정, 금융 소비자 보호, 금융산업에 미치는 영향을 연구하고 있다.

일본은행BoJ은 2021년에 CBDC 실험을 시작했다. 이들의 목
표는 디지털 엔화를 기술적으로 구현하는 것이다. 개념 증명Proof
of concept은 2022년 3월에 종료될 예정이다. 일본은행은 아직
CBDC에 대한 구체적인 입장을 밝히지는 않았는데 일본에서는
여전히 현금이 지배적 결제 수단이고, 디지털 화폐의 도입이 부담
으로 작용하기 때문이다. 그럼에도 불구하고, 펜데믹 이후 현금
사용이 점차 줄어들 가능성에 대비해 디지털 통화에 대한 연구는
지속되고 있다.

CBDC는
화폐를 대체할까?

전 세계적으로 디지털 화폐 도입의 움직임이 활발히 일어나고 있지만 실제적으로 실행을 한다는 것은 쉬운 일이 아니다. 저금리와 개인정보 보호라는 2가지 기다란 장벽이 존재하기 때문이다. 지금부터는 디지털 화폐 도입의 두 가지 장벽을 어떻게 넘어야 할지 모색해 보자.

현재 현금은 사람들이 가장 선호하는 저장 수단이자, 가장 선호하는 결제 수단 중 하나다. 미국인과 유럽인의 3분의 1은 여전히 현금을 결제 수단으로 가장 선호하고, 절반 이상은 앞으로도 현금이 계속 통용될 것이라 믿는다. 최근 유로존에서는 현금 사용이 크게 증가하기도 했다. 2020년 3~5월 사이, 유로존의 통화량은 750억 유로가량 증가했다. 이는 2008년 말 리먼 브라더스 파산 이후 사상 최고치다.

이처럼 현금이 많이 유통되는 원인 중 하나는 저금리다. 금리를 높인다면 사람들은 현금을 예금으로 바꿀 가능성이 크다. 물론 통화량과 금리 사이의 인과관계를 증명하려면 더 많은 연구가 필요하지만, 분명 저금리는 통화량을 증가시키는 효과가 있다.

오늘날 세계 각국 통화 정책 기조는 저금리다. 미 연준, 유럽중앙은행ECB, 영란은행BoE, 일본은행BoJ은 모두 제로금리나 마이너스 금리 정책을 취하고 있다.(다만, 2022년에 들어 각국 중앙은행들은 물가불안 등을 이유로 긴축적 통화정책 기조를 펼치고 있다.-옮긴이) 이로 인해 고객들은 자신의 지갑이나 금고에 들어 있는 현금을 은행 계좌로 옮겨 둘 이유가 없다. 즉, 지금과 같은 저금리 기조가 지속된다면 고객들은 현금을 계속 사용할 가능성이 매우 큰 것이다.

디지털 화폐 도입의 두 번째 장벽인 사용의 편의성과 개인정보도 중요한 문제다. 현금은 소비와 관련한 흔적이 남지 않아 익명성이 보장되지만, 디지털 화폐는 완전한 익명성을 보장하지 못한다. 국가별로 디지털 화폐로의 전환 속도를 살펴보면 선진국의 속도는 더딘 반면, 중국은 변화에 적극적이다. 특히 코로나19 팬데믹으로 인해 중국 등 아시아 국가들은 현금 결제보다 디지털 결제를 선호하는 경향이 강해졌다. 2020년 말 기준 중국 인터넷 사용자의 약 86%가 온라인 결제 서비스를 사용했다(2008년 18%에 비해 비약적으로 증가한 수치다). 세계은행에 따르면 온라인으로 물건 구매를 해 본 중국인의 85%는 온라인으로 결제를 하고 있다. 다른 신흥국의 53%가 여전히 현금 결제를 선호한다는 점을 감안하면, 중국의 디지털 결제 비중은 매우 높은 셈이다.

달러 패권에 도전하는 중국의 디지털 화폐

중국인민은행PBoC은 2014년부터 정부 주도하에 디지털 화폐를 연구하고 있다. 중국인민은행의 장기적 목표는 디지털 화폐로 현금을 대체하고, 금융포용을 제고하고, 금융 시스템 자체를 혁신하는 것이다. 중국인민은행 전 총재인 리 리후이Li Lihui는 '효율성, 낮은 비용, 편리함이라는 특징 때문에 디지털 화폐는 코로나19 사태 이후 더욱 확산될 것'이라 주장했다.

2020년 4월, 중국은 선전Shenzhen, 쑤저우Suzhou, 청두Chengdu, 그리고 베이징 남부의 시오앤Xiong'an 지역에서 디지털 위안화 시범 사업을 실시했다. 그리고 2022년 베이징 동계올림픽 기간에 디지털 위안화는 본격적으로 사용된 바 있다. 중국 언론에 따르면 이미 일부 공무원들은 급여를 디지털 위안화e-RMB로 수령하고 있다. 그리고 지난 12월, 중국의 거대 전자상거래 업체인 징동닷컴 JD.com은 결제 수단으로 디지털 위안화를 채택하겠다고 발표했다.

12월 초 홍콩통화청HKMA 최고경영자인 에디 유Eddie Yue는 중국인민은행과 홍콩통화청이 디지털 위안화를 사용해 국가 간 송금을 시험하고 있다고 언급했다. 쑤저우시도 주민들에게 200 디지털 위안화가 들어 있는 10만 개의 '디지털 돈봉투Digital red packet'를 추첨 방식으로 나누어 주는 이벤트를 했다. 선전에서도 디지털 위안화(총 1천만 위안)를 나누어 주기 위한 복권 이벤트를 도입했는데 총 200만 명이 지원했고, 5만 명이 이 복권에 당첨되었다.

중국인민은행에 따르면 중국의 CBDC는 비트코인 등에서 널리 활용되는 블록체인 기술을 사용하지 않는다. 2018년 8월, 중국인민은행 지급결제국은 블록체인 기술을 도입할 경우 중국의 소매 거래량을 뒷받침하기 어렵기 때문이라고 밝혔다. 이에 따라 디지털 위안화는 중앙은행이 먼저 지역 상업은행으로 디지털 위안화를 발행하고, 국민들에게는 디지털 지갑을 통해 전달될 계획이다. 중국 건설은행, 중국은행, 중국공상은행, 중국농업은행 등 중국 4대 국영은행은 디지털 위안화 지갑에 대한 테스트를 진행하고 있다.

중국의 디지털 통화는 위안화에 1:1로 고정된다. 결제를 하기 위해서는 소비자와 기업이 휴대폰에서 디지털 지갑을 다운로드하고, 시중은행 계좌에 있는 위안화를 디지털 지갑으로 이체하기만 하면 된다. 이는 마치 ATM에서 돈을 인출하거나 이체하는 것과 비슷하다. 디지털 위안화 사용자는 NFC 기술과 인터넷을 통해 전화기로 송금할 수 있다. 만약 중앙은행이 실시간으로 추적할 수 없는 오프라인 거래에는 디지털 지갑이 온라인 상태가 되면 저장 및 처리가 된다.

이렇게 오프라인 거래가 허용되는 이유는 중국의 인터넷 품질 때문이다. 아직 중국에는 인터넷 품질이 좋지 않은 지역이 많기 때문에, 이들 지역에서 결제 접근성을 보장하기 위해서 오프라인 결제를 지원한다. 중국 언론에 따르면, 유니온페이도 중국의 CBDC 프로젝트와 함께 결제 테스트를 진행 중이다. 이미 디지털 위안화는 400만 건, 20억 위안 이상의 거래에 사용되었다. 바코드, 안면 인식, 탭투고Tap-to-go(교통카드처럼 단말기에 대면 결제되는 방식, 우리나라에서는 테그리스라는 단어가 보편화되어 있다.-옮긴이) 등의 방식이 디지털 위안화에 도입된 기술이다.

디지털 위안화는 현금과 다르다. 모든 거래는 감시 가능하고, 추적될 수 있다. 빅데이터를 통해 사람들의 행동을 파악하고, 식별할 수 있으므로 자금세탁, 탈세, 테러자금 조달 등을 예방할 수 있다. 디지털 위안화의 핵심 원칙은 완전한 익명성에서 벗어나 '통제 가능한 익명성'의 추구이다. 즉, 디지털 위안화의 거래 당사자는 익명으로 거래할 수 있지만, 자금세탁, 부정부패, 테러자금 조달 등의 거래에 대해서는 은행의 거래 추적권이 부여되는 방식이다.

미국 달러는 왕좌에서 내려올 것인가?

그렇다면 디지털 위안화는 위안화의 국제적 위상에 어떠한 영향을 미칠 것인가? 이 질문에 답하기 위해서는 중국이 세계의 정치경제 질서에서 차지하는 위상을 감안하지 않을 수 없다. 오늘날 중국은 세계 2위의 경제대국이다. 세계 지출에서 차지하는 비중은 1980년 2%에서 2018년 12%로 증가했다. 그리고 중국은 세계 최대의 소비시장 중 하나이며, 2009년 이후에는 세계 최대의 수출국이 되었다. 중국은 세계 경제에 대한 의존도를 줄이기 위해 노력하는 반면, 세계 각국의 중국에 대한 의존도는 점점 더 커지고 있다.

중국은 현재 국가의 위상이 높아진 만큼 위안화의 국제화를 위해 심혈을 기울이고 있다. 중국 무역에서 위안화가 결제 통화로 사용된 비중은 2000년 0%에서 2015년 25%로 증가했으며 국제 무역의 결제 통화로서 유로화를 제쳤다. 현재 위안화는 전 세계적으로 두 번째로 많이 사용되는 통화다. 그러나 여전히 무역 이외의 금융거래에서 위안화의 사용 비중은 매우 낮은 상황이긴 하다.

중국은 2050년까지 과학기술 혁신 분야에서 세계의 선도국가가 되는 것을 목표로 삼고 있다. 중국의 인공지능 기업 투자 규모는 미국에 이어 두 번째로 크며, 2030년까지는 'AI 생태계'를 구축하는 것을 목표로 한다. 정부 연구개발비 지출도 2000년 약 90억 달러에서 2018년 2,930억 달러로 급증했으며, 이는 미국에 이어 세계에서 두 번째로 큰 규모다. 중국은 이미 새로운 지급결제 시스템을 바탕으로 더 많은 소매업체와 공급자들에게 편의를 제공 중이다.

또한 중국의 디지털 위안화는 블록체인 기술이 갖지 못한 중대한 강점을 지니고 있다. 바로 통제가 가능하며, 이 통제기관이 은행이나 전자상거래 안정성을 관리할 수 있다는 점이다.

위안화가 단시일 내에 세계를 지배하기까지 아직은 요원해 보인다. 단언컨대 중기적으로 달러의 지배는 지속될 것이다. 중국의 디지털 위안화는 중국 내부 거래에 머물 것이며, 국제 금융 분야에서 달러의 패권에 도전할 가능성은 낮은 상황이다. 중국은 자본 유출입을 엄격하게 통제하고 있으며, 외국인의 증권 보유에도 많은 제약을 가한다. 이러한 반시장적 규제로 인해 위안화가 국제 금융 분야에서 달러를 능가하기는 어렵다.

그러나 장기적인 관점에서는 다를 수 있다. 현재와 같이 미중 무역적자가 심화된다면 달러화, 유로화, 위안화가 공동의 글로벌 기축통화가 되는 상황이 올 수도 있다. 게다가 오늘날 화폐 전쟁에서 중국의 가장 큰 약점인 폐쇄적 자본시장 규제에 대한 개선이 이루어지거나, 알리페이, 위챗페이와 같은 새로운 결제 기술을 도입하겠다는 공언을 한다면 위안화의 위상은 지금과는 완전히 달라질 수도 있다.

CBDC와 관련하여 또 다른 중요한 질문이 있다. 만약 전 세계의 많은 국가가 CBDC를 채택한다면 중앙은행과 금융기관이 굳이 지급준비금을 보유할 필요가 있을까? 이에 대한 답은 다음 장에서 밝혀질 것이다.

CBDC가
은행을 바꾼다

        저금리는 사람들이 예금의 매력을 느끼지 못하게 만든다. 이런 상황에서 중앙은행 발행의 법정 디지털 화폐인 CBDC가 도입되면 이 화폐는 금융기관의 역할을 대신할 가능성이 매우 높을 것이다. 만약 중앙은행과 직접 거래가 가능한 CBDC 구조를 가정한다면 사람들은 중앙은행에 자신의 계좌를 만들려 하기 때문이다. 이로 인해 CBDC는 기존의 은행 산업을 완전히 바꾸어 놓을 가능성이 크다. 그리고 결국 이는 금융 안정에도 큰 영향을 미칠 것이다. 예컨대 사람들이 은행 계좌나 신용카드 대신 중앙은행의 계좌를 사용하기 때문에 지금과 같은 신용카드 결제대금, 은행 수수료, 예대마진 등은 완전히 달라질 수 있다. 따라서 CBDC의 발행은 현재와 같이 중앙은행(도매)과 시중은행(소매)으로 나뉜 '2단계 금융 시스템'의 판도를 모조리 갈아 엎을 것이며, 중앙은행에는 현재와는 다른 다음과 같은 새로운 업무가 부여될 것이다.

1. 고객 확인 의무 이행(KYC, 금융실명제), 금융 분쟁 해결 업무
2. 금융거래 감독
3. 자금세탁 및 테러 자금조달 방지 업무
4. 납세 업무

영국의 국립 중앙은행인 영란은행^{BoE} 등 주요 중앙은행은 시중은행에서 중앙은행으로 고객 예금이 이동하면 중앙은행과 시중은행의 자산, 부채 구조가 크게 변할 것이라고 경고하고 있다. 이는 시중은행의 대출(신용공여) 기능을 변화시키고, 금융 안정에도 큰 영향을 미칠 것이다.

은행의 역할이 사라지는 현상^{Disintermediation}(탈중개화)은 CBDC 보급으로 이제 피할 수 없는 상황이 됐다. 이제 시중은행은 예금 감소에 어떻게 대응해야 할 것인지를 살펴야 한다. 이에 대해서는 2가지 해결책을 생각해 볼 수 있다.

첫 번째는 CBDC로의 자금 이동을 막기 위해 예금에 더 높은 이자를 지급하는 것이다. 두 번째는 시중은행의 입장에서도 예금 이외의 다른 자금조달원을 마련하는 것이다. 개인들의 예금이 줄어든다면 기관의 대규모 자금을 예치받거나 은행채를 발행하는 것이 대안이 될 수 있다.

그러나 위 대안은 모두 은행에 비용 부담을 야기한다. 만약 은행의 자금조달 비용이 높아진다면, 은행은 그만큼 대출금리를 올려야 할 것이다. 이는 결국 은행의 대출 규모를 감소시킬 가능성이 크다. 그래서 현재 대부분 중앙은행이 선호하는 디지털 통화 모델은 중앙은행과 시중은행의 역할을 구분하는 '2단계 금융 시스템'이다. 화폐의 발행은 중앙은행이 담당하는 반면, 화폐의 유통은 시중은행이 담당하는 전통적인 방식인 것이다.

경험하지 못했던
새로운 금융혁명이 온다

최근 등장한 혁신 기술은 금융 서비스를 완전히 바꾸고 있다. 역사적으로 보면 파괴적 혁신은 항상 불평등의 지도를 변화시켜 왔다. 예컨대 산업혁명 이후 유럽인들의 소득은 급증했으나, 경제적 불평등은 다른 국가들에 비해 훨씬 심화되었다. 오늘날에도 유사한 변화가 일어나고 있다. 각국 정부는 과거의 역사에서 교훈을 얻어야 한다. 소수의 승자에게만 유리한 변화가 아니라, 수많은 대중이 기술 혁신의 혜택을 누릴 수 있어야 하는 것이다.

지금부터는 기술의 변화가 금융 서비스를 어떻게 바꾸어 나가는지를 요약한다. 그리고 금융위기의 역사를 바탕으로 정책 당국이 같은 실수를 반복하지 않도록 시사점을 제시하고자 한다. 또한 코로나19 팬데믹으로 인한 디지털 전환 트렌드와 핀테크 혁명이 우리의 삶을 어떻게 개선할 수 있는지를 마지막으로 정리해 본다.

금융 혁신의 6가지 트렌드

오늘날 금융산업에서는 6가지 주요 변화가 일어나고 있다. 이를 시간순으로 나열해 보았다. 금융 혁신은 이미 보편화된 온라인 증권 구매 서비스부터 최근의 암호화폐까지 다양하게 나타나고 있다.

트렌드 1. 온라인 금융 서비스

현대적 의미의 최초의 금융 혁신은 오프라인 금융 서비스가 온라인을 통해서 제공되기 시작한 것이다. 이제 우리는 인터넷을 통해 보험, 예금 등의 금융상품을 비교하며 집에서도 금융 서비스에 쉽게 가입할 수 있다. 온라인 금융 서비스는 기존의 오프라인 지점을 무용지물로 만들고 있다. 온라인 금융 서비스로 인해 금융 서비스의 투명성이 제고되었고, 금융회사 간의 경쟁을 통해 소비자 편익은 높아졌다.

트렌드 2. 백오피스 업무의 자동화

현대 금융산업의 두 번째 변화는 데이터의 입력, 저장, 분석 과정의 자동화다. 금융산업에서는 데이터를 처리하는 미들오피스 (리스크 관리 업무)나 백오피스(지원 업무) 업무가 필수적이며, 금융회사들은 이 작업에만 수천 명을 투입한다. 컨설팅회사 맥킨지 앤드 컴퍼니McKinsey & Company는 이 업무의 약 50%는 기술적으로 자동화될 수 있다고 추정하며, 오늘날 10개 중 6개 직업의 30% 이상도 자동화될 수 있다고 분석했다.

백오피스 업무의 자동화를 위해 반드시 필요한 기술은 바로 블록체인이다. 분산되어 있지만 참여자의 신뢰를 보장하는 블록체인은 여러 금융회사 간의 금융계약이 처리될 때 위·변조나 중복 기록의 가능성을 제거한다.

데이터를 관리하고 자동화하는 방법은 현재도 큰 변화를 겪고 있으며, 은행을 비롯한 금융회사에도 큰 도전 과제로 남을 것이다.

트렌드 3. 인공지능의 등장

이제까지 '자동화'는 주로 백오피스 및 미들오피스 부문에서 이루어졌다. 그러나 앞으로는 프런트오피스(상품 판매, 거래) 분야에서의 자동화가 본격화될 것이다. AI 기술과 알고리즘은 금융상품의 판매를 담당하던 프런트오피스 직원을 대체하고 있고, 알고리즘은 증권 트레이더들을 대체하고 있다. 고빈도 거래HFT(초단타 매매)는 이미 알고리즘이 완전히 대체한 분야다. 미국 등 선진국에서는 전체 거래량의 약 70~80%가 알고리즘에 의해 이루어지고 있다. 투자 자문, 자산관리도 로봇(알고리즘)으로 대체되고 있다. 이 방법을 사용하면 더 낮은 비용으로 더 높은(또는 유사한) 투자 수익을 제공할 수 있다.

프런트오피스 분야에 AI를 이용한 자동화가 이루어진다면 두 가지 혜택을 얻을 수 있다. 첫 번째, 빅데이터를 활용해 소비자의 니즈와 성향을 쉽게 파악할 수 있어 고객 맞춤형 지점들을 배치할 수 있다. 두 번째, 고급 포트폴리오 선별과 리스크 알고리즘을 통해 은행은 기존의 리스크 관리보다 더 빠르게 자산 포트폴리오의 리스크 노출과 손실 가능성을 감지할 수 있다.

트렌드 4. 스마트폰을 통한 금융 서비스

예금, 송금 같은 은행 서비스가 디지털화되면서 소비자 편의성은 매우 높아졌다. 온라인 뱅킹 산업이 가장 발전된 국가는 북유럽 국가들로 이곳의 은행은 이미 지점 수가 절반으로 줄었다. 서유럽과 미국도 결국은 북유럽과 마찬가지로 변화할 것이며, 향후 10년 이내에 전체 지점의 30~50%는 통폐합될 것이다.

트렌드 5. 신용카드를 위협하는 디지털 결제 수단

향후 10년간 디지털 방식의 간편결제 급증으로 플라스틱 신용카드는 사라지게 될지 모른다. 향후 5년 동안 미국의 모바일 결제는 오프라인 결제 규모의 약 40% 수준까지 성장할 것이다. 이는 현재보다 4배 성장한 규모다. 다른 선진국에서도 상황은 비슷하다. 다만, 그 속도는 국가마다 다를 수 있다. 신흥국의 경우 많은 사람이 신용카드 단계를 뛰어넘어 곧바로 모바일 결제 단계로 나아가고 있다.

디지털 결제 기술의 확산에 따라 소비도 늘어날 것이다. 디지털 결제 플랫폼은 소비자로부터 점점 더 많은 양의 개인 데이터를 수집하게 되고, 이 데이터의 가치는 점점 더 높아져 기업이 청구하는 수수료는 거의 0에 가깝게 조정될 수 있다. 이는 다시 결제 플랫폼의 수수료를 인하시키고 소비자들의 소비 여력을 높이는 선순환 구조를 만들 것이다.

트렌드 6. 은행을 위협하는 암호화폐

저금리가 지속되자 암호화폐는 새로운 재무관리 수단으로 부상했다. 일부 기업은 현금 대신 비트코인을 구입하고 있다. 비즈니스 분석회사인 마이크로스트래티지MicroStrategy는 "비트코인은 신뢰할 수 있는 가치 저장 수단"이라고도 말한다. 이들에 따르면 비트코인 수익률은 현금보다 높으며, 기업 재무 관리의 중요한 수단이라 믿는다.

암호화폐가 점점 제도권으로 편입되자 중앙은행과 상업은행의 역할에도 변화가 일어나고 있다. 암호화폐는 대개 P2P 방식으로 작동하기 때문에 전통적인 은행과 금융회사는 기존의 역할을 잃어버릴(탈중개화) 가능성이 있다. 이러한 상황 속에서 중앙은행은 본연의 역할을 지키기 위해 많은 노력을 기울일 것이다. 암호화폐에 대한 연구를 지속하고, 중앙은행 주도의 암호화폐를 출범시키는 것이 그러한 노력의 일환이다.

다가오는 새로운 금융위기를 대비하라

지금 일어나는 변화는 금융 당국의 정책 수립에도 많은 혼란을 야기할 것이다. 다만, 과거의 역사를 통해 우리는 정책 당국에 3가지의 시사점을 조언하고 싶다.

1. 사전 규제의 필요성

2007~2008년 금융위기의 원인은 서브프라임 대출이었다. 많은 금융 고객들은 자신의 상환 능력을 초과하는 대출을 받았으나 금융 당국은 이를 묵과했다. 만약 금융당국이 미리 과도한 대출을 규제했다면 이러한 대규모 채무 불이행 사태는 피할 수 있었을지도 모른다. 오늘날의 금융 혁신도 똑같은 상황을 초래할 수 있다. 많은 사람의 금융 접근성이 높아짐에 따라 과거처럼 사람들은 쉽게 대출을 받고, 그 대출은 감독 당국에 의해 관리되지 않을 가능성이 큰 것이다. 그러나 이런 실수를 반복해서는 안 된다. 그러기 위해서는 사전에 정교한 규제를 설계하는 것이 필요하다. 예컨대 국민의 금융교육을 강화하고, 대출을 통제하며, 핀테크를 적당히 규제하는 것이다.

IMF에 따르면 금융교육과 보건교육의 강화는 불평등을 완화시킨다. 그리고 금융 문해력Financial literacy은 사람들이 금융소득을 얻을 수 있도록 돕고, 지나치게 많은 돈을 대출받는 상황도 막아 준다. 금리, 복리, 주택담보대출 등 금융에 대한 기본 지식을 학교 수학 교과목의 일부 단원으로 채택해도 좋다.

약탈적 대출에 대한 규제도 필요하다. 글로벌 금융위기 기간에 금융회사는 많은 사람을 부채의 구렁텅이에 빠뜨렸다. 금융회사들은 너무나도 쉽게 대출을 허락했으며, 오늘날에는 인터넷과 SNS를 통해서도 새로운 금융상품이 너무나도 쉽게 판매되고 있다. 따라서 규제 당국은 금융 소비자 보호를 위해 금융회사의 서비스 판매 과정을 감독해야 한다. 또한 금융 취약 계층이 불법 사금융업자로부터 급전대출Payday loans을 받거나, 과도한 레버리지 투자Leveraged trading에 빠지는 것도 단속할 수 있어야 한다.

핀테크 기업에 대해서도 공시 의무, 소비자 보호 의무, 보안 의무를 부여해야 한다. 전통적인 금융회사에 대해서는 매우 촘촘한 규제가 부과되지만, 대부분 핀테크 기업은 금융 규제망에서 벗어나 있는 것이 현실이다. 핀테크 기업이 갑작스러운 사고로 문을 닫거나, 고객의 계좌를 잘못 관리하여 소비자들이 큰 손실을 입는 상황을 예방할 필요가 있다.

2. 데이터 수집과 알고리즘 규제

영화 〈마이너리티 리포트〉에서는 정부가 범죄 예측을 위해 예언자를 활용하는 장면이 등장한다. 범죄가 저질러지기 전에 경찰이 현장을 급습하는 것이다. 그러나 이는 이제 픽션이 아니라 현실이 되어 가고 있다. 중국은 잠재적인 반체제 인물 식별을 위해 알고리즘을 사용하고 있다. 사전에 범죄를 막는 것이다. 이미 인구통계, 결제 기록, 인터넷 기록, 의료 기록, SNS 기록을 토대로 데이터를 분석하는 빅데이터 기술이 빠르게 발전하고 있다. 데이터 간의 상관관계와 인과관계를 분석하며, 사람들의 채무 불이행 가능성과 특정 질병에 걸릴 가능성도 머지않아 예측될 것이다.

그러나 이런 선제적인 데이터 수집과 마케팅은 많은 사회적 문제를 일으킬 것이다. 대기업들이 점점 더 많은 소비자의 데이터를 수집해 제품과 서비스를 판매하기 위해 알고리즘을 사용함에 따라 부당한 배제나 가격 책정 등 소비자를 차별하는 '갑질'로 이어질 수 있기 때문이다. 예컨대, 최근에 실직한 사람에게는 고리의 이자로 대출을 제공한다든지, 당뇨병의 발생 가능성이 높은 사람에게는 보험 가입을 거부하거나, 더 높은 보험료를 부과할 수도 있다. 이러한 고객 차별 행위는 보험제도의 근간을 흔들며 사회적 연대라는 공익적 가치를 위협한다.

정부는 이러한 강력한 도구들이 부당한 배제와 가격 책정으로 이어지지 않도록 데이터 수집과 사용에 대해서도 적절한 규제를 해야 한다. 데이터 규제 당국은 사기업이 사용하고 있는 알고리즘에 대한 감독 권한을 보유해야 하며, 전문기구를 두어 알고리즘이 중립적으로 설계되었는지, 효율적으로 설계되었는지, 착취적이진 않은지 등을 면밀히 감독할 수 있어야 한다.

3. 핀테크 기업에 대한 감독 장치

핀테크 기업에 대한 사전 규제도 필요하다. 핀테크 기업은 빠르게 성장하고 있으며, 이들이 전통적인 금융기관과 같이 덩치가 커져 대마불사Too big to fail가 되는 상황, 또는 규제가 작동하지 않을 정도로 강력해지는 상황은 막을 필요가 있다. 글로벌 금융위기 이후 전통적인 금융회사에 대한 규제는 더욱 촘촘하게 변화하였지만, 오늘날 대부분의 핀테크 기업은 규제의 사각지대에서 규제 차익을 누리는 경우가 다반사다. 또한 우버와 에어비앤비의 사례에서 알 수 있듯이, 회사가 다국적 기업으로 성장하면 그 회사를 한 국가의 규제만으로 관리하기가 매우 어려워진다. 대기업화된 기업들이 만들어내는 체계적 리스크Systematic risk도 커질 수밖에 없다. 커질 대로 커져 버린 중국의 알리페이는 중국 금융 시스템 내의 체계적 리스크가 매우 높다는 것을 의미한다. 따라서 핀테크 기업이 너무 커지기 전에 적절한 규제를 만들어내는 것도 시급한 과제다.

머지않아 현금 없는 사회가 온다

이 글을 쓰는 지금은 전 세계적으로 코로나19가 만연한 시기다. 아직 결론을 짓기에는 섣부를 수 있지만 펜데믹이 사람들에게 가져온 두려움과 각국 정부의 대응 조치는 금융 서비스의 변화를 가속화할 것으로 보인다.

현금과 신용카드가 바이러스 전염의 매개체가 될 것이라는 두려움

물리적 화폐도 모기처럼 병균을 옮기는 매개체가 될 수 있다. 유로화 지폐에는 식중독을 일으킬 수 있는 대장균과 살모넬라균 등 2만 6천 개의 박테리아가 발견되었다. 현재 시중에 유통되는 미국 달러화 지폐의 94%에는 박테리아가 서식하고 있다고 한다. 뉴욕대학의 연구에 따르면 미국 달러화 지폐에는 약 3천 가지 유형의 박테리아가 살고 있으며, 미량의 코카인이 발견되기도 했다. 물론, 지폐에 서식하는 대부분의 박테리아는 인체에 무해하지만, 일부에서는 병원체가 발견되기도 한다.

코로나19 바이러스도 현금과 카드를 통해 전염될 수 있다. 전 세계적으로 '현금'과 '바이러스'라는 검색어가 순위권에 오를 정도였다. 한 연구에 따르면 인플루엔자 바이러스는 지폐에서 최대 17일 동안 생존할 수 있다고 한다. 또한 코로나19를 일으키는 바이러스인 SARS-CoV-2는 금속, 유리 또는 플라스틱에서 최대 9일 동안 생존할 수 있다. 물론, 표면소독을 하면 즉시 사라진다.

몇몇 중앙은행은 현금에 대한 공포를 잠재우기 위해 현금을 통한 전파 위험이 크지 않다는 점을 홍보하기도 했다. 영란은행은 "지폐를 통해 병원균이 전염될 가능성은 난간, 손잡이 또는 신용카드에 비해 훨씬 낮다."라고 홍보했다. 분데스방크The Bundesbank도 지폐를 통한 바이러스 전파 위험은 높지 않다고 공표한 바 있다. 캐나다 은행Bank of Canada도 소매업체들에 현금 결제를 중단하지 말라고 요청했다.

한편 현금을 통한 감염을 경고하는 중앙은행도 있었다. 중국 인민은행과 한국, 헝가리, 쿠웨이트의 중앙은행은 바이러스 확산을 막기 위해 지폐를 소독하거나, 폐기하기도 했다. 이는 2가지를 시사한다. 하나는 화폐가 코로나 바이러스의 전파 경로가 될 수 있다는 것이고, 다른 하나는 감염 이후의 의료비용보다 사전적 소독 비용이 저렴하다고 판단하는 것이다.

코로나19가 앞당긴 디지털 결제

디지털 결제 수단이 대중화된 아시아권 국가에서는 코로나 이후 결제 시스템이 더 빨리 변화할 수도 있다. 2020년 말까지 중국의 온라인 결제 사용자는 약 8억 5,500만 명으로 2010년(1억 3,700만 명)보다 크게 증가했다. 이렇게 온라인 결제 서비스 사용자가 급증한 이유는 중국과 동남아시아 국가들에는 신기술에 개방적인 젊은 인구가 유럽이나 미국보다 훨씬 많이 거주하기 때문이다.

그러나 코로나19가 서구 사회의 결제 습관을 바꿀지도 모른다. 독일, 일본, 미국처럼 노령 인구의 비중이 높은 국가에서는 현금을 통한 바이러스 전파가 심각한 문제가 될 수도 있기 때문이다. 노인들은 바이러스에 가장 취약한 계층이며, 현금 사용률이 가장 높은 연령층이다.

우리의 연구에 따르면, 미국인과 서유럽인들은 세계의 다른 지역들보다 훨씬 더 현금에 의존해 생활한다. 레거시 시스템에서 사람들의 뿌리 깊은 습관을 바꾸는 데는 훨씬 더 오랜 시간이 걸린다. 따라서 일부 유럽 국가들은 상점에서 대기시간을 줄이기 위해 비접촉 방식의 카드 결제 한도를 늘리기도 했다(2020년 3월). 영국에서는 2020년 중 디지털 결제만을 허용하는 소매업자 수가 50%까지 급증했다.

중장기적으로는 중앙은행 디지털 통화CBDC 개발에 대한 요구가 빗발칠 것이다. 실제로 지난 2년간 많은 나라의 중앙은행은 디지털 통화에 관심을 기울여 왔다. 2021년 초, 전 세계 중앙은행의 86%는 CBDC를 개발 중이다. 이들은 단순한 연구 수준이 아니라, 약 60%는 개념 증명 단계였으며, 14%는 테스트 단계까지 진행되었다.

핀테크는 불평등을 줄일 수 있을까?

'파괴적 혁신'은 항상 부의 재분배를 가져왔다. 산업혁명 이후 유럽에서는 전체 국민의 생활 수준이 향상되었지만, 유럽과 나머지 세계 사이의 불평등은 확대되었다. 핀테크 혁신도 같은 결과를 가져올 것이다. 지금부터는 선진국들이 어떤 불평등을 겪고 있으며, 핀테크 혁신이 전 세계의 불평등 문제를 어떻게 완화할 수 있을지에 대해 간단히 언급하고자 한다.

선진국이 겪고 있는 문제

첫째, 금융 접근성의 불평등이다. 금융 접근성 문제는 주로 개도국의 문제로만 치부되어 왔다. 그러나 사실 선진국에서도 아직 수백만 명의 사람들은 은행 계좌가 없다. 한 조사에 따르면 아직 7% 정도의 가계는 은행 입출금 계좌가 없다. 이는 미국 기준으로 약 1,560만 명의 성인과 760만 명의 어린이가 금융에서 소외되어 있다는 것을 뜻한다.

둘째, 대출의 불평등이다. 플랫폼 근로자 등 고용 안정성이 낮은 사람들은 대출 서비스에서 소외될 가능성이 크다. 대출 소외 계층에 대한 서비스 제공을 위해 시장에서는 온라인 P2P 대출, 크라우드 펀딩, 크라우드 투자 플랫폼 등의 새로운 대출, 투자기법이 등장했다. 제도권 금융기관을 통하지 않고서도 자금의 수요자와 공급자를 연결시켜 줄 수 있게 된 것이다. 이 분야의 선두주자는 2009년에 출범한 크라우드 펀딩 기업 '킥스타터'다. 지금은 수많은 유사 경쟁업체들이 생겨났을 정도로 킥스타터의 사업모델은 널리 퍼져 있다.

셋째, 자본소득의 불평등도 심각하다. 자산가들은 대체 투자, 헤지펀드 등 다양한 자산관리 옵션을 지니고 있는 반면, 개미들은 은행 예금과 같은 평범한 투자 수단이 전부다. 만약 1927년에 안정적인 국채에 100달러를 투자했다면, 2020년에 얻을 수 있는 가치는 2,082달러다. 그러나 주식 투자를 했을 경우 그 가치는 592,868달러까지 불어난다. 한편 투자 수수료가 조금만 차이나더라도 장기간 누적된다면 장기 수익률에 엄청난 차이가 생길 수 있다.

금융소외 계층에 대한 금융 접근성 제고를 위해 핀테크 기업들은 로보어드바이저(자동화된 온라인 금융 조언)를 출시했다. 로보어드바이저는 목표 수익률, 투자 목표 기간 등과 투자자의 위험 감수 능력을 분석하는 알고리즘에 따라 작동한다. 고객의 요구에 가장 적합한 투자안을 제안하는 것이다. 로보어드바이저의 장점은 저렴한 수수료와 편의성이다. 이제까지 한 번도 투자를 해 보지 못했던 사람들도 로보어드바이저를 통해 손쉽게 투자할 수 있는 것이다.

선진국을 위한 조언

첫째, 핀테크나 블록체인 기술을 세무 업무와 신분증 생성 등의 공공서비스를 자동화하는 데에 활용해야 한다. 이를 통해 많은 공무원이 자료를 직접 입력하고 검증하는 단순노동에서 벗어날 수 있다. 새로운 기술이 일자리를 빼앗아 가는 것에 대한 두려움과 저항도 분명 존재할 것이다. 그러나 장기적으로 핀테크와 블록체인은 공공서비스를 효율적으로 만들 것임에 틀림없다.

둘째, 각국은 재정 정책과 고용 정책을 새로운 환경변화에 맞추어 재정비해야 한다. 정부는 플랫폼 노동자들을 노동법의 보호대상자로 포섭할 수 있어야 하며, 관련 조세제도도 정비해야 한다. 예컨대, 플랫폼 노동자들을 위한 사회보장제도나 국민연금, 고용보험과 같은 사회보험제도를 정비할 필요가 있다. 정부가 직접 플랫폼 노동자에 대한 소득 정보를 취합하고 플랫폼에서 세금을 직접 징수하는 방안도 검토해 볼 만한 아이디어다.

셋째, 탈세 방지를 위한 데이터 수집도 중요하다. 조세 분야에서 블록체인은 익명성을 보장하되, 필요한 경우 추적 가능성을 확보할 수 있는 기술이 될 수 있다. 경우에 따라 일부 데이터는 기밀로 유지하면서, 추적이 필요한 금융거래는 내역을 들여다볼 수 있게 만드는 것이다. 미국 정부는 이미 해외금융계좌신고법FATCA을 통해 미국 시민의 해외 금융자산 데이터를 (해외 은행으로부터) 공유받고 있다. 만약 은행들이 공통의 플랫폼을 통해 데이터를 공유한다면, 정부 입장에서는 개인과 기업의 해외 소득과 숨겨진 소득을 쉽게 파악할 수 있다.

약점 극복하기: 개도국의 핀테크 솔루션

개도국은 선진국과는 다른 제도적 장벽이 존재한다. 따라서 선진국과는 다른 정책적 접근이 필요하다. 첫째, 개도국에는 공식적인 서류 기반이 미비하다. 은행과 금융 서비스는 주민등록증과 같은 신분증을 기본으로 요구한다. 그러나 개도국에서는 이러한 기본적인 공식 서류나 신분증명제도가 존재하지 않는 경우가 허다하다. 핀테크 생태계를 조성하기에 앞서 개도국들은 인도의 아드하르와 같은 디지털 신분증명 플랫폼 사례를 참고해 볼 만하다.

둘째, 많은 개도국에는 사기와 부정부패가 만연해 있다. 사회복지 분야를 예로 들면, 공무원과 유관기관이 취약 계층에게 지급되어야 할 사회복지 자금을 착복한다는 의미다. 그러나 만약 디지털 지갑이 도입된다면 국민들은 정부에서 직접 사회복지 자금을 받을 수 있으므로 공무원들의 부패 가능성을 원천적으로 차단할 수 있다. 핀테크 기술을 통해 사회복지 재원을 늘릴 수 있으며, 궁극적으로는 공공의 복리를 제고시킬 것이다.

셋째, 개도국(특히, 농촌 지역)은 상거래를 위한 교통, 통신 인프라가 열악하다. 전자상거래는 이러한 문제를 해결할 수 있다. 그러나 전자상거래를 활성화하려면 먼저 농촌 지역에서도 사용할 수 있는 '온라인 결제 인프라'가 선행되어야 한다. 이때 핀테크 기술은 온라인 결제 인프라를 구축하기 위한 유용한 도구가 될 수 있다. 중국은 온라인 결제 인프라의 성장을 통해 지역사회에 온라인 상거래를 확산시킨 대표적인 국가다. 알리페이와 소셜미디어 플랫폼 위챗, 그리고 QQ를 운영하는 텐센트의 텐페이 등이 핀테크 기술을 농어촌 지역까지 확대시킨 사례다.

넷째, 많은 개도국에는 금융 소외 계층이 다수를 차지한다. 은행은 지리적으로 멀리 떨어져 있고, 노동자들의 소득도 규칙적으로 보장되지 않는 경우가 많다. 게다가 은행 서비스의 이용 수수료도 높은 편이다. 그래서 은행 서비스를 받지 못하는 사람들은 현금을 '택배'로 보내고 있다. 예컨대 케냐에서는 '마타투스'라는 개인 소유의 미니버스를 통해 돈을 배달하고 있다. 물론, 배달 과정에서 분실 사고가 일어나는 일이 부지기수다.

핀테크는 이러한 문제를 해결할 수 있다. 케냐 국민들은 신분증과 전화번호만 있으면 엠페사에 가입할 수 있다. 사파리컴은 엠페사 설립 첫해에 35만 명의 가입자 확보를 목표로 했지만, 예상보다 많은 120만 명의 가입자를 확보했다. 현재 사파리컴은 2017년 기준, 10개국에서 3천만 명의 고객에게 서비스를 제공하고 있다.

다섯째, 개도국에서는 사회복지 자금의 분배도 쉽지 않다. 개도국에서 기초급여를 수급해야 하는 상황에 처해 있는 사람들은 그들의 신분을 증명할 수단이 없다. 신분증이나 주소, 은행 계좌가 없는 것이다. 저소득층의 경우 누가 누구인지를 식별하고, 어떻게 복지 자금을 누수 없이 효율적으로 전달할 것인지가 중요한 문제다. 7장에서 살펴보았듯이, 유엔의 세계식량계획WFP의 빌딩블록 시스템은 블록체인 기술을 활용해 요르단에 거주하는 시리아 난민들에게 13억 달러 이상의 식량을 지급해 주었다. 블록체인 기술을 통해 수수료를 98% 줄일 수 있었고, 더 많은 수혜자에게 서비스를 공급할 수 있었다.

개도국을 위한 조언

첫째, 개도국의 정부는 신분증명 서류와 같은 공공서비스를 제공하기 위한 디지털 인프라 구축에 노력을 기울여야 한다. 인도의 '아드하르' 사례처럼 정부는 디지털 인프라를 선제적으로 구축해야하며, 새로운 서비스 생태계 창출을 위한 인큐베이터 역할을 해야 한다.

둘째, 정부 스스로 모든 인프라를 구축하기 어렵다면 민간기업과 협력하는 방법도 존재한다. 예컨대, 통신과 결제 인프라는 '스타트업과의 제휴'를 통해 기반을 마련하는 방법을 검토해 볼 수 있다. 다양한 비즈니스가 확산되기 위해 개도국에서는 모바일 기술, 이커머스, 디지털 결제와 같은 기본적 인프라의 구비가 선행되어야 한다. 만약 정부가 전국의 모든 지역까지 결제 인프라를 직접 구축할 수 없다면, 공공-민간 파트너십(PPP, Public-Private Partnerships, 민간 기업에 수익을 보장하여 공공 사업에 참여시키는 방식-옮긴이) 방식을 고려할 수도 있다. 예컨대, 공개 경쟁을 통해 시골 지역의 지급결제망 설치라는 사업에 참여할 가장 우수한 핀테크 기업을 선정할 수 있다.

마지막으로, 핀테크 기술을 공공서비스의 제공과 부의 재분배를 위한 수단으로도 활용할 수 있어야 한다. 핀테크 기술은 불투명하고 누수가 많은 현행 사회복지 제도의 단점을 극복하기 위한 좋은 수단이 될 수 있다. 핀테크 솔루션을 통해 개인 식별 데이터를 수집하고, 사람들에게 사회복지 자금을 제공하는 채널로 사용하는 것이다.

국경을 넘나드는 금융의 미래를 대비하라!

지금까지 최근의 핀테크 기술 혁명을 조망해 보았다. 그러나 지금도 기술은 진화하고 있으며 내일은 오늘과는 또 다를 것이다. 미래의 금융 서비스와 핀테크 기술은 어떻게 변화할까? 우리가 생각하는 차세대 기술 혁명의 핵심 요소를 나열하며 이 책을 마무리하고자 한다.

소셜 네트워크SNS가 모든 서비스를 통합한다

SNS, 결제, 전자상거래는 하나로 수렴될 것이다. 페이스북은 원래 가입자들에게 SNS 서비스를 제공하고, 광고를 싣는 도구였다. 그러나 이제는 자체적인 디지털 통화를 개발하기 위한 단계로 진화했다. 페이스북이 디지털 통화를 발행한다면 상품과 서비스가 교환되는 국제 시장으로 진화할 가능성이 매우 크다. 이미 중국의 위챗에는 SNS, 메시지, 전자상거래, 간편결제 등의 서비스가 모두 제공된다. 아마존, 와츠앱, 애플페이가 하나의 플랫폼에 들어가 있는 셈이다.

앱 하나에 들어 있는 풀서비스 은행

다양한 금융 서비스(모바일 뱅킹, 로보어드바이저, 카드 결제, 송금, 투자, 증권거래, 은행 계좌 통합관리 등)는 모바일(디지털) 서비스로 통합될 것이다. 아직 중국을 제외하면 이러한 서비스들은 올인원 형태로 제공되지 않고 있으므로 세계 각국은 이러한 풀서비스Full-service 금융을 만들어 통합의 이득을 누릴 수 있다. 영화 〈인타임In Time〉처럼 사람의 몸에 칩을 삽입하지 않는 한, 모바일 앱은 여러 금융 서비스를 통합하는 플랫폼이 될 것이다.

정부 행정의 변화와 인력 감축

세계 각국의 정부도 은행이나 보험사처럼 인력 감축에 나서게 될 것이다. 백오피스 작업이 자동화되기 때문이다. 블록체인과 알고리즘 기술을 사용하면 정부의 데이터 관리는 훨씬 더 효율적으로 변화한다. 에스토니아, UAE는 이미 더 빠르고 강력한 정부 서비스를 구축한 대표적인 국가다. 다만, 이러한 개혁에는 정치적인 문제가 뒤따른다. 실직을 두려워하는 사람들로 인해 공공 행정의 디지털 전환은 예상보다 훨씬 오래 걸릴지도 모른다.

주류가 될 디지털 화폐

디지털 화폐(암호화폐)가 현금을 대체하는 것은 시간문제일지도 모른다. 페이팔과 벤모는 모두 2021년에 암호화폐 기능을 지갑에 추가했다. 중앙은행들도 디지털 통화를 개발하기 위한 노력을 쏟고 있다. 바하마는 2020년 10월, 세계 최초 전국 규모의 CBDC를 출시했다. 스웨덴과 중국은 2020년 초 시범 운용을 실시했다. 현금 없는 사회나 디지털 통화가 통용되는 사회는 머지않아 보인다.

조세와 재정 혁명

IT의 경우 서비스의 공급 지역과 소비 지역이 원거리인 경우가 일반화되었다. 프랑스 기업들은 전 세계 어디에서나 광고판을 내걸고 있으나, 그 광고회사는 아일랜드에 있다. 그리고 그 광고 서비스는 캘리포니아 또는 인도의 페이스북 엔지니어가 코딩한 플랫폼으로 거래된다. 이렇게 글로벌한 서비스 생산 과정에 어떻게 조세를 부과해야 할까?

코로나 종식 이후 많은 사람이 세계 각국을 여행할 텐데, 이때 부가가치세는 어떻게 부과해야 할까? 또한, 이제 기업들은 업워크Upwork와 같은 플랫폼을 통해 전 세계 어디에서나 프리랜서를 고용할 수 있다. 그렇다면 어느 나라에서 소득세를 징수하고, 사회복지 서비스를 제공해야 할까? 이 모든 문제는 머지않은 미래의 정부가 해결해야 할 과제다. 정부가 플랫폼 기업과 협력하여 위와 같은 문제를 해결하기 위한 새로운 제도적 해결책을 마련해야 한다.

심지어 우리가 생각하는 '국가'의 개념도 바뀌어 가고 있다. 전통적 의미에서 국가란 사람들을 공동체로 결속시키는 법률, 통화, 언어, 영토를 그 구성 요소로 한다. 그러나 오늘날의 세계에서 국가는 위와 같은 요소로만 정의되기 어렵다. 정보, 인력, 상품과 서비스가 국경을 넘나드는 상황에서 국가를 구성하던 전통적인 요소들은 이미 커다란 변화를 맞고 있다. 게다가 국경을 초월한 디지털 통화의 등장과 글로벌 시장에서 활동할 플랫폼 기업에 의해 전통적 의미의 국가는 또 다른 도전을 맞이하고 있다. 정부 역시 마찬가지다. 정부의 역할과 권한도 새로운 변화 속에서 도전을 맞이할 수밖에 없는 운명이다.

부록

부록A

다음의 데이터는 3,600명 고객을 대상으로 독점적으로 수행한 도이치방크 리서치의 자료이다.

[표 A-1] 현금을 가장 선호한다고 대답한 응답자의 인구통계

	현금					
	프랑스	독일	이탈리아	영국	미국	중국
기본	18%	59%	33%	29%	33%	22%
여성	19%	58%	35%	27%	33%	16%
남성	16%	60%	31%	32%	32%	28%
18~34세	27%	53%	40%	23%	37%	21%
35~54세	12%	52%	33%	33%	30%	17%
55세 이상	15%	71%	25%	33%	32%	51%
시골/농촌	14%	65%	42%	32%	40%	36%
도시 교외	21%	56%	37%	29%	28%	22%
도시	19%	59%	29%	28%	36%	21%
€20,000 이하	26%	72%	49%			
€20,000~€29,999	23%	61%	29%			
€30,000~€39,999	19%	63%	30%			
€40,000~€49,999	11%	67%	21%			
€50,000~€69,999	13%	47%	26%			
€70,000~€99,999	8%	47%	18%			

€100,000-	11%	50%	33%			
£20,000 이하				37%		
£20,000-£29,999				31%		
£30,000-£49,999				29%		
£50,000-£69,999				20%		
£70,000-				23%		

출처: https://www.dbresearch.com/PROD/RPSEN-PROD/PROD0000000000504353.
pdf.

[표 A-2] 현금 사용이 계속될 것이라고 답한 응답자의 인구통계 (현금/비현금 선호도에 따라)

현금은 항상 곁에 있을 것이다						
	현금					
	프랑스	독일	이탈리아	영국	미국	중국
기본	72%	61%	68%	69%	69%	58%
여성	58%	48%	58%	45%	53%	31%
남성	42%	52%	42%	55%	47%	69%
18~34세	47%	21%	37%	20%	32%	37%
35~54세	19%	31%	36%	36%	27%	36%
55세 이상	34%	48%	27%	43%	41%	27%
시골/농촌	18%	25%	19%	21%	22%	7%
도시 교외	31%	23%	20%	52%	44%	28%
도시	51%	51%	62%	26%	33%	65%
€20,000 이하	22%	18%	28%			
€20,000~€29,999	22%	12%	18%			
€30,000~€49,999	35%	41%	32%			
€50,000~€69,999	14%	16%	14%			
€70,000~	7%	12%	8%			
£20,000 이하				22%		
£20,000~£29,999				34%		
£30,000~£49,999				30%		
£50,000~£69,999				7%		

	프랑스	독일	이탈리아	영국	미국	중국
£70,000~				7%		
$24,999 이하					36%	
$25,000~$49,999					22%	
$50,000~$99,999					28%	
$100,000~					15%	
¥119,999~						41%
¥120,000~¥179,999						19%
¥180,000~¥239,999						19%
¥240,000~¥299,999						11%
¥300,000~¥449,999						5%
¥450,000~¥599,999						4%
¥600,000~¥999,999						1%
¥1,000,000~						0%

	비현금					
	프랑스	독일	이탈리아	영국	미국	중국
기본	67%	56%	47%	62%	68%	46%
여성	52%	54%	51%	55%	48%	53%
남성	48%	46%	49%	45%	52%	47%
18~34세	31%	28%	25%	31%	27%	49%
35~54세	37%	46%	35%	35%	34%	46%
55세 이상	32%	26%	40%	34%	39%	5%
시골/농촌	29%	21%	14%	18%	17%	3%
도시 교외	21%	25%	17%	53%	54%	26%
도시	50%	54%	69%	29%	29%	71%
€20,000 이하	13%	8%	19%			
€20,000~€29,999	16%	16%	23%			
€30,000~€49,999	43%	36%	31%			
€50,000~€69,999	15%	20%	19%			
€70,000~	13%	20%	8%			
£20,000 이하				20%		
£20,000~£29,999				26%		

£30,000~£49,999				31%		
£50,000~£69,999				15%		
£70,000~				8%		
$24,999 이하					16%	
$25,000~$49,999					21%	
$50,000~$99,999					36%	
$100,000~					27%	
¥119,999~						21%
¥120,000~¥179,999						28%
¥180,000~¥239,999						26%
¥240,000~¥299,999						6%
¥300,000~¥449,999						7%
¥450,000~¥599,999						2%
¥600,000~¥999,999						5%
¥1,000,000~						5%

출처: https://www.dbresearch.com/PROD/RPSEN~PROD/PROD0000000000504353.pdf.

[표 A-3] 평균적인 일일 현금 보유량

	프랑스			
	18~34세	35~54세	55세이상	전체
0€	12%	5%	7%	8%
1~10€	17%	26%	17%	20%
11~20€	23%	21%	28%	24%
21~30€	13%	19%	18%	17%
31~40€	9%	8%	7%	8%
41~50€	8%	8%	11%	9%
51~75€	5%	4%	3%	4%
76~100€	4%	3%	3%	3%
101~150€	5%	2%	2%	3%
151~200€	3%	0%	1%	1%
200€ 이상	3%	0%	3%	2%
모른다	2%	3%	1%	2%
	독일			
	18~34세	35~54세	55세이상	전체
0€	2%	1%	0%	1%
1~10€	14%	6%	4%	8%
11~20€	23%	17%	13%	17%
21~30€	17%	18%	9%	14%
31~40€	12%	9%	5%	8%
41~50€	12%	18%	22%	18%
51~75€	10%	8%	14%	11%
76~100€	6%	10%	18%	12%
101~150€	2%	4%	7%	5%
151~200€	1%	2%	6%	4%
200€ 이상	1%	3%	1%	2%
모른다	0%	3%	0%	1%

	이탈리아			
	18~34세	35~54세	55세이상	전체
0€	3%	0%	1%	2%
1~10€	9%	6%	8%	8%
11~20€	18%	17%	17%	18%
21~30€	24%	14%	13%	17%
31~40€	12%	8%	7%	9%
41~50€	17%	24%	23%	22%
51~75€	6%	11%	9%	9%
76~100€	6%	10%	12%	10%
101~150€	2%	8%	5%	5%
151~200€	0%	1%	1%	1%
200€ 이상	2%	1%	1%	1%
모른다	0%	0%	1%	1%

	영국			
	18~34세	35~54세	55세이상	전체
0£	22%	10%	5%	13%
1~10£	34%	30%	18%	27%
11~20£	17%	19%	26%	20%
21~30£	9%	16%	16%	14%
31~40£	6%	5%	6%	6%
41~50£	4%	8%	8%	7%
51~75£	2%	3%	6%	3%
76~100£	3%	4%	9%	5%
101~150£	2%	2%	3%	2%
151~200£	1%	0%	2%	1%
200£ 이상	1%	1%	2%	1%
모른다	1%	1%	0%	1%

	미국			
	18~34세	35~54세	55세이상	전체
0£	9%	13%	9%	10%
1~10£	14%	17%	10%	14%

11~20£	18%	15%	20%	18%
21~30£	11%	10%	11%	10%
31~40£	7%	8%	9%	8%
41~50£	9%	10%	8%	9%
51~75£	5%	6%	7%	6%
76~100£	11%	7%	12%	10%
101~150£	7%	3%	6%	5%
151~200£	3%	4%	3%	3%
200£ 이상	3%	3%	2%	3%
모른다	3%	3%	3%	3%
	중국			
	18~34세	35~54세	55세이상	전체
0¥	9%	7%	9%	8%
1~25¥	13%	5%	2%	8%
26~50¥	12%	12%	6%	12%
51~75¥	7%	8%	9%	8%
76~100¥	12%	14%	17%	14%
101~150¥	6%	8%	8%	7%
151~200¥	8%	7%	9%	8%
201~250¥	4%	3%	6%	4%
251~300¥	4%	4%	4%	4%
301~350¥	4%	3%	8%	4%
351~400¥	3%	4%	6%	4%
401~500¥	4%	6%	4%	5%
501~600¥	4%	6%	4%	5%
601~700¥	2%	2%	4%	2%
701~800¥	1%	3%	0%	2%
801~900¥	1%	3%	4%	2%
901~1000¥	2%	2%	0%	2%
1000¥-	2%	2%	0%	2%
모른다	0%	3%	2%	2%
	¥207,26	¥257.62	¥216.80	¥231.02

[표 A-4] 현금을 결제 수단으로 가장 선호하는 이유는?

	프랑스	독일	이탈리아	영국	미국	중국
내 지출습관을 잘 알 수 있어서	44%	51%	38%	46%	28%	25%
빠르게 지불할 수 있어서	40%	44%	41%	37%	43%	18%
편리해서	41%	34%	44%	56%	37%	20%
대부분의 상점이 받아 주기 때문에	44%	46%	27%	47%	33%	15%
가장 안전하기 때문에	32%	49%	32%	34%	31%	20%
현금을 포기하기 싫어서	39%	48%	32%	37%	9%	17%
익명성 때문에	29%	42%	19%	21%	22%	10%
팁을 주기 쉬워서	23%	32%	11%	20%	21%	12%
해킹 위험이 없어서	24%	19%	17%	24%	16%	15%
친구들과 나누어 내기 편해서	25%	18%	21%	17%	16%	9%
플라스틱 카드에 대한 거부감	10%	10%	18%	8%	10%	12%
나의 신용점수에 영향이 없어서	13%	11%	10%	6%	14%	14%
현금 할인이 존재해서	7%	8%	13%	5%	7%	15%
스마트폰 사용 방법을 몰라서	11%	6%	7%	5%	7%	12%
카드를 가지고 다니지 않아서	5%	4%	8%	5%	6%	12%
전자결제 수단이 없어서	6%	4%	6%	6%	4%	17%
기타	2%	2%	2%	1%	3%	6%

출처: https://www.dbresearch.com/PROD/RPSEN-PROD/PROD0000000000504353.pdf.

[표 A-5] 카드와 전자결제 수단을 가장 선호한다고 대답한 응답자의 인구통계

	플라스틱 카드(비접촉 & 칩 앤 핀)					
	프랑스	독일	이탈리아	영국	미국	중국
기본	76%	33%	58%	62%	53%	16%
여성	73%	34%	58%	64%	55%	16%
남성	78%	31%	59%	61%	50%	16%
18~34세	64%	31%	48%	58%	40%	17%
35~54세	82%	40%	56%	63%	51%	17%
55세 이상	81%	27%	69%	67%	64%	4%
시골/농촌	80%	30%	57%	65%	48%	14%
도시 교외	74%	34%	55%	63%	59%	20%
도시	74%	33%	59%	60%	43%	15%
€20,000 이하	67%	20%	41%			
€20,000~€29,999	72%	31%	63%			
€30,000~€39,999	75%	31%	62%			
€30,000~€49,999	84%	15%	64%			
€50,000~€69,999	79%	47%	64%			
€70,000~€99,999	88%	44%	73%			
€100,000~	61%	39%	61%			
£20,000 이하				56%		
£20,000~£29,999				61%		
£30,000~£49,999				63%		
£50,000~£69,999				69%		
£70,000~				71%		
$15,000 이하					27%	
$15,000~$24,999					48%	
$25,000~$34,999					48%	
$35,000~$49,999					48%	
$50,000~$99,999					58%	
$100,000~$149,999					71%	
$150,000~					61%	
¥119,999~						16%

	프랑스	독일	이탈리아	영국	미국	중국
¥120,000~¥179,999						15%
¥180,000~¥239,999						17%
¥240,000~¥299,999						16%
¥300,000~¥449,999						13%
¥450,000~¥599,999						5%
¥600,000~¥999,999						28%
¥1,000,000~						22%
디지털 지갑(스마트폰 + 워치)						
	프랑스	독일	이탈리아	영국	미국	중국
기본	4%	7%	9%	8%	13%	50%
여성	3%	7%	7%	9%	11%	51%
남성	4%	7%	10%	6%	16%	47%
18~34세	7%	14%	10%	18%	22%	54%
35~54세	3%	8%	10%	5%	17%	47%
55세 이상	1%	2%	6%	1%	2%	38%
시골/농촌	2%	5%	1%	4%	9%	46%
도시 교외	4%	8%	8%	7%	11%	41%
도시	4%	8%	11%	12%	20%	53%
€20,000 이하	2%	4%	10%			
€20,000~€29,999	1%	8%	6%			
€30,000~€39,999	2%	6%	7%			
€30,000~€49,999	5%	18%	15%			
€50,000~€69,999	4%	6%	10%			
€70,000~€99,999	2%	9%	9%			
€100,000~	28%	11%	6%			
£20,000 이하				7%		
£20,000~£29,999				7%		
£30,000~£49,999				8%		
£50,000~£69,999				11%		
£70,000~				6%		
$15,000 이하					18%	
$15,000~$24,999					12%	

$25,000~$34,999					14%	
$35,000~$49,999					14%	
$50,000~$99,999					12%	
$100,000~$149,999					10%	
$150,000~					16%	
¥119,999~						42%
¥120,000~¥179,999						48%
¥180,000~¥239,999						49%
¥240,000~¥299,999						48%
¥300,000~¥449,999						72%
¥450,000~¥599,999						79%
¥600,000~¥999,999						56%
¥1,000,000~						67%

출처: https://www.dbresearch.com/PROD/RPSEN-PROD/PROD000000000504508.pdf.

[표 A-6] 국가별 오프라인 결제 시 선호하는 결제 방법

	독일	미국	이탈리아	영국	중국	프랑스
현금	59%	33%	33%	29%	22%	18%
비접촉식 직불/신용카드	22%	17%	46%	49%	16%	57%
접촉식 직불/신용카드	10%	36%	12%	13%		19%
디지털 지갑 (간편결제)	7%	13%	9%	8%	50%	4%
수표	1%	2%	0%	0%	13%	3%
디지털화된 지급수단을 선호	40%	66%	67%	70%	66%	79%
현금과 수표를 선호	60%	34%	33%	30%	35%	21%

출처: https://www.dbresearch.com/PROD/RPSEN-PROD/PROD000000000504508.pdf.

[표 A-7] 한 주간 오프라인 결제 시 다음 사용하는 수단의 비중(%, 주간)

	프랑스	독일	이탈리아	영국	미국	중국
현금	25	57	43	33	35	23
비접촉식직불/신용카드	45	20	33	38	16	20
접촉식 직불/신용카드	18	14	14	20	34	
수표	7	1	1	1	2	14
스마트폰 디지털지갑	3	7	7	7	11	36
스마트워치 디지털지갑	2	1	2	1	2	7

출처: Data source: Marion Laboure and Jim Reid, "The Future of Payments Part II. Moving to Digital Wallets and the Extinction of Plastic Cards," Deutsche Bank Research, Corporate Bank Research, 2020, https://www.dbresearch.com/PROD/RPS_EN-PROD/PROD0000000000504508.pdf.

[표 A-8] 향후 6개월간 결제 수단의 비중 변화를 어떻게 예상하는가?

	미국	독일	이탈리아	프랑스	영국	중국
수표	-12%	-16%	-33%	-28%	-25%	18%
현금	11%	8%	-21%	-2%	-10%	16%
접촉식 직불/신용카드	21%	8%	30%	16%	14%	
비접촉식 직불/신용카드	34%	25%	51%	33%	33%	21%
스마트폰 디지털지갑	33%	25%	32%	33%	29%	47%
스마트워치 디지털지갑	23%	4%	14%	28%	20%	28%

출처: https://www.dbresearch.com/PROD/RPSEN-PROD/

[표 A-9] 전자결제를 사용하는 가장 중요한 이유는?

	프랑스	독일	이탈리아	영국	미국	중국
편리해서	43%	55%	54%	51%	44%	43%
다른 것을 들고 다니지 않아도 돼서	52%	27%	27%	47%	25%	28%
시간을 절약해서	38%	30%	37%	47%	28%	35%
무료라서	38%	20%	35%	38%	26%	27%
현금이 없어도 걱정할 필요가 없어서	24%	32%	29%	43%	24%	29%
현금을 들고 다니지 않아도 돼서	24%	23%	23%	45%	28%	18%
강도나 절도 위험이 없어서	38%	18%	23%	19%	21%	18%
내 지출습관을 알 수 있어서	14%	27%	33%	28%	20%	27%
보안 문제	29%	25%	25%	19%	26%	25%
예산 관리	38%	16%	21%	17%	23%	27%
카드 사용을 줄이려고	29%	20%	13%	15%	18%	18%
대부분의 상점이 받아 주기 때문에	14%	27%	4%	21%	18%	27%
할인 혜택이 있어서	19%	20%	13%	11%	23%	26%
신용카드 사용을 정리해줘서	19%	11%	15%	9%	9%	18%
카드가 싫어서	14%	18%	8%	6%	11%	12%
기타	0%	7%	0%	0%	4%	1%

출처: https://www.dbresearch.com/PROD/RPSEN-PROD/PROD000000000504508.pdf.

[표 A-10] 스마트폰, 태블릿을 선호하는 사람과
데스크톱 결제를 선호하는 사람 간의 비교

	스마트폰 / 태블릿 앱					
	프랑스	독일	이탈리아	영국	미국	중국
기본	32%	25%	34%	45%	44%	57%
여성	57%	58%	59%	59%	50%	51%
남성	43%	42%	41%	41%	50%	49%
18~34세	48%	47%	49%	52%	39%	49%
35~54세	42%	39%	37%	35%	39%	41%
55세 이상	11%	14%	15%	13%	21%	10%
시골/농촌	27%	24%	17%	16%	15%	6%
도시 교외	19%	29%	21%	51%	55%	25%
도시	53%	47%	62%	33%	30%	68%
€20,000 이하	13%	12%	25%			
€20,000~€29,999	14%	17%	17%			
€30,000~€39,999	25%	31%	30%			
€30,000~€49,999	15%	8%	5%			
€50,000~€69,999	17%	13%	12%			
€70,000~€99,999	11%	16%	7%			
€100,000~	4%	3%	4%			
£20,000 이하				18%		
£20,000~£29,999				36%		
£30,000~£49,999				29%		
£50,000~£69,999				12%		
£70,000~				5%		
$15,000 이하					12%	
$15,000~$24,999					10%	
$25,000~$34,999					11%	
$35,000~$49,999					14%	
$50,000~$99,999					38%	
$100,000~$149,999					7%	
$150,000~					9%	
¥119,999~						30%

	프랑스	독일	이탈리아	영국	미국	중국
¥120,000~¥179,999						22%
¥180,000~¥239,999						23%
¥240,000~¥299,999						9%
¥300,000~¥449,999						6%
¥450,000~¥599,999						3%
¥600,000~¥999,999						3%
¥1,000,000~						4%
데스크톱 컴퓨터 / 오프라인						
	프랑스	독일	이탈리아	영국	미국	중국
기본	59%	68%	54%	48%	49%	26%
여성	45%	48%	42%	44%	45%	47%
남성	55%	52%	58%	56%	55%	53%
18~34세	25%	19%	16%	13%	24%	51%
35~54세	29%	35%	40%	35%	28%	41%
55세 이상	46%	45%	44%	52%	48%	8%
시골/농촌	28%	18%	14%	24%	15%	3%
도시 교외	23%	26%	21%	52%	48%	30%
도시	49%	57%	65%	24%	29%	67%
€20,000 이하	15%	15%	15%			
€20,000~€29,999	18%	11%	19%			
€30,000~€39,999	23%	33%	30%			
€30,000~€49,999	16%	5%	6%			
€50,000~€69,999	16%	21%	19%			
€70,000~€99,999	8%	11%	9%			
€100,000~	3%	3%	3%			
£20,000 이하				23%		
£20,000~£29,999				29%		
£30,000~£49,999				24%		
£50,000~£69,999				12%		
£70,000~				11%		
$15,000 이하					10%	
$15,000~$24,999					10%	

$25,000~$34,999				11%	
$35,000~$49,999				9%	
$50,000~$99,999				30%	
$100,000~$149,999				14%	
$150,000~				16%	
¥119,999~					26%
¥120,000~¥179,999					30%
¥180,000~¥239,999					15%
¥240,000~¥299,999					10%
¥300,000~¥449,999					7%
¥450,000~¥599,999					7%
¥600,000~¥999,999					2%
¥1,000,000~					3%

출처: https://www.dbresearch.com/PROD/RPSEN-PROD/PROD000000000504508.pdf.

[표 A-11] 1년 전보다 카드를 덜 사용하는 이유는?

	중국	프랑스	독일	이탈리아	영국	미국
간편결제를 더 많이 사용해서	38%	26%	21%	22%	18%	15%
카드 수를 줄이고 싶어서	22%	24%	24%	17%	12%	28%
현금을 더 사용하기 위해	16%	26%	27%	27%	18%	17%
신용카드는 특별한 용도로만 사용해서	21%	15%	25%	15%	17%	18%
카드로 너무 많이 지출했기 때문에	17%	20%	15%	17%	18%	22%
도용 위험이 있어서	20%	12%	14%	21%	11%	16%
여행할 때 수수료가 비싸서	18%	16%	14%	12%	11%	9%
리워드 혜택이 사라져서	21%	15%	8%	12%	9%	11%
수수료가 존재해서	18%	10%	11%	14%	9%	13%
이자율이 올라서	17%	10%	11%	12%	8%	15%
카드 관련 사기를 막기 위해	15%	7%	7%	14%	11%	11%

출처: https://www.dbresearch.com/PROD/RPSEN-PROD/PROD000000000504508.pdf.

부록B

다음의 데이터는 3,600명 고객을 대상으로 독점적으로 진행한 도이치방크 리서치의 자료이다.

[표 B-1] 현금과 전자결제 수단을 선호한다고 대답한 응답자의 인구통계

	현금					
	프랑스	독일	이탈리아	영국	미국	중국
기본	18%	59%	33%	29%	33%	22%
여성	19%	58%	35%	27%	33%	16%
남성	16%	60%	31%	32%	32%	28%
18~34세	27%	53%	40%	23%	37%	21%
35~54세	12%	52%	33%	33%	30%	17%
55세 이상	15%	71%	25%	33%	32%	51%
시골/농촌	14%	65%	42%	32%	40%	36%
도시 교외	21%	56%	37%	29%	28%	22%
도시	19%	59%	29%	28%	36%	21%
€20,000 이하	26%	72%	40%			
€20,000-€29,999	23%	61%	29%			
€30,000-€39,999	19%	63%	30%			
€40,000-€49,999	11%	67%	21%			
€50,000-€69,999	13%	47%	26%			
€70,000-€99,999	8%	47%	18%			
€100,000-	11%	50%	33%			
£20,000 이하				37%		
£20,000-£29,999				31%		
£30,000-£49,999				29%		
£50,000-£69,999				20%		
£70,000-				23%		
$15,000 이하					54%	
$15,000~$24,999					38%	

	프랑스	독일	이탈리아	영국	미국	중국
$25,000~$34,999					37%	
$35,000~$49,999					36%	
$50,000~$99,999					28%	
$100,000~$149,999					18%	
$150,000~					20%	
¥119,999~						31%
¥120,000~¥179,999						19%
¥180,000~¥239,999						17%
¥240,000~¥299,999						24%
¥300,000~¥449,999						16%
¥450,000~¥599,999						16%
¥600,000~¥999,999						6%
¥1,000,000~						6%

	비물질화(플라스틱 카드 + 디지털 지갑)					
	프랑스	독일	이탈리아	영국	미국	중국
기본	79%	40%	67%	70%	66%	66%
여성	76%	41%	65%	73%	66%	67%
남성	83%	39%	69%	67%	66%	63%
18~34세	70%	45%	58%	76%	62%	71%
35~54세	86%	48%	67%	67%	69%	65%
55세 이상	81%	29%	75%	67%	66%	42%
시골/농촌	81%	35%	58%	68%	57%	61%
도시 교외	78%	42%	63%	70%	70%	61%
도시	79%	41%	70%	72%	63%	68%
€20,000 이하	69%	24%	51%			
€20,000-€29,999	73%	39%	70%			
€30,000-€39,999	77%	37%	69%			
€40,000-€49,999	89%	33%	79%			
€50,000-€69,999	83%	53%	74%			
€70,000-€99,999	90%	53%	82%			
€100,000-	89%	50%	67%			
£20,000 이하				63%		

£20,000-£29,999				67%	
£30,000-£49,999				71%	
£50,000-£69,999				80%	
£70,000-				77%	
$15,000 이하				45%	
$15,000~$24,999				60%	
$25,000~$34,999				62%	
$35,000~$49,999				62%	
$50,000~$99,999				71%	
$100,000~$149,999				81%	
$150,000~				77%	
¥119,999~					58%
¥120,000~¥179,999					63%
¥180,000~¥239,999					66%
¥240,000~¥299,999					64%
¥300,000~¥449,999					84%
¥450,000~¥599,999					84%
¥600,000~¥999,999					83%
¥1,000,000~					89%

출처: https://www.dbresearch.com/PROD/RPSEN-PROD/PROD000000000504508.pdf.

[표 B-2] 현금과 전자결제 수단을 선호한다고 대답한 응답자의 인구통계

아래의 암호화폐와 관련한 질문에 어느 정도 동의하나요? 아래의 결과는 미국, 영국, 독일, 프랑스, 이탈리아를 대상으로 조사				
	구매하기가 쉽다			
	18~34세	35~54세	55세이상	전체
강하게 동의	18%	13%	12%	14%
어느 정도 동의	28%	25%	24%	26%
중간	31%	41%	40%	37%
어느 정도 부정	16%	15%	13%	15%
강하게 부정	6%	6%	12%	8%
동의 비율(%)	46%	38%	35%	40%
부정 비율(%)	23%	21%	25%	23%
	경제에 전반적으로 좋다			
	18~34세	35~54세	55세이상	전체
강하게 동의	15%	8%	5%	10%
어느 정도 동의	22%	16%	8%	16%
중간	40%	44%	38%	41%
어느 정도 부정	15%	17%	19%	17%
강하게 부정	8%	14%	31%	17%
동의 비율(%)	37%	25%	13%	26%
부정 비율(%)	23%	31%	49%	34%
	변동성이 크다			
	18~34세	35~54세	55세이상	전체
강하게 동의	19%	25%	38%	27%
어느 정도 동의	28%	30%	26%	28%
중간	36%	34%	27%	33%
어느 정도 부정	13%	7%	5%	8%
강하게 부정	4%	4%	4%	4%
동의 비율(%)	47%	55%	64%	55%
부정 비율(%)	17%	11%	10%	13%

	판매하기가 어렵다			
	18~34세	35~54세	55세 이상	전체
강하게 동의	14%	14%	18%	15%
어느 정도 동의	23%	25%	25%	24%
중간	37%	43%	44%	41%
어느 정도 부정	17%	12%	8%	13%
강하게 부정	9%	6%	4%	6%
동의 비율(%)	37%	39%	43%	40%
부정 비율(%)	26%	18%	13%	19%
	완전히 익명성을 보장한다			
	18~34세	35~54세	55세 이상	전체
강하게 동의	17%	15%	19%	17%
어느 정도 동의	26%	28%	28%	27%
중간	36%	41%	37%	38%
어느 정도 부정	15%	12%	9%	12%
강하게 부정	6%	5%	7%	6%
동의 비율(%)	43%	42%	46%	44%
부정 비율(%)	21%	17%	17%	18%
	규제를 받지 않는다			
	18~34세	35~54세	55세 이상	전체
강하게 동의	18%	24%	33%	24%
어느 정도 동의	26%	28%	35%	30%
중간	35%	35%	24%	32%
어느 정도 부정	14%	9%	5%	9%
강하게 부정	6%	5%	3%	5%
동의 비율(%)	44%	52%	68%	54%
부정 비율(%)	20%	14%	8%	14%
	사기를 저지르기 쉽다			
	18~34세	35~54세	55세 이상	전체
강하게 동의	21%	22%	31%	24%
어느 정도 동의	29%	30%	30%	30%
중간	33%	37%	29%	33%

어느 정도 부정	13%	8%	4%	9%
강하게 부정	5%	4%	4%	4%
동의 비율(%)	50%	51%	62%	54%
부정 비율(%)	18%	12%	9%	13%

이해하기 어렵다			
	18~34세	35~54세	55세 이상	전체
---	---	---	---	---
강하게 동의	20%	21%	33%	25%
어느 정도 동의	30%	32%	34%	32%
중간	27%	32%	22%	27%
어느 정도 부정	14%	10%	6%	10%
강하게 부정	9%	5%	4%	6%
동의 비율(%)	50%	53%	67%	57%
부정 비율(%)	23%	15%	10%	16%

현금을 대체하고 있다			
	18~34세	35~54세	55세 이상	전체
---	---	---	---	---
강하게 동의	12%	9%	7%	9%
어느 정도 동의	22%	19%	13%	18%
중간	29%	32%	24%	29%
어느 정도 부정	21%	20%	20%	20%
강하게 부정	16%	21%	36%	24%
동의 비율(%)	34%	28%	20%	27%
부정 비율(%)	37%	41%	56%	44%

체크카드, 신용카드를 대체하고 있다			
	18~34세	35~54세	55세 이상	전체
---	---	---	---	---
강하게 동의	12%	9%	5%	9%
어느 정도 동의	22%	15%	10%	16%
중간	31%	30%	26%	29%
어느 정도 부정	20%	22%	22%	21%
강하게 부정	15%	23%	37%	25%
동의 비율(%)	34%	25%	15%	25%
부정 비율(%)	36%	45%	59%	46%

	절대 투자하지 않을 것이다			
	18~34세	35~54세	55세 이상	전체
강하게 동의	21%	27%	50%	33%
어느 정도 동의	23%	26%	20%	23%
중간	33%	31%	21%	29%
어느 정도 부정	15%	10%	5%	10%
강하게 부정	8%	6%	3%	5%
동의 비율(%)	45%	53%	70%	56%
부정 비율(%)	22%	15%	9%	15%

	버블을 만들고 있다			
	18~34세	35~54세	55세 이상	전체
강하게 동의	13%	16%	25%	18%
어느 정도 동의	28%	30%	33%	30%
중간	38%	41%	32%	37%
어느 정도 부정	13%	10%	6%	10%
강하게 부정	7%	4%	4%	5%
동의 비율(%)	42%	46%	58%	48%
부정 비율(%)	20%	13%	10%	15%

아래는 중국을 대상으로 한 결과다				
	구매하기가 쉽다			
	18~34세	35~54세	55세 이상	전체
강하게 동의	18%	13%	13%	15%
어느 정도 동의	29%	28%	25%	28%
중간	30%	37%	38%	35%
어느 정도 부정	16%	16%	13%	15%
강하게 부정	7%	6%	11%	8%
동의 비율(%)	47%	41%	38%	43%
부정 비율(%)	23%	22%	25%	23%

	경제에 전반적으로 좋다			
	18~34세	35~54세	55세 이상	전체
강하게 동의	16%	10%	6%	11%
어느 정도 동의	24%	19%	8%	18%

중간	37%	41%	37%	38%
어느 정도 부정	16%	18%	19%	17%
강하게 부정	8%	13%	30%	15%
동의 비율(%)	40%	29%	14%	29%
부정 비율(%)	23%	30%	49%	33%

	변동성이 크다			
	18~34세	35~54세	55세 이상	전체
강하게 동의	18%	23%	37%	25%
어느 정도 동의	28%	29%	26%	28%
중간	36%	34%	27%	33%
어느 정도 부정	14%	9%	6%	10%
강하게 부정	5%	5%	4%	4%
동의 비율(%)	46%	52%	63%	53%
부정 비율(%)	18%	14%	10%	14%

	판매하기가 어렵다			
	18~34세	35~54세	55세 이상	전체
강하게 동의	14%	14%	18%	15%
어느 정도 동의	25%	24%	26%	25%
중간	34%	40%	43%	38%
어느 정도 부정	19%	16%	9%	15%
강하게 부정	8%	6%	5%	7%
동의 비율(%)	39%	38%	43%	40%
부정 비율(%)	28%	22%	13%	22%

	완전히 익명성을 보장한다			
	18~34세	35~54세	55세 이상	전체
강하게 동의	17%	15%	18%	16%
어느 정도 동의	26%	26%	28%	27%
중간	37%	39%	36%	37%
어느 정도 부정	15%	15%	10%	14%
강하게 부정	5%	5%	7%	6%
동의 비율(%)	43%	41%	47%	43%
부정 비율(%)	20%	20%	17%	20%

	규제를 받지 않는다			
	18~34세	35~54세	55세이상	전체
강하게 동의	18%	21%	32%	23%
어느 정도 동의	28%	28%	35%	30%
중간	34%	34%	24%	31%
어느 정도 부정	13%	12%	6%	11%
강하게 부정	7%	5%	4%	5%
동의 비율(%)	46%	49%	67%	53%
부정 비율(%)	20%	17%	9%	16%
	사기를 저지르기 쉽다			
	18~34세	35~54세	55세이상	전체
강하게 동의	20%	20%	30%	22%
어느 정도 동의	31%	29%	30%	30%
중간	30%	36%	30%	32%
어느 정도 부정	13%	10%	5%	10%
강하게 부정	5%	5%	4%	5%
동의 비율(%)	51%	49%	61%	53%
부정 비율(%)	19%	15%	10%	15%
	이해하기 어렵다			
	18~34세	35~54세	55세이상	전체
강하게 동의	19%	20%	32%	23%
어느 정도 동의	29%	30%	33%	31%
중간	27%	32%	23%	28%
어느 정도 부정	15%	12%	7%	12%
강하게 부정	9%	6%	4%	7%
동의 비율(%)	48%	50%	65%	54%
부정 비율(%)	25%	18%	11%	19%
	현금을 대체하고 있다			
	18~34세	35~54세	55세이상	전체
강하게 동의	14%	10%	7%	11%
어느 정도 동의	24%	20%	14%	20%
중간	29%	32%	23%	29%

어느 정도 부정	19%	19%	20%	20%
강하게 부정	14%	18%	36%	21%
동의 비율(%)	38%	31%	21%	30%
부정 비율(%)	34%	37%	56%	41%

	체크카드, 신용카드를 대체하고 있다			
	18~34세	35~54세	55세 이상	전체
강하게 동의	13%	10%	5%	10%
어느 정도 동의	24%	19%	11%	19%
중간	30%	31%	26%	29%
어느 정도 부정	19%	21%	22%	21%
강하게 부정	13%	19%	36%	21%
동의 비율(%)	37%	29%	16%	28%
부정 비율(%)	32%	41%	58%	42%

	절대 투자하지 않을 것이다			
	18~34세	35~54세	55세 이상	전체
강하게 동의	19%	24%	48%	29%
어느 정도 동의	25%	25%	21%	24%
중간	33%	31%	21%	29%
어느 정도 부정	15%	12%	6%	12%
강하게 부정	9%	7%	3%	6%
동의 비율(%)	43%	50%	69%	53%
부정 비율(%)	24%	19%	10%	18%

	버블을 만들고 있다			
	18~34세	35~54세	55세 이상	전체
강하게 동의	14%	16%	24%	17%
어느 정도 동의	30%	30%	34%	31%
중간	37%	39%	32%	37%
어느 정도 부정	13%	11%	6%	10%
강하게 부정	6%	4%	4%	5%
동의 비율(%)	43%	46%	57%	48%
부정 비율(%)	20%	15%	10%	15%

출처: https://www.dbresearch.com/PROD/RPS_EN-PROD/PROD0000000000504589.
pdf.

부를 재편하는 금융 대혁명

[표 B-3] 지난 1년 동안 개인적으로 암호화폐를 거래한 경험이 있는 사람의 비율

	18~34세	35~54세	55세이상	전체
중국	29%	26%	8%	26%
이탈리아	14%	6%	1%	7%
프랑스	14%	5%	1%	6%
독일	12%	6%	4%	7%
미국	11%	9%	0%	7%
영국	8%	4%	1%	4%

출처: https://www.dbresearch.com/PROD/RPS_EN-PROD/PROD0000000000504589.pdf.

주석

1장

1) 하버드대학 경제학자 카르멘 라인하트(Carmen Reinhardt)와 케네스 로고프 (Kenneth Rogoff)에 따르면 GDP의 90%를 초과하는 공공 부채는 선진국의 미래 경제 성장을 저해할 수 있다. 부채 증가는 금리 인상, 공공 투자 감소, 신뢰 위기를 비롯한 다양한 경로로 경제 성장을 둔화시킨다.

2) 이 설문 조사에 따르면 세계에서 가장 집값이 비싼 도시들이 최근 몇 년간은 안정화되는 모습이다. 전 세계 도시의 관측치를 비교하기 위해 이 조사에서는 중앙값 배수 (중앙값 집값을 중위 가계소득으로 나눈 값)를 사용했다.

3) 인공지능의 도움으로 과거에는 2~3명의 조수가 필요했을 작업에도 이제는 단 1명의 보조인력만 필요하다. 조언을 해 주거나 분위기 전환에 도움을 주는 앱들이 이미 존재한다. 물론 아직 초기 단계에 불과하다.

2장

4) 텐센트나 기타 중국 회사는 머신러닝 알고리즘을 훈련하는 데 사용할 수 있는 방대한 데이터 저장소를 사용하고 있다. 중국은 인공지능 연구개발에서 우위를 제공하는 대규모 중앙집중식 플랫폼을 보유하고 있다. 또한 중국 기업은 프라이버시를 덜 중요시하는 문화적 요인의 혜택을 받기도 한다.

5) 국가발전개혁위원회(National Development and Reform Commission)에 따르면, 민간 기업은 자산을 해외로 이전하거나 자금세탁에 사용할 의도가 없는 해외 거래에만 투자해야 한다. 민간 기업은 투자 계획을 정부에 보고해야 하며 투자에 민감한 국가나 산업과 관련될 경우 승인을 받아야 한다. 일대일로(一帶一路) 정책에 부응하는 프로젝트 투자를 권장하는 것이다.

6) 신원 증명 스타트업인 포지락(ForgeRock)은 네 번째 투자(시리즈 D)에서 8,800만 달러의 자금을 유치했다. 엔드포인트 탐지 및 위협(Endpoint Detection and

Response, 컴퓨터와 모바일 기기 등에서 발생하는 악성 행위를 탐지하는 기술) 전문기업인 보스턴의 사이버리즌(Cybereason)은 1억 달러의 자금을 투자받기도 했다. 이커머스(e-Commerce) 사기 방지 기업인 시그니파이드(Signified)는 세 번째 투자 유치 과정(시리즈 C)에서 5,600만 달러를 투자받았다.

7) 앨트, 벡, 스미츠(Alt, Beck, Smits)는 기업이 3가지 수준의 변화를 경험하고 있음을 보여 준다. (1) 내부적 차원: 핀테크는 기업이 내부 프로세스에서 고객 중심 관점으로 초점을 바꾸도록 한다. (2) 비즈니스 네트워크: 전문 외부 파트너와의 네트워크가 더욱 강화되고 마진은 낮아진다. (3) 외부적 차원: 보다 엄격한 자본 보유 규제, 국제적 수준의 감독, 국내법에 의한 보호 감소로 이동할 것이다.

8) 피터 곰버(Peter Gomber)와 그의 동료들은 (1) 인적 자본을 확보하기 위한 대규모 지출 없이는 기존의 대기업이 가치 창출형 핀테크 애플리케이션을 생산하는 데 있어 스타트업 기업을 대적하기 어려울 것이다, (2) 핀테크 부문은 시간이 지남에 따라 상당한 진화를 겪을 것이며 전형적인 산업 부문으로 성숙할 것이다,라고 예측한다.

3장

9) 카이저패밀리재단(Kaiser Family Foundation)에 따르면 건강보험료를 지불하는 데 어려움을 겪는 사람들은 2015년 이후 증가하고 있다. 오늘날, 미국 국민의 27%는 의료비용이 부담스럽기 때문에 필요한 치료를 뒤로 미루고 있다. 그리고 또 다른 23%는 필수적인 건강검진을 미룬 경험이 있으며, 21%는 비싼 약값으로 인해 처방받은 약을 구입하지 못한 경험이 있다고 한다.

10) 개인 저축의 몇 가지 주요 결정 요인은 가처분 소득, 소득 증가, 삶의 단계, 미래에 대한 불확실성, 공공 정책, 신용 가용성 및 이자율 등이다. 지난 수십 년 동안 강력한 경제 성장을 보인 국가들은 지출보다 소득이 훨씬 더 빠르게 증가했다. 결과적으로 이들 국가는 높은 수준의 가계 저축을 달성하고 있다. 예를 들어 중국의 순 가계저축은 총 가계 가처분 소득의 37%에 달한다. 한편, OECD에 따르면 그리스의 저축률은 2016년 가처분 소득의 16%에 불과하다. 최근 경제 위기를 겪은 국가들(예를 들어 그리스, 이탈리아, 포르투갈 또는 스페인)의 개인 저축 수준은 0%에 가깝거나 그 미만에 불과하다.

11) OECD는 가계 순저축(사적 저축)을 '가계 가처분 소득에서 가계 소비 지출을 뺀 값에 연금 기금에 있는 가계의 순자본 변화를 더한 값'으로 정의한다. 그러나 이 정의는 연기금 이외의 주식과 채권, 주택의 순자본 변동은 제외하기 때문에 완전히 논리적인 정의라고는 할 수 없다.

4장

12) 비물질화(Dematerialization)란 전자상거래가 발달하면서 각종 콘텐츠를 담는 유형의 미디어·종이·CD·테이프 등은 점점 사라지고 인터넷상에서 무형의 전자적인 콘텐츠만이 유통된다는 뜻의 신조어이다.

13) 사토시 나카모토(中本哲史)는 2008년 암호화폐 비트코인이라는 블록체인 거래 원장을 고안했다. 상업 은행은 일반적으로 거래 및 서비스에 대해 수수료를 부과한다. 그러나 블록체인 기술은 이러한 수수료가 존재하지 않는다. 블록체인은 지금 우리가 당면한 문제를 해결하고 저소득층과 서민들이 더 많은 금융거래에 참여하도록 도울 것이다.

14) 돈 탭스콧과 알렉스 탭스콧(2016)은 블록체인 기술이 어떻게 응용될 수 있는지를 설명한다. 블록체인은 '출생 및 사망 증명서에서 보험 청구, 토지 소유권, 심지어 투표에 이르기까지 사실상 인류에게 가치 있는 모든 것을 기록할 수 있는' 잠재력을 지니고 있다.

15) 고액 자산가는 일반적으로 100만 달러 이상의 금융자산 보유자로 정의된다. 부유층일수록 자신에게 더 유리한 세제를 선택하고, 평균적으로 더 낮은 세금을 내는 경향이 있다. 또한 모든 국가가 비재고 자산에 세금을 부과하는 것도 아니다. 심지어 비재고 자산에 세금을 부과하는 국가들 사이에서도 제도적 차이가 존재한다. 일부 국가에서는 금융소득세가 근로소득세보다 낮은 경우도 있다. 자본에 대한 낮은 과세는 투자를 장려하기 위한 목적을 지니고 있기 때문이다. 그러나 자본 이득은 대부분 최상위 소득 계층에서 발생하기 때문에 불평등을 심화시키는 요인이 되기도 한다.

16) 룩셈부르크와 아일랜드, 케이맨제도(Cayman Islands)는 국제적으로 부유한 개인과 기업에 대한 세금 선호를 맞춰 왔다. 아일랜드와 룩셈부르크는 특히 법인세에 강점이 있다. 만약, 유럽연합 국가 중 하나에 본사를 설립하면, 그 회사는 모든 유럽연합 시장에 대한 접근성을 얻을 수 있다. 2015년, 디지털 제품에 대한 법규를 보완하기 위해 룩셈부르크는 부가가치세를 15%에서 17%로 인상했다. 아울러 감면된 부가가치세 세율도 12%에서 14%로, 6%에서 8%로 각각 인상했다.

5장

17) 1960년대 이후 총 고용 대비 제조업 종사자의 비율은 꾸준히 감소했다. 건설, 금융, 보험, 부동산 등 서비스 부문의 고용 증가는 제조업 고용 비중을 감소시키는 결과를 낳았다.

18) 농업 종사자 비중이 10% 미만인 남아프리카 공화국과 달리 콜롬비아와 중국

은 20%에 육박하고, 인도는 40%를 넘는다. 안데르손(Andersson)과 차베라(Chavera)는 『구조적 변화(Structural Change)』(2016)에서 부문별 노동력 이동이 소득 불평등에 미치는 영향을 확인하기 위해 산업구조 변화를 조사했다. 아시아, 아프리카, 라틴 아메리카의 27개 국가에 대한 50년간의 데이터를 살펴본 후 그들은 농업 생산성과 비농업 생산성 간의 격차가 소득 불평등과 긍정적인 관련이 있다는 결론을 내렸다. 유엔식량농업기구(FAO)는 2017년 보고서 '식량과 농업의 현황: 포용적인 농촌 변혁을 위한 식품 시스템 활용'에서 농업 부문에 13억 명이 넘는 사람들이 고용되어 있으며 그중 97%가 농촌에 거주하고 있다고 분석했다.

19) 남아프리카 공화국의 2014년 GDP는 3,500억 달러다. 1인당 GDP 성장률은 인종 차별 정책이 종료된 1994년 이후 마이너스에서 연평균 1.6%로 증가했다. 1인당 GDP는 1980년보다 약 10%가량 증가했다. 같은 기간에 다른 개도국에서는 소득 수준이 훨씬 더 높아져 최근 몇 년 동안 거의 2배나 증가한 것과 대비된다. 실업률은 지속적으로 20% 이상을 유지하고 있다. 청년 실업률은 50%로 신흥국에서 가장 높으며 전체 실업률은 아파르트헤이트가 공식적으로 종료된 1994년보다 2% 높은 수준이다.

20) 콜롬비아의 실질 GDP는 4.2% 하락했다. 실업률은 20%였고 인구의 60%는 빈곤선 이하였다. 빈곤선은 구매력평가지수(PPP)로, 하루 4달러 미만으로 생활하는 사람들을 말한다. 중산층의 비율은 20%에서 11%로 떨어졌다. 코드, 제노니, 로드리게스-카스텔란(Cord, Genoni and Rodriguez-Castelan)은 2002년에서 2013년 사이에 정부의 이전소득(移轉所得)이 빈곤을 감소시키는 데 16.8% 정도의 역할을 했다고 추정한다. 지니계수 역시 2000년 이후 58.7%에서 55.9%로 소폭 개선됐다. 당시 최하위 5분위는 소득 점유율의 3%만을 지니고 있었다. 콜롬비아의 지니계수는 2002년에서 2012년 사이에 약 3.4%포인트 감소했으며, 라틴 아메리카의 나머지 지역은 이 기간 동안 평균적으로 5.8%포인트 감소했다.

21) 하버드대 경영대학원 줄리 바틸라나(Julie Battilana) 경제학 교수의 권력역학 연구는 기존의 권력역학이 사회 변화를 주도하는 것을 훨씬 더 어렵게 만든다는 것을 보여 준다. 사람들은 기존의 권력 차이를 받아들이고 당연하게 여긴다. 기존의 규범은 현상 유지를 통해 이득을 보는 강력한 개인과 조직에 의해 강화되고, 제한된 권한을 가진 사람들의 지위는 결국 자신의 낮은 지위를 받아들이는 사람에 의해 강화된다. 변화를 추구하는 리더들은 권력의 계층을 과소평가하거나 과대평가할 때 곤경에 처하게 된다.

22) 새로운 아드하르 카드를 발급받기 위해서는 이름과 사진이 포함된 신분증을 제시해야 한다. 아드하르 카드는 다양한 양식을 통해 발급받을 수 있다. 사진이 있는 신

분증, 무기취급 면허증, 공인 교육기관에서 발행한 사진이 부착된 신분증, 사진이 있는 신용카드, 은행 ATM 카드, 키싼(Kissan) 사진 통장, 연금 수급자 사진 카드, 독립 유공자카드, ECHS/CGHS 사진 카드, 사진이 있는 장교 신분증 또는 테실다르(Tehsildar)가 레터헤드에 발행한 주소 카드, 장애인 ID 카드 또는 해당 주 또는 연방 영토 정부 또는 관리자가 발행한 장애인 진단서 등이다.

23) 그러나 거주지가 없는 노숙자까지 등록 범위에 포함시키는 것은 쉽지 않은 일이었다. 많은 노숙자가 TV나 신문을 보지 않기 때문에 전통적인 미디어를 통해 아드하르에 대해 홍보하고, 등록을 강제하는 것은 효과적인 방법이 아니었다.

6장

24) 이 모델을 뒷받침할 만한 실증적인 증거가 충분한지에 대해서는 논쟁의 여지가 있다.

25) 74개 신흥 경제국은 다음과 같다. 중국, 인도, 브라질, 인도네시아, 남아프리카, 콜롬비아, 칠면조, 멕시코, 러시아, 말레이시아, 태국, 아르헨티나, 방글라데시, 보츠와나, 칠레, 코스타리카, 에콰도르, 이란, 모잠비크, 미얀마, 니제르, 나이지리아, 파키스탄, 우크라이나, 우루과이, 짐바브웨, 아프가니스탄, 앙골라, 알바니아, 부룬디, 베냉, 벨라루스, 벨리즈, 부탄, 지부티, 도미니카, 알제리, 에스토니아, 미크로네시아, Fed. 성, 그루지야, 가나, 기니, 감비아, 기니비사우, 온두라스, 크로아티아, 이란, 이슬람 공화국, 이라크, 카자흐스탄, 케냐, 키르기스스탄, 모로코, 몰도바, 마다가스카르, 몰디브, 마케도니아, FYR, 말리, 몰타, 미얀마, 모잠비크, 모리타니, 모리셔스, 파나마, 페루, 필리핀 제도, 파라과이, 루마니아, 르완다, 상투메와 프린시페, 수리남, 슬로바키아 공화국, 슬로베니아, 잠비아. 세계은행 금융지수(World Bank Financial Index) 데이터는 한 국가를 3번 정도만 샘플로 관찰하지만, 금융포용의 대안 변수까지 포함하여 14년 범위로 측정하고 있다. 종속 변수인 1인당 GDP와 GDP 성장률은 소득 변화를 반영하기 위함이다. 모든 변수는 시계열 데이터이며 관계는 일반 최소 제곱(OLS)과 고정 효과 회귀를 모두 사용하여 분석했다.

26) 결과는 전반적으로 은행 침투/접근성 측정과 1인당 GDP 사이에 강력하고 긍정적인 연관성을 나타내지만 이러한 지표와 GDP 성장률 사이의 연관성은 오코예(Okoye) 등의 「금융포용(Financial Inclusion)」에서 보고된 결과와 같이 약간 부정적이거나 통계적으로 유의미하지 않다. 연도와 국가에 대한 고정효과(표에 포함되지 않음)를 포함한 회귀분석 결과는 통계적으로 유의미하지 않다. 선형 모델은 금융포용의 증가가 글로벌 생활 수준을 높이고 글로벌 소득 불평등을 줄일 수 있는 잠재력이 있음을 시사한다. 그러나 논문에서는 인과관계의 방향에 대해 상반된 결

과를 보여 준다. 역 또는 양방향 인과관계의 가능성이 높은 것이다. 즉, 높은 1인당 소득은 동시에 더 큰 금융포용을 창출한다. 물론 이 분석은 시차 문제와 데이터 부족의 문제가 있을 수 있다. 은행 계좌가 증가하는 것은 이론적으로 성장을 촉진할 수 있지만 그 효과가 경제 내에서 나타나기까지는 상당한 시간이 걸릴 것이다. 은행 계좌 소유는 매 3년마다 측정되기 때문에 금융포용이 경제 성장에 미치는 영향을 측정하는 것은 쉽지 않은 문제다.

7장

27) 2004년에서 2012년 사이에 86개국 2,635개 은행을 대상으로 한 조사에 따르면 더 높은 수준의 금융포용은 은행의 안정성에도 도움이 된다. 특히 (1) 예금 비중이 높은 은행, (2) 서비스 한계비용이 낮은 은행, (3) 강력한 제도가 뒷받침되는 국가의 은행일수록 이 상관성은 높게 나타났다. 즉, 금융포용은 금융의 시스템 안정성과 연관되어 정부와 은행은 금융포용에도 많은 우선순위를 둘 필요가 있다는 것을 시사한다.

28) 샌드박스의 주요 목표는 규제를 받지 않고 핀테크 회사의 급속한 성장과 고객 보안을 지키는 것이다. 또 다른 목표는 투자자를 확보하기 위해 은행, 사모펀드, 벤처 캐피털 펀드와 같은 다양한 참여자의 관심을 확보하는 것이다. 규제의 불확실성은 투자를 위축시킨다. 투자자들은 규제를 받지 않는 환경에서 일하는 회사에 투자하는 데 부정적이다. 규제 기관이 갑자기 사업을 불법으로 간주하여 사업을 대폭 변경하거나 폐쇄할 수 있기 때문이다. 유사히게, 투자자들은 과잉 규제된 시장에 대한 투자도 원치 않는다. 우리는 과도한 규제가 혁신을 방해하고, 회사의 성장에 부정적인 영향을 미칠 수도 있다고 말했다. 따라서 규제 샌드박스에 참여하는 핀테크 스타트업은 투자를 고민하는 투자자들에게 그들이 규제 준수와 혁신을 위해 노력하고 있음을 잠재적으로 알릴 수도 있다. 유럽의 금융시장청(AFM)과 네덜란드 은행(De Nederlandsche Bank)은 규제 샌드박스를 위해 협력하고 있다. 덴마크의 금융감독청(Finanstilsynet)은 FT Lab을 출범했다. 영국을 제외하면, 핀테크 샌드박스 프로그램을 제공하는 유럽 국가는 이 두 국가뿐이다. 영국의 유럽연합 탈퇴와 함께 유럽연합의 은행 감독기구는 유럽연합에서 핀테크 스타트업의 지속적인 성장을 뒷받침하기 위한 범국가적 샌드박스가 시급하다고 지적했다. 2015년 영국 FCA(Financial Conduct Authority)는 프로젝트 이노베이트(Project Innovate)라는 규제 샌드박스 제도를 시행했다. 이 샌드박스는 단계적으로 작동한다. 우선, 핀테크 스타트업 기업이 통제된 환경에서 제품과 서비스를 테스트할 수 있게 한다. 시장 출시 시간을 단축할 수 있도록 지원한다. 그리고 적절한 소비자 보호 장치를

제공하고, 금융에 대한 접근성을 제고한다. 싱가포르의 MAS(Monetary Authority of Singapore)는 더 많은 핀테크 실험을 장려하기 위해 2016년 핀테크 샌드박스를 출시했다. 싱가포르 MAS에 따르면 규제 샌드박스와 핀테크의 관계는 다음과 같다. "규제 샌드박스를 통해 FI와 핀테크 스타트업들은 특정 공간과 기간 내에서 혁신적인 금융상품이나 서비스를 실험할 수 있다. 한편, 혁신 서비스의 실패 가능성에 대비해야 하며, 금융 시스템의 전반적인 안정성을 유지하기 위한 안전장치도 함께 갖춰야 하는 것은 물론이다."

8장

29) 탈세, 마약 밀매, 테러 등 불법 행위에도 고액권이 사용된다. 지난 20년 동안 화폐 유통이 많이 증가했는데, 이는 전적으로 고액권(미국의 100달러권, 일본의 1만 엔권, 유로존의 50유로권 이상) 때문이었다. 미화 100달러권 지폐의 3분의 2는 미국 이외의 지역에서 보유하고 있는 것으로 추산된다. 또한 이는 일반적인 상거래에 사용되지 않는 것으로 보인다. 고액권은 전 세계에서 빠르게 사라지는 추세다. 2018년에 유럽 중앙은행은 500유로권 지폐의 신규 발행을 영구 중단하기로 했다.

30) 실제 현금 사용이 실제로 감소하고 있는 스웨덴을 제외하면 말이다. 스웨덴 중앙은행인 스베리예스 릭스방크(Sveriges Riksbank)에서 실시한 전국적인 설문조사에 따르면 최근 스웨덴인의 18%만이 현금을 사용하고 있다. 2010년에 이 비율은 40%였다. 스웨덴의 발달한 통신 인프라, 새로운 기술을 사용하는 데 익숙한 사람들, 그리고 신기술 도입에 적극적인 기관들의 존재가 현금 사용 감소의 주요 원인이다.

31) 엄밀히 말해 지급(Payment)과 결제(Settlement)는 구분되는 개념이다. 우리가 물건을 구입하고 상점의 계좌에 돈을 지불하는 행위는 '지급'이며, 이후 금융기관 간의 채권채무 관계를 해소하는 과정은 '결제'라고 부른다. 이 책에서는 지급과 결제라는 개념을 혼용했지만, 이 그림을 이해하기 위해서는 지급과 결제 개념을 분리하여 이해할 필요가 있다(옮긴이 주).

9장

32) 협의 과정을 막 시작한 영국 정부는 암호화폐의 다양한 범주와 목적에 개별적으로 초점을 맞춘 비정기적 협의를 해 나갈 것이다. 한편, 중국은 디지털 위안화 구축에 큰 관심이 있다. 우리는 이러한 움직임을 지원하기 위한 규제 조치를 연구하고 있다. 예를 들어 2017년 비트코인 가치의 폭등세에 대응해 중국인민은행(PBoC)은 자체 디지털 통화 출시를 준비했고, 중국 정부는 암호화폐에 대한 엄격한 조사를

실시했다. 그리고 2020년 10월 PBoC는 여타 사적 디지털 화폐 발행을 불법화했다. 인도에서는 암호화폐를 금지하지는 않았지만, 암호화폐 거래 억제에 초점을 두고 있다. 예를 들어 거래소 설립은 합법이지만 거래소 운영에 규제를 가하는 식이다. 일본에서도 주로 지급결제에 관한 규정, 암호화폐 교환 규정 등에 규제가 가해지고 있다.

서로에게 모든 것을 줄 때 평등한 거래가 된다.
이때 각자가 모든 것을 얻게 된다.
로이스 맥마스터 부욜

금융 위기는 불꽃놀이와 같다.
그것들은 팡하고 터지는 순간에 하늘을 밝힌다.
제임스 뷰캔

돈을 처음 만드는 것은 은행이지만,
오래 쓰는 것은 당신의 몫이다.
에반 에저